Découvrez des Jeux Gratuits en Ligne

Disponible Ici :

BestActivityBooks.com/FREEGAMES

5 ASTUCES POUR DÉMARRER !

1) COMMENT RÉSOUDRE LES MOTS MÊLÉS

Les puzzles sont dans un format classique :

- Les mots sont cachés sans espaces, tirets, ...
- Orientation : Les mots peuvent être écrits en avant, en arrière, vers le haut, vers le bas ou en diagonale (ils peuvent être inversés).
- Les mots peuvent se chevaucher ou se croiser.

2) UN APPRENTISSAGE ACTIF

Un espace est prévu à côté de chaque mots pour noter la traduction. Pour favoriser un apprentissage actif un **DICTIONNAIRE** à la fin de cette édition vous permettra de vérifier et étendre vos connaissances. Cherchez et notez les traductions, trouvez-les dans le Puzzle et ajoutez-les à votre vocabulaire !

3) MARQUEZ LES MOTS

Vous pouvez inventer votre propre système de marquage. Peut-être en utilisez-vous déjà un ? Sinon, vous pourriez, par exemple, marquer les mots qui ont été difficiles à trouver d'une croix, ceux que vous avez aimés d'une étoile, les mots nouveaux d'un triangle, les mots rares d'un diamant, etc...

4) STRUCTUREZ VOTRE APPRENTISSAGE

Cette édition vous offre un **CARNET DE NOTES** très pratique à la fin du livre. En vacances ou en voyage ou à la maison, vous pouvez facilement organiser vos nouvelles connaissances sans avoir besoin d'un second bloc-notes !

5) VOUS AVEZ FINI TOUTES LES GRILLES ?

Allez à la section bonus **CHALLENGE FINAL** pour trouver un jeu gratuit à la fin de cette édition !

Simple et Rapide ! Découvrez notre collection de livres d'activités pour votre prochain moment de détente et **d'apprentissage**, à juste un clic de distance !

Trouvez votre prochain défi sur :

BestActivityBooks.com/MonProchainLivre

À vos marques, prêts... Partez !

Saviez-vous qu'il existe environ 7 000 langues différentes dans le monde ? Les mots sont précieux.

Nous aimons les langues et avons travaillé dur pour créer les livres de la plus haute qualité pour vous. Nos ingrédients ?

Une sélection des thématiques d'apprentissage adaptée, trois belles parts de divertissement, puis nous ajoutons une cuillère de mots difficiles et une pincée de mots rares. Nous les servons avec soin et un maximum de plaisir pour vous permettre de résoudre les meilleurs jeux de mots mêlés qui soient et d'apprendre en vous amusant !

Votre avis est essentiel. Vous pouvez participer activement au succès de ce livre en nous laissant un commentaire. Nous aimerions vraiment savoir ce que vous avez préféré dans cette édition !

Voici un lien rapide qui vous mènera à la page d'évaluation de vos commandes :

BestBooksActivity.com/Avis50

Merci pour votre aide et amusez-vous bien !

De la part de toute l'équipe

1 - Adjectifs #2

```
S  T  H  C  Ị  L  H  N  A  H  T  V  V  C  N
Á  Ậ  H  O  T  Ự  H  À  O  C  B  U  D  K  V
N  H  N  U  A  B  D  O  N  Ị  I  O  I  T  L
G  T  Ạ  Ế  Ầ  N  O  R  V  K  Q  K  P  K  U
T  D  M  I  K  N  G  O  N  Ê  I  H  Ự  T
Ạ  D  P  H  M  A  D  D  V  O  A  Ô  A  Q  M
O  P  Q  K  H  M  Q  N  Ã  R  K  B  L  M  V
K  C  A  G  Y  L  Ả  M  Ạ  N  H  M  Ẽ  B  D
L  Q  O  N  L  D  T  H  Ú  V  Ị  D  R  H  Q
M  V  M  Ă  C  L  Ô  K  H  Ỏ  E  M  Ạ  N  H
N  M  N  N  I  Ỡ  M  U  À  M  U  L  Y  A  M
N  G  D  R  R  B  U  Ồ  N  N  G  Ủ  C  D  P
U  Y  L  I  T  H  C  M  A  I  Ớ  M  C  I  C
V  V  G  H  Y  R  R  B  I  T  O  R  Ặ  Ổ  R
H  D  I  K  B  C  C  R  K  U  I  R  Y  N  Y
```

THẬT	TỰ NHIÊN
NỔI DANH	MỚI
SÁNG TẠO	MÀU MỠ
MÔ TẢ	MẠNH MẼ
NĂNG KHIẾU	THUẦN
KỊCH	KHỎE MẠNH
THANH LỊCH	MẶN
TỰ HÀO	HOANG DÃ
MẠNH	KHÔ
THÚ VỊ	BUỒN NGỦ

2 - Formes

```
Q  H  Ì  N  H  C  H  Ữ  N  H  Ậ  T  C  K  H
P  U  U  N  V  R  M  Y  U  R  P  B  O  I  Y
K  C  Ả  E  L  L  I  P  S  E  M  K  G  M  P
L  V  U  N  L  Ă  N  G  Q  Q  C  T  I  T  E
G  Ó  C  Ê  G  N  O  C  G  N  Ờ  Ư  Đ  Ự  R
A  P  D  B  R  T  C  Á  I  G  A  Đ  N  T  B
V  H  T  P  Y  Y  R  U  H  H  R  R  A  H  O
G  B  M  Y  U  V  K  Ư  N  Y  Q  Y  C  Á  L
V  Ò  N  G  T  R  Ò  N  Ờ  G  Y  G  Ạ  P  A
H  M  Ó  P  N  Ự  R  T  H  N  Ì  H  N  C  H
N  U  N  I  T  À  N  N  G  Ò  G  L  H  Q  L
M  I  K  N  C  N  H  D  B  V  G  Y  G  P  G
M  A  I  C  C  B  D  T  T  A  M  G  I  Á  C
K  H  L  Q  Ầ  P  A  Y  B  O  U  O  G  U  Y
N  K  K  B  U  V  O  C  L  V  M  A  C  M  T
```

CUNG	HYPERBOLA
CẠNH	HÀNG
QUẢNG TRƯỜNG	ĐA GIÁC
VÒNG TRÒN	LĂNG
GÓC	KIM TỰ THÁP
ĐƯỜNG CONG	HÌNH CHỮ NHẬT
NÓN	VÒNG
BÊN	CẦU
HÌNH TRỤ	TAM GIÁC
ELLIPSE	

3 - Force et Gravité

```
M  D  Q  K  G  N  Ă  N  G  Đ  Ộ  N  G  T  T
M  A  I  I  Y  M  P  C  Y  N  P  A  H  Ố  H
Ở  V  S  H  B  Y  R  U  Ơ  O  Ộ  N  H  C  Ờ
R  K  P  Á  A  O  H  Đ  À  K  G  Đ  A  Đ  I
Ộ  H  N  I  T  H  N  À  H  Q  H  Y  Ử  Ộ  G
N  V  T  P  É  C  Ứ  S  N  D  C  Í  U  C  I
G  Ậ  Í  D  A  Á  C  A  Í  C  U  V  C  N  A
G  T  N  C  M  C  B  U  T  Q  M  T  U  G  N
A  L  H  Q  D  G  I  L  Ừ  I  R  R  L  U  Y
P  Ý  C  H  O  N  K  K  T  P  G  R  O  O  Q
H  K  H  P  A  Ả  T  R  U  N  G  T  Â  M  C
Ổ  T  Ấ  V  I  O  Ạ  Đ  Ỹ  U  Q  M  K  G  K
A  R  T  M  Á  H  P  M  Á  H  K  U  I  U  H
M  Ụ  L  R  Y  K  C  Â  N  N  Ặ  N  G  N  Y
D  C  G  G  G  P  G  L  D  Y  H  I  G  C  O
```

TRỤC	CỬ ĐỘNG
TRUNG TÂM	QUỸ ĐẠO
KHÁM PHÁ	VẬT LÝ
KHOẢNG CÁCH	HÀNH TINH
NĂNG ĐỘNG	CÂN NẶNG
MỞ RỘNG	SỨC ÉP
ĐÀ	TÍNH CHẤT
MA SÁT	THỜI GIAN
TỪ TÍNH	PHỔ
CƠ KHÍ	TỐC ĐỘ

4 - Adjectifs #1

```
Q  B  U  P  V  H  K  G  Y  D  T  C  H  M  N
T  H  Ơ  M  Ô  Ấ  A  V  Ả  D  R  H  I  C  H
Ậ  H  M  C  T  P  D  N  D  P  Ẻ  Ậ  Ẽ  R  O
U  Đ  N  U  Ộ  D  O  M  Ặ  V  R  M  N  R  À
H  Đ  Ầ  A  I  Ẫ  Y  Ỏ  V  N  G  V  Đ  T  N
T  K  Ẹ  Y  Y  N  C  N  M  O  G  U  Ạ  H  H
Ẽ  Ỳ  Q  P  T  Ồ  L  G  N  Ổ  H  K  I  O  Ả
H  L  U  T  H  H  K  D  V  M  K  D  Y  Ạ  O
G  Ạ  A  U  Ữ  G  A  D  A  A  H  H  K  T  K
N  R  N  Y  U  U  M  H  D  P  A  U  Đ  Y
I  U  T  Ẽ  Í  U  Q  B  V  P  H  B  C  Ộ  B
G  H  R  T  C  C  H  B  D  Ọ  N  R  V  N  U
Q  P  Ọ  Đ  H  U  D  T  B  M  N  B  M  G  M
B  L  N  Ố  N  L  G  N  Ợ  Ư  L  G  N  Ộ  R
Y  Y  G  I  T  R  U  N  G  T  H  Ự  C  N  Y
```

TUYỆT ĐỐI	TRUNG THỰC
HOẠT ĐỘNG	QUAN TRỌNG
ĐẦY THAM VỌNG	VÔ TỘI
THƠM	TRẺ
NGHỆ THUẬT	CHẬM
HẤP DẪN	NẶNG
ĐẸP	MỎNG
KỲ LẠ	HIỆN ĐẠI
KHỔNG LỒ	HOÀN HẢO
RỘNG LƯỢNG	HỮU ÍCH

5 - Instruments de Musique

```
U  M  Đ  U  P  S  Đ  Y  G  B  A  S  S  D  D
I  H  À  C  Q  A  À  H  O  T  R  Ố  N  G  Ư
D  M  N  L  H  X  N  L  Ụ  C  L  Ạ  C  T  Ơ
A  G  G  A  C  O  V  M  Ạ  H  N  O  T  N
L  N  H  R  Q  P  I  A  M  H  B  B  O  O  G
Y  L  I  I  D  H  Ô  N  A  N  Y  I  A  Q  C
G  P  T  N  Y  O  L  D  R  À  C  B  C  V  Ằ
K  Õ  A  E  Y  N  Ô  O  I  Đ  R  P  I  R  M
K  È  D  T  D  E  N  L  M  O  N  P  N  K  C
U  A  N  U  M  À  G  I  B  G  R  G  O  D  H
C  H  I  Ê  N  G  N  N  A  C  H  D  M  Y  U
C  E  L  L  O  P  E  N  O  B  M  O  R  T  Ô
O  I  Q  I  V  T  Y  M  H  Q  V  Á  A  R  N
C  L  C  C  L  N  L  K  G  Ạ  U  S  H  R  G
A  G  U  N  V  L  N  H  L  P  C  H  K  D  Y
```

BASS	MARIMBA
DÀN NHẠC	GÕ
CHUÔNG	DƯƠNG CẦM
CLARINET	SAXOPHONE
SÁO	TRỐNG
CHIÊNG	LỤC LẠC
ĐÀN GHI TA	TROMBONE
HARMONICA	KÈN
ĐÀN HẠC	ĐÀN VI Ô LÔNG
MANDOLIN	CELLO

6 - Échecs

```
I  Đ  D  C  Y  P  U  N  Đ  Q  R  R  G  M  V
C  Ố  O  V  A  P  D  D  A  I  O  H  V  T  U
U  I  Q  U  Á  N  Q  U  Â  N  Ể  B  V  I  A
I  T  I  H  P  A  A  H  T  T  Y  M  R  R  C
O  H  N  I  S  Y  H  N  I  M  G  N  Ô  H  T
T  Ủ  I  I  Đ  Ư  Ờ  N  G  C  H  É  O  Q  P
N  R  L  Ơ  Đ  E  N  A  N  Ợ  Ắ  C  A  C  K
Ữ  K  Ò  H  M  K  D  I  Ắ  Ư  N  T  R  T  T
H  R  N  C  Q  B  K  G  R  L  G  Y  Y  M  M
O  K  K  I  H  H  K  I  T  N  I  L  Q  U  M
À  M  K  Ờ  H  Ơ  V  Ờ  V  Ế  Ả  G  P  R  Q
N  D  T  Ự  Y  Y  I  H  B  I  I  R  O  V  L
G  Q  H  G  K  G  I  T  U  H  Đ  U  U  V  U
T  A  G  N  Ộ  Đ  Ụ  H  T  C  Ấ  A  A  A  U
H  C  U  Ộ  C  T  H  I  T  C  U  N  A  K  P
```

ĐỐI THỦ	THỤ ĐỘNG
TRẮNG	ĐIỂM
QUÁN QUÂN	NỮ HOÀNG
CUỘC THI	QUY TẮC
ĐƯỜNG CHÉO	VUA
THÔNG MINH	HY SINH
TRÒ CHƠI	CHIẾN LƯỢC
NGƯỜI CHƠI	THỜI GIAN
ĐEN	GIẢI ĐẤU

7 - Herboristerie

```
T  H  G  O  P  Q  P  L  T  K  G  M  T  H  B
V  Ỏ  O  Y  O  N  V  Y  H  G  V  Ù  U  O  Ạ
P  I  I  A  P  I  L  N  Ơ  P  L  I  C  B  C
G  P  Y  O  M  D  O  M  Y  M  T  U  I  H
À  L  Ì  H  T  Ả  K  N  B  V  H  Â  Y  N  À
C  Y  O  Q  H  D  I  Ợ  L  Ó  C  Y  Ẩ  H  L
I  B  X  Y  Â  T  Ệ  H  G  N  A  N  M  Ú  Á
R  C  L  Ạ  X  A  N  H  Ư  A  A  Y  T  N  K
N  Ầ  H  P  H  N  À  H  T  Ơ  R  A  H  G  I
B  H  D  R  K  Ư  H  Y  O  T  N  U  Ự  Q  N
G  I  Ấ  M  L  B  Ơ  C  I  D  Ờ  G  C  U  H
H  Ư  Ơ  N  G  V  Ị  N  Q  V  Ư  B  G  Ế  G
R  O  S  E  M  A  R  Y  G  D  V  G  O  K  I
V  Q  P  K  H  P  V  B  C  C  D  M  Y  I  Ớ
C  H  Ấ  T  L  Ư  Ợ  N  G  P  R  H  O  Y  I
```

TỎI	HOA OẢI HƯƠNG
THƠM	LÁ KINH GIỚI
HÚNG QUẾ	BẠC HÀ
CÓ LỢI	MÙI TÂY
ẨM THỰC	CHẤT LƯỢNG
GIẤM	ROSEMARY
THÌ LÀ	NGHỆ TÂY
HOA	HƯƠNG VỊ
THÀNH PHẦN	XẠ HƯƠNG
VƯỜN	XANH

8 - Véhicules

```
A O K O C U C M Q M B G K T B
I K T A T L G Y Á G N N B K H
X D K I R T D N Q Y A B Y Á M
C E U Q R H B G T L K N H X B
Ắ A T L N O U C R C K É I E V
T Y Ý A Ề C M D K B K I O C X
E P U Ử Y P H À C È T D Q Ứ E
X T B L U G D Y T I O N Q U L
H À E N H X A A U L Q A N T Ử
Q U X Ê T L E R L Ố Q V T H A
H N A T G B M T L P B A H Ư X
G G Đ Ộ N G C Ơ Ả G B R L Ơ E
A Ằ X E H Ơ I Y Y I V A N N Đ
Q M P P N R P C M K L C H G Ạ
X E Đ I Ệ N N G Ầ M Q T M T P
```

XE CỨU THƯƠNG	LỐP
MÁY BAY	BÈ
THUYỀN	XE TAY GA
XE BUÝT	TÀU NGẦM
XE TẢI	XE TẮC XI
CARAVAN	MÁY KÉO
PHÀ	XE LỬA
TÊN LỬA	VAN
XE ĐIỆN NGẦM	XE ĐẠP
ĐỘNG CƠ	XE HƠI

9 - Camping

```
P N B D N Q P K A V Y Â C D Đ
L M N M I H C G N D V M Ô Â È
Q Ử Y C Y A A D R Ồ N P N Y N
O T A M Ũ Ị B T Ế I H T T T L
I H P H D V I Đ R Ồ L N R H Ồ
H G K O K R N G Ộ Đ L B Ù Ừ N
R G N K U Ề L M B N Y Y N G
A Q N I U L A V D Ẩ G K G G N
Y N Ú K I C B V A B O V R M Ừ
D I I N R R À X U Ồ N G Ậ U R
D K N Ê I H N N Ê I H T K T A
Q Q L T O P A R G V M V B V V
G B N R D I O O H Q K B I V Y
A N T Q U Y U R M S Ă N B Ắ N
I D V Õ N G N Ă R T T Ặ M R A
```

ĐỘNG VẬT

CÂY

LA BÀN

CABIN

XUỒNG

BẢN ĐỒ

MŨ

SĂN BẮN

DÂY THỪNG

THIẾT BỊ

LỬA

RỪNG

VÕNG

CÔN TRÙNG

HỒ

ĐÈN LỒNG

MẶT TRĂNG

NÚI

THIÊN NHIÊN

LỀU

10 - Écologie

```
R  T  R  M  T  I  B  M  G  G  H  N  C  I  T
I  H  G  U  H  O  L  T  B  O  Ạ  T  R  Q  Q
Y  I  À  O  L  V  S  K  M  G  N  Ạ  D  A  Đ
R  Ê  Y  C  Â  Y  C  Ự  Y  L  H  B  U  R  R
Y  N  Y  G  P  T  V  R  S  I  Á  A  T  Y  T
G  N  O  V  D  M  C  Q  N  Ố  N  I  A  B  B
Y  H  N  Ú  I  A  R  U  Ằ  C  N  À  O  T  B
N  I  Ê  Ê  N  A  K  Q  L  L  B  G  N  I  I
N  Ê  I  Đ  Y  Q  D  U  U  O  K  V  C  N  Ể
F  N  H  T  Ộ  U  Ậ  H  Í  H  K  A  L  Ò  N
L  T  N  C  I  N  G  B  Ề  N  V  Ữ  N  G  N
O  U  Ự  G  Q  T  G  N  Ồ  Đ  G  N  Ộ  C  G
R  U  T  Y  M  N  N  V  I  M  A  R  S  H  G
A  T  H  Ự  C  V  Ậ  T  Ậ  À  H  V  Q  K  U
M  I  M  T  C  G  V  Y  B  T  T  G  O  B  L
```

KHÍ HẬU

CỘNG ĐỒNG

ĐA DẠNG

BỀN VỮNG

LOÀI

ĐỘNG VẬT

FLORA

TOÀN CẦU

MARSH

BIỂN

NÚI

THIÊN NHIÊN

TỰ NHIÊN

CÂY

TÀI NGUYÊN

HẠN HÁN

SỰ SỐNG CÒN

THỰC VẬT

11 - Géométrie

```
K  Í  C  H  T  H  Ư  Ớ  C  T  N  D  T  K  L
P  D  I  A  U  I  H  Q  T  Ỷ  L  Ễ  A  H  K
T  Đ  Ư  Ờ  N  G  C  O  N  G  L  Q  M  Ú  H
B  A  K  S  Ò  H  Đ  B  O  A  B  Y  G  C  N
T  L  H  O  R  T  Ọ  Ư  H  Y  R  Y  I  B  Ì
Í  H  V  N  T  D  P  C  Ờ  M  K  C  Á  U  R
N  N  N  G  G  M  Q  M  T  N  U  D  C  Y  T
H  H  R  S  N  V  M  R  T  H  G  S  Ố  O  G
T  M  K  O  Ò  A  H  P  L  I  U  K  Y  T  N
O  Ặ  U  N  V  H  Ợ  P  L  Ý  M  Y  Í  Y  Ơ
Á  P  M  G  C  H  I  Ề  U  C  A  O  Ế  N  Ư
N  R  A  Ề  G  Ó  C  L  N  U  Q  U  Y  T  H
I  H  N  Ì  B  G  N  U  R  T  B  V  T  C  P
N  Q  K  H  Ố  I  L  Ư  Ợ  N  G  U  A  V  C
Đ  Ố  I  X  Ứ  N  G  N  Ứ  Đ  G  N  Ẳ  H  T
```

GÓC	TRUNG BÌNH
TÍNH TOÁN	SỐ
VÒNG TRÒN	SONG SONG
ĐƯỜNG CONG	TỶ LỆ
ĐƯỜNG KÍNH	KHÚC
KÍCH THƯỚC	BỀ MẶT
PHƯƠNG TRÌNH	ĐỐI XỨNG
CHIỀU CAO	HỌC THUYẾT
HỢP LÝ	TAM GIÁC
KHỐI LƯỢNG	THẲNG ĐỨNG

12 - Les Médias

```
B  C  Ẽ  U  T  Í  R  T  Q  A  H  M  P  I  C
M  Ạ  T  K  H  P  R  O  V  D  I  V  T  G  L
D  L  T  Ỹ  Ư  Y  G  U  L  M  N  M  Ậ  M  U
Ả  N  H  T  Ơ  M  N  Ả  B  N  Ê  I  H  P  H
R  Ê  B  H  N  D  Ơ  V  R  Ế  I  M  T  O  G
Q  I  U  U  G  Q  Ư  B  D  I  P  N  Ự  M  T
I  L  V  Ậ  M  T  H  K  G  K  Y  H  S  D  R
P  A  R  T  Ạ  H  P  N  I  Ý  N  L  M  T  Ự
K  T  D  S  I  Á  A  H  Ả  N  O  I  Ạ  B  C
B  Á  O  Ố  C  I  Ị  M  Q  H  H  R  N  Q  T
C  T  R  D  Á  Đ  Đ  À  I  V  N  P  G  Y  U
P  Y  K  G  N  Ộ  C  G  N  Ô  C  Ì  H  Q  Y
Q  P  Ẽ  I  H  G  N  G  N  Ô  C  P  H  Í  Ế
Y  O  O  M  Â  Q  P  G  I  Á  O  D  Ụ  C  N
A  Q  C  L  N  Y  B  A  A  Q  V  C  N  P  R
```

THÁI ĐỘ	CÔNG NGHIỆP
THƯƠNG MẠI	TRÍ TUỆ
LIÊN LẠC	BÁO
TRỰC TUYẾN	ĐỊA PHƯƠNG
PHIÊN BẢN	KỸ THUẬT SỐ
GIÁO DỤC	Ý KIẾN
SỰ THẬT	ẢNH
KINH PHÍ	CÔNG CỘNG
HÌNH ẢNH	ĐÀI
CÁ NHÂN	MẠNG

13 - Philanthropie

```
N N N R K B N V D C I I U U C
N T R U N G T H Ự C C V Ê H Ộ
K H G R N U C N G Ư Ờ I C N
C V Â P H H R V Ẽ Q U Ỹ T H G
Y Ầ T N I L K H I T C D C Ư Đ
M P N I L T Ử S H C Ị L Ự Ơ Ồ
T H Ế H Ệ O L D T N L K M N N
U Q R Y T I Ạ D Ừ H I R E G G
T O À N C Ầ U I T I Ê V Ẻ T N
N H Ó M Y Q Y U U Ễ N I R R Ộ
T À I C H Í N H L M L D T Ì C
Q A N H D O G I D V Ạ D Y N G
K D I K K O C H V Ụ C I K H N
K M O O U H G B G Y N L T A Ô
T H A N H N I Ê N V K A Y T C
```

CẦN	TOÀN CẦU
MỤC TIÊU	NHÓM
TỪ THIỆN	LỊCH SỬ
CỘNG ĐỒNG	TRUNG THỰC
LIÊN LẠC	NHÂN LOẠI
TRẺ EM	THANH NIÊN
TÀI CHÍNH	NHIỆM VỤ
QUỸ	CHƯƠNG TRÌNH
NGƯỜI	CÔNG CỘNG
THẾ HỆ	

14 - Diplomatie

```
N D B P G A N N N C Y B Q X T
C G A T Q Y H H N I N N A U O
P Á H P I Ả I G Â R G K M N À
C C Đ Ị R C C G V N D L G G N
Ộ H Ạ O Q Ố V R P U Đ R C Đ V
N Í I A U U B G Ứ S I Ạ Đ Ộ Ẹ
G N S I C Q Y Y C U V K O T N
Đ H Ứ G Ớ I N Ế Á C G I A I B
Ồ T Q I Ư Ạ H K T Đ Ố B N Y C
N R U Ạ P O U M P Ạ I V M R Ô
G Ị Á O Ẽ G V L Ợ O O K Ấ Y N
B U N G I N P R H Đ Y U V N G
C H Í N H P H Ủ G Ứ B O A L D
T H Ả O L U Ậ N H C T N A R Â
S Ự C Ô N G B Ằ N G T O L D N
```

ĐẠI SỨ QUÁN	NGOẠI QUỐC
ĐẠI SỨ	CHÍNH PHỦ
CÔNG DÂN	NHÂN ĐẠO
CỘNG ĐỒNG	TOÀN VẸN
XUNG ĐỘT	SỰ CÔNG BẰNG
CỐ VẤN	CHÍNH TRỊ
HỢP TÁC	NGHỊ QUYẾT
NGOẠI GIAO	AN NINH
THẢO LUẬN	GIẢI PHÁP
ĐẠO ĐỨC	HIỆP ƯỚC

15 - Électricité

```
G  C  Q  N  N  Đ  Q  T  K  L  Y  V  Q  N  G
P  Q  R  Y  T  Ố  C  V  L  V  A  D  A  H  P
Á  I  T  N  Ễ  I  Đ  T  Á  H  P  Y  Á  M  C
C  O  N  O  P  T  L  Y  M  V  C  I  H  B  T
B  V  C  G  L  Ư  U  B  M  O  B  P  O  Y  Q
B  L  Ự  K  N  Ợ  M  N  O  H  G  U  A  D  Đ
C  Ổ  C  Ắ  M  N  G  S  Ố  L  Ư  Ợ  N  G  I
P  R  H  T  I  G  T  U  I  N  Q  H  Ệ  T  Ễ
U  T  C  Ự  C  U  Ê  I  T  A  C  C  I  H  N
M  U  Í  L  H  V  G  Q  Q  M  B  L  Đ  I  N
B  Ạ  T  T  A  O  O  A  L  C  O  Ư  Ợ  Ế  K
Đ  H  N  R  Y  S  G  I  I  H  D  U  H  T  B
È  U  R  G  Q  M  E  K  D  Â  Â  T  T  B  L
N  Y  O  O  P  K  H  R  V  M  Y  R  M  Ị  P
D  V  Đ  I  Ệ  N  T  H  O  Ạ  I  Ữ  O  T  G
```

NAM CHÂM	LASER
PIN	TIÊU CỰC
CÁP	ĐỐI TƯỢNG
THỢ ĐIỆN	TÍCH CỰC
ĐIỆN	Ổ CẮM
THIẾT BỊ	SỐ LƯỢNG
DÂY	MẠNG
MÁY PHÁT ĐIỆN	LƯU TRỮ
ĐÈN	ĐIỆN THOẠI

16 - Astronomie

```
H  N  I  T  N  Â  T  U  Ê  I  S  N  T  K  U
À  M  S  A  O  B  Ă  N  G  P  Y  U  A  U  G
N  T  Ặ  L  U  B  U  Y  C  L  L  C  M  Q  I
H  R  T  T  Á  S  N  A  U  Q  I  À  Đ  A  U
T  Ọ  R  S  T  P  H  I  H  À  N  H  G  I  A
I  N  Á  A  H  R  A  C  H  A  Â  V  Y  Ở  Ử
N  G  I  O  L  A  Ă  I  H  L  H  Y  P  R  L
H  L  Đ  C  D  Y  R  N  L  Ò  P  O  I  T  N
L  Ự  Ấ  H  À  N  A  Q  G  G  M  T  D  U  Ê
T  C  T  Ổ  H  A  K  Ụ  Y  U  G  S  D  Ầ  T
B  M  Y  I  N  U  O  Y  R  B  N  L  A  B  V
Ứ  A  T  O  Ê  V  H  V  Ệ  T  I  N  H  O  K
C  B  C  A  I  D  O  Z  C  L  Ũ  C  U  D  V
X  T  I  N  H  V  Â  N  D  O  V  V  P  O  K
Ạ  C  Ự  H  T  T  Ậ  H  N  O  T  Y  Y  R  N
```

PHI HÀNH GIA	MẶT TRĂNG
BẦU TRỜI	SAO BĂNG
SAO CHỔI	TINH VÂN
CHÒM SAO	ĐÀI QUAN SÁT
VŨ TRỤ	HÀNH TINH
NHẬT THỰC	BỨC XẠ
PHẦN	VỆ TINH
TÊN LỬA	SIÊU TÂN TINH
THIÊN HÀ	TRÁI ĐẤT
TRỌNG LỰC	ZODIAC

17 - Physique

```
T  P  G  U  G  N  Ộ  R  Ở  M  L  I  N  N  C
Đ  R  V  D  O  I  Q  B  G  O  C  M  B  D  Ơ
G  I  Ọ  P  G  B  A  V  H  O  Ứ  Q  I  O  K
T  N  Ễ  N  A  T  G  T  N  Â  H  N  T  Ạ  H
Q  D  V  N  G  G  A  O  Ố  R  T  O  A  V  Í
L  L  D  K  T  L  A  P  Ơ  C  G  N  Ộ  Đ  Y
Í  G  A  Q  Ạ  Ử  Ự  P  H  Ổ  N  P  K  A  C
H  Ó  A  C  H  Ấ  T  C  N  I  Ô  B  H  O  H
K  H  Ố  I  L  Ư  Ợ  N  G  R  C  Q  Q  Ử  D
D  I  K  T  Y  B  P  N  G  U  Y  Ê  N  T  Ử
T  Ố  C  Đ  Ộ  A  R  T  Q  M  M  I  V  N  M
N  N  Q  T  Ầ  N  S  Ố  Q  T  M  K  Y  Â  Ậ
C  H  M  M  R  Q  A  N  B  L  Q  D  R  H  T
H  Ỗ  N  L  O  Ạ  N  R  A  M  T  T  O  P  Đ
T  Ừ  T  Í  N  H  O  B  M  P  T  G  R  Y  Ộ
```

GIA TỐC

NGUYÊN TỬ

HỖN LOẠN

HÓA CHẤT

MẬT ĐỘ

MỞ RỘNG

ĐIỆN TỬ

CÔNG THỨC

TẦN SỐ

KHÍ

TRỌNG LỰC

TỪ TÍNH

KHỐI LƯỢNG

CƠ KHÍ

PHÂN TỬ

ĐỘNG CƠ

HẠT NHÂN

HẠT

PHỔ

TỐC ĐỘ

18 - Types de Cheveux

```
S  Á  N  G  B  Ó  N  G  N  Ỏ  M  B  T  L  P
T  P  Ắ  E  B  Ẽ  N  Ă  B  H  N  R  Ó  B  B
N  K  G  C  Đ  B  Ạ  C  O  C  Y  A  C  I  U
G  O  N  C  I  B  L  B  M  X  P  I  V  C  M
M  Ề  M  M  O  O  V  B  B  Y  L  D  À  D  L
À  M  O  H  T  A  G  M  L  V  L  S  N  A  I
U  À  L  B  A  O  L  V  Q  Q  T  L  G  A  H
I  U  B  A  L  V  U  D  V  R  C  R  B  P  T
O  X  N  V  I  M  H  D  N  I  T  U  Y  Y  B
M  Á  C  K  O  O  Q  B  V  P  R  C  D  À  I
K  M  H  U  I  Q  U  D  T  A  Ắ  H  I  D  N
Q  H  N  Ạ  M  E  Ỏ  H  K  A  N  L  Q  K  H
K  V  Ô  T  H  A  Q  D  T  M  G  C  H  L  U
I  U  O  H  O  K  B  V  P  V  Y  Y  N  H  D
M  À  U  N  Â  U  H  Ó  I  B  K  V  K  V  O
```

BẠC	XOĂN
TRẮNG	MÀU XÁM
TÓC VÀNG	DÀI
CURLS	MÀU NÂU
SÁNG BÓNG	MỎNG
HÓI	ĐEN
MÀU	KHỎE MẠNH
NGẮN	KHÔ
MỀM	BRAIDS
DÀY	BỆN

19 - Archéologie

```
B  Đ  R  A  B  Í  Ẩ  N  H  U  P  K  N  C  N
K  N  Ồ  I  N  H  O  V  I  P  H  Ỷ  Ă  O  G
V  Á  I  G  H  N  Á  Đ  Q  X  Â  N  M  G  Ô
I  L  O  N  Ố  I  P  N  N  Ư  N  G  L  D  I
N  C  M  Ê  P  M  I  K  Ư  Ơ  T  U  M  D  Đ
D  U  D  Y  H  N  U  K  S  N  Í  Y  P  G  Ề
H  A  R  U  T  Ă  Đ  H  O  G  C  Ê  D  K  N
D  Ó  K  H  K  V  K  Ố  Á  U  H  N  I  H  I
P  G  A  C  U  N  H  C  I  U  D  C  T  Ô  M
H  T  M  T  D  Ề  U  C  G  T  B  T  Í  N  K
Đ  Ộ  I  C  H  N  Q  U  Ê  N  Ư  A  C  G  M
Y  L  Y  Ổ  D  Ạ  P  H  D  H  V  Ợ  H  R  Ả
Q  L  D  A  C  Q  C  L  T  N  B  C  N  Õ  N
G  G  C  T  P  O  K  H  L  U  M  Ộ  D  G  H
O  M  H  B  V  A  Q  I  B  H  K  K  T  C  L
```

PHÂN TÍCH   KHÔNG RÕ
CỔ   BÍ ẨN
NĂM   ĐỐI TƯỢNG
NỀN VĂN MINH   XƯƠNG
CHUYÊN GIA   QUÊN
KỶ NGUYÊN   ĐỒ GỐM
ĐỘI   GIÁO SƯ
ĐÁNH GIÁ   DI TÍCH
HÓA THẠCH   NGÔI ĐỀN
MẢNH   MỘ

20 - Mammifères

```
G  P  C  Ổ  H  N  O  C  D  Y  K  Y  B  K  Y
G  N  U  A  C  I  L  M  C  I  Q  B  C  H  U
V  U  P  R  G  O  Á  C  C  H  Ó  B  O  Ỉ  K
I  H  A  C  R  Q  A  D  U  B  L  Q  N  Đ  P
H  U  M  B  Ò  Đ  Ự  C  L  M  Q  Y  V  Ộ  M
C  O  N  M  È  O  G  S  U  Ừ  C  K  O  T  Y
G  N  Y  K  T  U  N  R  Ư  Ơ  V  H  I  M  I
R  G  L  A  R  G  P  I  Y  T  Ư  Ỉ  Ó  N  C
C  Ự  A  B  O  V  L  K  T  B  Ử  H  S  H  Á
Á  A  G  P  K  R  C  M  V  N  O  C  Ó  C  H
V  V  G  Ấ  U  T  A  V  T  N  C  C  H  O  E
O  Ằ  M  T  O  V  C  I  G  I  A  T  C  Y  O
I  N  V  A  H  K  A  N  G  A  R  O  O  O  L
C  H  H  P  M  Ở  R  I  Q  Q  M  I  A  T  H
A  T  D  M  N  V  P  M  R  T  H  O  B  E  D
```

CÁ VOI	THỎ
CON MÈO	SƯ TỬ
NGỰA	CHÓ SÓI
CHÓ	CỪU
COYOTE	GẤU
CÁ HEO	CÁO
CON VOI	KHỈ
HƯƠU CAO CỔ	BÒ ĐỰC
KHỈ ĐỘT	CON HỔ
KANGAROO	NGỰA VẰN

21 - Chocolat

```
T  Q  H  Y  A  T  V  B  O  R  D  U  O  Đ  Đ
N  H  L  L  N  U  V  Ị  L  Đ  Ắ  N  G  Ậ  Ư
M  T  Ơ  E  T  G  G  C  A  N  M  V  A  U  Ờ
I  N  A  M  I  G  Ị  T  C  Y  V  P  M  P  N
P  P  K  A  O  R  V  M  Ô  B  P  G  N  H  G
H  A  L  R  X  C  G  L  N  Y  Ộ  A  Y  Ộ  T
K  Q  M  A  I  K  N  M  G  B  I  T  T  N  U
D  M  M  C  D  U  Ơ  Ầ  T  K  Ỳ  L  Ạ  G  I
T  L  D  M  A  A  Ư  O  H  C  A  C  A  O  Y
N  A  R  H  N  O  H  T  Ứ  P  U  Y  K  A  G
G  Q  C  H  T  I  L  H  C  Í  H  T  U  Ê  Y
O  C  H  Ấ  T  L  Ư  Ợ  N  G  K  N  A  K  N
N  H  G  A  O  P  A  K  M  U  L  Y  À  V  H
P  N  G  Ọ  T  G  B  V  M  R  N  N  K  H  L
K  Ẹ  O  D  Ừ  A  B  K  M  H  U  H  I  T  T
```

ĐẮNG	KỲ LẠ
ANTIOXIDANT	YÊU THÍCH
THƠM	VỊ
KẸO	THÀNH PHẦN
ĐẬU PHỘNG	DỪA
CACAO	BỘT
CALO	CHẤT LƯỢNG
CARAMEL	CÔNG THỨC
NGON	HƯƠNG VỊ
NGỌT	ĐƯỜNG

22 - Mathématiques

```
P  L  I  A  C  Y  R  K  R  D  Q  Đ  B  Q  Y
H  M  I  N  C  D  B  D  A  Y  P  A  Q  U  T
Ư  K  T  V  P  T  P  M  Q  H  D  G  L  Ả  H
Ơ  O  A  N  U  Ậ  Y  G  L  B  O  I  U  N  Ậ
N  M  M  Y  Ầ  H  H  N  Í  K  N  Á  B  G  P
G  P  G  A  C  N  C  Ợ  C  C  A  C  D  T  P
T  H  I  I  Y  Ữ  Ọ  Ư  H  C  Y  O  R  R  H
R  Â  Á  D  C  H  H  L  N  Ì  G  G  U  Ư  Â
Ì  N  C  L  L  C  Ố  M  Í  Q  N  Q  R  Ờ  N
N  S  V  I  I  H  S  Â  K  L  O  H  T  N  P
H  Ố  U  T  Ổ  N  G  H  G  B  S  I  H  G  N
N  R  P  H  V  Ì  U  N  N  B  G  R  M  Ọ  Y
O  H  Y  R  P  H  D  Y  Ờ  M  N  G  H  Ũ  C
Đ  Ố  I  X  Ứ  N  G  O  Ư  T  O  Ó  V  Y  C
V  U  Ô  N  G  G  Ó  C  Đ  M  S  C  A  L  B
```

GÓC	VUÔNG GÓC
SỐ HỌC	CHU VI
QUẢNG TRƯỜNG	ĐA GIÁC
THẬP PHÂN	BÁN KÍNH
ĐƯỜNG KÍNH	HÌNH CHỮ NHẬT
MŨ	TỔNG
PHƯƠNG TRÌNH	CẦU
PHÂN SỐ	ĐỐI XỨNG
HÌNH HỌC	TAM GIÁC
SONG SONG	ÂM LƯỢNG

23 - Mythologie

```
U  O  T  Ế  H  C  Ó  C  A  P  T  S  Y  D  H
M  G  O  N  U  C  I  U  V  Ọ  L  É  C  Y  T
G  H  E  N  Y  K  T  G  C  B  H  T  T  K  Ế
A  R  T  C  Ề  N  G  U  Y  Ê  N  M  Ẫ  U  Y
K  C  Ậ  I  N  Q  T  V  A  D  Ạ  Ấ  Ả  I  U
S  P  V  H  D  I  U  P  L  P  M  S  T  H  H
Q  Á  H  T  I  D  V  Á  D  O  C  L  N  Y  T
K  O  N  V  Ẽ  B  V  C  I  M  Ứ  D  I  M  N
L  H  I  G  U  O  R  B  A  V  S  Q  Ề  Ê  Ề
V  N  S  O  T  B  V  D  T  D  Ậ  C  M  C  Y
K  Ă  L  I  M  Ạ  Ù  H  T  Ả  R  T  T  U  U
N  V  B  H  D  N  O  L  N  P  M  Q  I  N  R
K  Y  G  K  O  A  N  H  H  Ù  N  G  N  G  T
S  Ự  B  Ấ  T  T  Ử  H  À  N  H  V  I  T  R
C  H  I  Ế  N  B  I  N  H  M  K  Y  H  T  R
```

NGUYÊN MẪU	ANH HÙNG
THẢM HỌA	SỰ BẤT TỬ
HÀNH VI	GHEN
SÁNG TẠO	MÊ CUNG
SINH VẬT	TRUYỀN THUYẾT
NIỀM TIN	HUYỀN DIỆU
VĂN HOÁ	QUÁI VẬT
SÉT	CÓ CHẾT
SỨC MẠNH	SẤM
CHIẾN BINH	TRẢ THÙ

24 - Restaurant #2

```
T  L  K  Q  N  G  P  D  G  V  P  N  B  K  R
R  N  Q  Q  O  D  B  Á  N  H  V  O  D  B  R
Ứ  O  A  B  G  I  A  V  Ị  H  C  B  T  D  Đ
N  Q  V  B  N  G  Ĩ  L  B  Ữ  A  T  Ố  I  Ồ
G  K  B  K  K  H  N  P  A  M  U  L  U  C  U
N  M  Ì  Q  K  Ế  I  Q  A  S  H  D  M  U  Ố
Ă  D  I  S  K  B  Á  B  Ữ  A  T  R  Ư  A  N
B  L  V  Ú  B  G  C  G  U  H  T  A  P  U  G
Q  Q  L  P  B  C  I  T  C  U  T  T  O  Y  O
C  D  N  C  Y  A  Á  N  G  N  G  D  O  Â  Y
A  L  O  Q  V  I  I  O  Q  Q  A  M  O  C  P
R  I  Y  M  V  U  K  R  I  O  M  U  Ố  I  C
C  Á  I  T  H  Ì  A  T  C  L  L  R  A  Á  B
N  V  D  L  K  G  N  Ư  Ớ  C  V  K  B  R  V
H  M  A  M  P  H  Ụ  C  V  Ụ  N  A  M  T  Q
```

ĐỒ UỐNG	BÁNH
GHẾ	BĂNG
CÁI THÌA	RAU
BỮA TRƯA	MÌ
NGON	TRỨNG
BỮA TỐI	CÁ
NƯỚC	SALAD
GIA VỊ	MUỐI
CÁI NĨA	PHỤC VỤ NAM
TRÁI CÂY	SÚP

25 - Beauté

```
Y  Y  M  K  T  G  T  H  A  N  H  L  Ị  C  H
M  T  Ỹ  V  R  P  T  L  G  Â  U  P  O  U  M
N  O  P  B  D  N  R  C  U  R  L  S  M  L  À
Ụ  V  H  C  Ị  D  A  D  Ầ  U  G  Ộ  I  I  U
U  B  Ẩ  T  Q  G  N  L  O  G  O  O  Ô  B  V
R  G  M  B  G  G  G  G  C  M  V  L  M  D  A
Ă  N  Ả  N  H  Q  Đ  R  A  M  Q  D  N  R  Q
A  Ọ  U  V  Ị  C  I  O  U  K  G  N  O  R  B
S  R  D  R  N  M  Ể  K  N  I  N  G  S  K  P
T  T  I  U  P  A  M  Q  H  D  V  Ự  C  M  V
Y  G  G  Y  B  S  G  C  K  O  M  Ơ  C  N  B
L  N  H  O  Y  C  L  P  G  A  Y  N  D  V  Y
I  A  A  G  U  A  K  É  O  K  G  G  B  Ầ  L
S  S  G  C  Ũ  R  N  Ế  Y  U  Q  Q  G  P  U
T  U  N  A  O  A  H  Ư  Ơ  N  G  T  H  Ơ  M
```

CURLS	TRANG ĐIỂM
QUYẾN RŨ	MASCARA
KÉO	GƯƠNG
MỸ PHẨM	HƯƠNG THƠM
MÀU	DA
SANG TRỌNG	ĂN ẢNH
THANH LỊCH	SON MÔI
ÂN	DỊCH VỤ
DẦU	DẦU GỘI
MỊN	STYLIST

26 - Avions

```
P R C V K T R V Đ Q C P P K B
Í H K G N Ô H K Ộ N H B K U T
B H I H I P U H N L I I T V B
Ầ N Ạ H T D A N G Ị Ề H C Q N
U H G X À H U P C C U H G C V
T I N K U N I R Ơ H C G O U P
R Ê Ớ Q B Ố H Ế U S A N P N K
Ờ N Ư R A Q N Đ T Ử O A C Ộ Đ
I L H Y D R O G O K R A K B X
P I R L D A P U U À Ế K V Ổ Â
A Ẽ C Á N H Q U Ạ T N K M Đ Y
P U I Y B Ó N G N Ô C I H P D
H À N H K H Á C H K C Y P G Ự
T H Ờ I T I Ế T V H N L C P N
N H I Ễ U L O Ạ N A U M V I G
```

ĐỘ CAO	PHI HÀNH ĐOÀN
KHÔNG KHÍ	CHIỀU CAO
ĐỔ BỘ	CÁNH QUẠT
BÓNG	LỊCH SỬ
NHIÊN LIỆU	HYDRO
BẦU TRỜI	THỜI TIẾT
XÂY DỰNG	ĐỘNG CƠ
HẠ XUỐNG	HÀNH KHÁCH
THIẾT KẾ	PHI CÔNG
HƯỚNG	NHIỄU LOẠN

27 - Ingénierie

```
O  Q  Y  Ơ  N  Y  O  N  L  K  D  D  R  Q  M
P  R  O  C  H  Ấ  T  L  Ỏ  N  G  X  O  A  Y
U  C  Ó  G  Ụ  T  K  U  L  S  Ơ  Đ  Ồ  T  X
M  Á  Y  N  M  R  V  V  O  E  D  H  M  L  Â
T  G  Ẩ  Ộ  H  D  T  C  Đ  Ộ  S  Â  U  B  Y
Í  Q  Đ  Đ  Y  H  U  R  O  H  I  E  I  B  D
N  B  G  B  Á  N  H  R  Ă  N  G  T  I  Y  Ự
H  R  D  C  Q  Ạ  N  M  T  Í  N  Y  N  D  N
T  H  Y  L  C  M  Ị  U  T  K  Ợ  H  P  Q  G
O  G  D  H  O  C  Đ  G  R  G  Ư  Y  A  B  I
Á  B  H  A  R  Ứ  N  O  K  N  L  B  M  C  H
N  L  Y  Y  A  S  Ổ  O  L  Ờ  G  H  C  G  A
Q  K  Ế  T  C  Ấ  U  I  V  Ư  N  D  I  K  O
A  T  M  M  T  V  L  G  N  Đ  Ă  G  U  U  A
P  H  Â  N  P  H  Ố  I  P  A  N  B  P  C  M
```

GÓC
TRỤC
TÍNH TOÁN
XÂY DỰNG
SƠ ĐỒ
ĐƯỜNG KÍNH
DIESEL
PHÂN PHỐI
BÁNH RĂNG
NĂNG LƯỢNG

SỨC MẠNH
CHẤT LỎNG
MÁY
ĐO
ĐỘNG CƠ
ĐỘ SÂU
ĐẨY
XOAY
ỔN ĐỊNH
KẾT CẤU

28 - Énergie

```
C  L  A  H  C  V  D  G  V  V  K  Ó  L  E  Y
Ô  Y  P  Y  G  A  P  U  I  T  Ễ  I  H  N  M
N  N  Y  D  I  Ờ  R  T  T  Ặ  M  G  V  T  B
G  T  K  R  V  K  R  B  H  D  N  N  O  R  D
N  T  Q  O  M  G  N  N  O  U  C  Q  N  O  K
G  D  Y  P  D  Ô  I  K  Q  N  I  P  G  P  L
H  C  M  G  U  Ễ  I  L  N  Ê  I  H  N  Y  M
I  D  K  N  Â  H  N  T  Ạ  H  M  Q  Ễ  Đ  Đ
Ễ  C  A  Ă  V  P  O  Ô  R  C  I  A  I  I  Ộ
P  N  D  X  G  L  T  M  N  Ư  C  A  Đ  Ễ  N
P  Q  R  N  R  V  O  D  B  H  Ờ  Q  K  N  G
T  Á  I  T  Ạ  O  H  D  Q  U  I  N  D  T  C
D  I  E  S  E  L  P  R  A  N  B  Ễ  G  Ử  Ơ
P  G  C  I  R  M  G  C  O  B  H  G  M  P  V
T  U  A  B  I  N  Q  P  R  M  Y  V  O  B  G
```

PIN	HYDRO
CARBON	CÔNG NGHIỆP
NHIÊN LIỆU	ĐỘNG CƠ
NHIỆT	HẠT NHÂN
DIESEL	PHOTON
ENTROPY	Ô NHIỄM
MÔI TRƯỜNG	TÁI TẠO
XĂNG	MẶT TRỜI
ĐIỆN	TUA-BIN
ĐIỆN TỬ	GIÓ

29 - Corps Humain

```
D  D  I  Q  Đ  Đ  D  H  O  Q  T  K  T  C  U
C  Y  V  C  Ố  Ô  M  B  D  N  A  P  P  L  U
O  B  P  Ổ  I  I  A  V  K  C  Y  H  B  H  B
Q  T  B  T  M  M  U  R  A  T  A  B  G  K  U
C  K  Á  P  Ặ  Ô  A  R  D  M  P  P  A  I  L
M  T  C  G  T  I  K  P  V  T  U  K  U  Q  I
Y  A  T  U  Ủ  U  H  K  M  Ũ  I  L  U  G  D
H  I  Ắ  Á  Ầ  B  O  Y  I  Ằ  M  V  T  Y  U
H  R  M  M  T  Đ  L  Y  T  L  C  A  T  A  M
G  K  À  G  N  Đ  Ầ  U  G  Ố  I  C  C  T  N
D  A  H  T  A  Y  Ó  U  N  B  Q  B  Ụ  N  G
Q  M  H  G  G  T  H  C  Ẽ  M  T  D  P  Ó  T
O  N  L  I  I  K  I  V  I  P  D  P  O  G  I
O  Q  U  B  I  Y  R  L  M  V  N  G  Q  N  N
P  K  Y  C  L  M  K  T  R  H  U  A  P  L  O
```

MIỆNG	ĐÔI MÔI
ÓC	TAY
MẮT CÁ	HÀM
CỔ	CẰM
KHUỶU TAY	MŨI
TIM	TAI
NGÓN TAY	DA
BỤNG	MÁU
VAI	ĐẦU
ĐẦU GỐI	ĐỐI MẶT

30 - Biologie

```
A  Ó  H  N  Ế  I  T  Q  P  Q  N  A  T  Y  Đ
K  D  H  V  Y  A  H  T  P  B  I  M  O  M  Ộ
U  Q  V  D  L  K  Ằ  Ự  D  Ấ  B  P  I  G  T
T  Ấ  Q  H  A  V  N  N  Ẩ  U  H  K  I  V  B
Y  B  H  D  H  M  K  H  Y  N  O  Ô  Ô  C  I
I  M  U  T  P  A  I  I  T  T  M  H  H  U  Ế
E  N  Z  Y  M  E  N  Ê  H  N  Q  M  P  R  N
B  G  K  Q  B  Ẩ  H  N  Ệ  B  M  Ằ  M  B  R
Ò  D  H  D  M  P  H  Q  U  A  N  G  H  Ợ  P
S  Q  L  C  B  I  D  T  H  O  R  M  O  N  E
Á  L  O  À  I  T  Ế  B  À  O  U  I  G  T  G
T  N  H  I  Ễ  M  S  Ắ  C  T  H  Ể  P  O  C
C  O  L  L  A  G  E  N  P  R  O  T  E  I  N
O  G  I  Ả  I  P  H  Ẫ  U  H  Ọ  C  D  Q  I
C  Ộ  N  G  S  I  N  H  A  R  Q  R  R  D  P
```

GIẢI PHẪU HỌC
VI KHUẨN
TẾ BÀO
NHIỄM SẮC THỂ
COLLAGEN
PHÔI
ENZYME
LOÀI
TIẾN HÓA
HORMONE

ĐỘT BIẾN
TỰ NHIÊN
THẦN KINH
THẨM THẤU
MẦM BỆNH
QUANG HỢP
PROTEIN
BÒ SÁT
HÔ HẤP
CỘNG SINH

31 - Épices

```
T  H  B  D  V  A  U  O  Ả  H  T  M  A  C  N
Ỏ  B  B  N  U  N  B  T  G  O  À  O  T  A  H
I  Q  U  Ế  M  G  K  H  I  T  K  N  G  U  Ụ
M  O  T  D  G  V  Q  C  T  V  G  O  H  U  C
M  B  M  H  K  N  D  N  Q  V  N  Ừ  Y  Ị  Đ
Q  Y  D  M  B  T  K  H  C  A  Ắ  V  N  V  Ậ
O  Â  T  H  Ả  O  Q  U  Ả  N  Đ  U  H  G  U
Ớ  T  C  Ự  A  G  À  R  L  I  O  À  C  N  K
D  Ẽ  Q  T  T  Y  R  Y  K  H  C  L  À  Ơ  H
Q  H  K  N  Q  Y  A  Q  B  H  C  Ì  R  Ư  Ấ
U  G  I  O  M  I  U  T  K  K  H  H  I  H  U
I  N  C  P  H  Q  M  Q  I  M  U  T  C  B  Q
T  H  Ì  L  À  B  Ù  N  L  Ê  A  Y  H  O  Q
K  B  O  B  V  M  I  H  M  L  U  Â  R  U  K
Q  U  B  M  U  Ố  I  Ồ  H  Y  Â  C  M  I  L
```

CHUA   GỪNG
TỎI   NHỤC ĐẬU KHẤU
ĐẮNG   HÀNH
CÂY HỒI   ỚT CỰA GÀ
QUẾ   TIÊU
THẢO QUẢ   CAM THẢO
RAU MÙI   NGHỆ TÂY
CÂY THÌ LÀ   HƯƠNG VỊ
CÀ RI   MUỐI
THÌ LÀ   VANI

32 - Agronomie

```
N  Ă  N  G  L  Ư  Ợ  N  G  D  I  T  C  M  U
X  H  Ệ  T  H  Ố  N  G  H  M  V  H  P  Ô  D
M  Ó  A  V  K  H  K  K  T  B  N  Ứ  K  I  P
P  Ẽ  I  H  G  N  G  N  Ô  N  Ô  C  R  T  L
S  B  S  M  Q  Ệ  D  O  Ô  Ó  N  Ă  B  R  R
H  Ả  V  Ự  Ò  B  Q  P  N  B  G  N  T  Ư  A
Ạ  Q  N  L  P  N  N  I  H  N  T  Ấ  Đ  Ờ  U
T  L  L  X  Q  H  N  Á  I  Â  H  H  H  N  Ứ
G  B  O  R  U  B  Á  H  Ễ  H  Ô  P  B  G  C
I  M  Q  B  B  Ấ  U  T  M  P  N  L  D  I  N
Ố  M  Y  H  K  U  T  H  T  K  C  D  V  Q  Ê
N  L  R  N  I  P  A  N  K  R  Q  L  I  N  I
G  M  G  N  Ư  Ớ  C  I  H  T  I  O  B  B  H
Y  C  M  I  N  N  Ọ  S  A  B  V  Ể  I  L  G
U  B  Y  K  C  Ọ  H  A  O  H  K  I  N  H  N
```

NÔNG NGHIỆP	RAU
SỰ PHÁT TRIỂN	BỆNH
NƯỚC	THỨC ĂN
PHÂN BÓN	Ô NHIỄM
MÔI TRƯỜNG	SẢN XUẤT
SINH THÁI	NGHIÊN CỨU
NĂNG LƯỢNG	NÔNG THÔN
XÓI MÒN	KHOA HỌC
HỌC	ĐẤT
HẠT GIỐNG	HỆ THỐNG

33 - Science

```
G  N  U  A  C  M  Ẽ  I  H  G  N  Í  H  T  T
U  G  T  L  G  O  H  V  C  G  I  O  I  P  H
T  O  I  Y  U  Q  Ạ  Y  Ạ  C  B  P  N  H  I
A  I  D  Ả  K  Y  T  T  H  Ự  C  T  Ế  Ư  Ê
I  H  Ế  T  T  R  Q  Q  T  I  Ự  Ấ  L  Ơ  N
I  G  D  N  Q  H  I  M  A  B  L  H  G  N  N
C  Â  Y  Q  H  K  U  A  Ó  R  G  C  Y  G  H
A  V  T  K  Q  Ó  K  Y  H  P  N  A  K  P  I
P  H  Â  N  T  Ử  A  H  Ế  M  Ọ  Ó  R  H  Ê
N  G  U  Y  Ê  N  T  Ử  Í  T  R  H  Q  Á  N
K  H  O  Á  N  G  S  Ả  N  H  T  U  V  P  O
G  G  G  Q  G  C  K  V  D  L  Ậ  L  Ậ  A  H
N  H  À  K  H  O  A  H  Ọ  C  I  U  T  Y  H
Q  U  A  N  S  Á  T  V  N  U  Ễ  I  L  Ữ  D
M  Q  O  Q  V  I  H  Y  Q  O  Q  M  Ý  H  C
```

NGUYÊN TỬ	PHƯƠNG PHÁP
HÓA CHẤT	KHOÁNG SẢN
KHÍ HẬU	PHÂN TỬ
DỮ LIỆU	THIÊN NHIÊN
THÍ NGHIỆM	QUAN SÁT
TIẾN HÓA	HẠT
THỰC TẾ	VẬT LÝ
HÓA THẠCH	CÂY
TRỌNG LỰC	NHÀ KHOA HỌC
GIẢ THUYẾT	

34 - Vêtements

```
T  I  K  G  I  À  Y  M  T  M  P  H  O  T  A
D  D  H  H  Q  A  Á  N  H  Ũ  Y  G  B  H  R
T  A  Ă  L  N  G  V  D  Ắ  K  B  O  O  Ờ  M
M  Y  N  Ầ  U  Q  G  N  T  L  V  I  M  I  V
P  O  Q  Ă  Y  V  P  D  L  H  U  M  A  T  Ò
K  A  U  Y  N  B  B  H  Ư  K  U  D  P  R  N
B  P  À  N  Q  P  H  I  N  E  L  O  Á  A  G
Á  I  N  A  D  A  A  T  G  U  K  P  P  N  T
O  C  G  G  N  A  E  J  N  Ầ  U  Q  Ề  G  A
C  G  C  D  I  G  G  T  A  I  P  U  D  C  Y
Á  I  Ổ  V  N  G  L  T  A  M  V  L  P  É  Q
N  G  Ă  N  G  T  A  Y  Y  Ơ  A  Y  Ạ  V  P
H  R  V  Ò  N  G  C  Ổ  M  S  G  D  T  U  L
T  R  A  N  G  S  Ứ  C  Á  O  H  K  O  Á  Y
M  H  P  I  A  C  D  M  L  Á  I  D  C  R  D
```

TRANG SỨC	QUẦN JEAN
VÒNG TAY	VÁY
THẮT LƯNG	THỜI TRANG
MŨ	QUẦN
GIÀY	ÁO LEN
ÁO SƠ MI	PAJAMA
ÁO CÁNH	ĂN
VÒNG CỔ	DÉP
KHĂN QUÀNG CỔ	TẠP DỀ
GĂNG TAY	ÁO KHOÁC

35 - Arts Visuels

```
H  R  R  M  C  Q  K  G  N  T  A  C  P  O  K
L  O  P  C  H  K  U  I  C  V  N  T  K  U  I
N  B  K  T  Â  R  U  A  Ế  A  Y  L  R  G  Ệ
M  O  N  T  N  N  K  H  N  N  D  H  U  T
Y  Y  L  B  D  N  C  N  Ế  Đ  T  O  N  Y  T
T  M  B  I  U  N  L  A  N  P  I  R  O  Ì  Á
D  U  H  R  N  G  L  R  Y  P  R  Ể  Ú  H  C
Ĩ  S  Ệ  H  G  N  D  T  Ấ  H  D  O  M  C  C
Đ  I  Ê  U  K  H  Ắ  C  I  I  M  O  Ố  T  Á
S  Á  N  G  T  Ạ  O  Ứ  G  M  P  O  G  Ú  I
Ả  N  H  C  H  Ụ  P  B  Q  Ả  H  S  Ồ  B  B
R  I  Q  C  D  P  I  V  N  N  Ấ  Á  Đ  G  Ú
D  D  D  C  P  L  V  H  Ễ  H  N  P  K  M  T
T  H  À  N  H  P  H  Ầ  N  I  I  N  H  N  B
G  G  Q  I  N  B  O  A  Đ  Ấ  T  S  É  T  T
```

KIẾN TRÚC   PHIM ẢNH
ĐẤT SÉT   BỨC TRANH
NGHỆ SĨ   QUAN ĐIỂM
KIỆT TÁC   ẢNH CHỤP
VẼ   GIẤY NẾN
SÁP   CHÂN DUNG
THÀNH PHẦN   ĐỒ GỐM
PHẤN   ĐIÊU KHẮC
BÚT CHÌ   CÁI BÚT
SÁNG TẠO

36 - Méditation

```
G U T C C N C Q Y U A C L I T
U R Â C Ả E U H U U L G A M H
P H M K M U K T Ấ A P U P L B
M O T Q X Q O G C P N Y M Ặ T
B Ở H T Ú I Q Y G R N S I N P
V U Ầ Y C Ó M G L T L H Á G C
B O N Ê I H N N Ê I H T Ậ T R
Í B R I M T Ố T G N Ò L L N T
R Õ R À N G T Ư T H Ế Y U N K
T T Q V Â M N H Ạ C G U U A C
Í T L V H L Q U A N Đ I Ể M H
L P H O N G T R À O U C L K Ú
K B I Ạ H G N Ơ Ư H T Q C D Ý
H Ò A B Ì N H Ặ U G U V D G L
G T I P L T R Y L D Q T U A N
```

CHẤP NHẬN   PHONG TRÀO
CHÚ Ý   ÂM NHẠC
LẶNG   THIÊN NHIÊN
RÕ RÀNG   QUAN SÁT
THƯƠNG HẠI   HÒA BÌNH
LÍ TRÍ   QUAN ĐIỂM
CẢM XÚC   TƯ THẾ
LÒNG TỐT   THỞ
THÓI QUEN   IM LẶNG
TÂM THẦN

37 - Littérature

```
P  Q  T  P  Q  M  H  L  P  Y  Y  Q  B  U  R
H  V  I  K  U  O  H  T  G  T  K  K  À  H  B
Ằ  R  Ể  Ẩ  N  D  Ụ  B  H  C  Ị  K  I  B  M
N  V  U  Ử  S  U  Ể  I  T  Ơ  P  T  T  P  I
K  U  T  D  H  N  V  Ạ  V  D  Y  N  H  S  L
Ế  H  H  D  N  A  I  O  U  D  G  R  Ơ  O  M
T  C  U  G  G  A  Ự  H  Ý  K  I  Ế  N  S  C
L  Í  Y  N  G  G  Q  T  Á  C  G  I  Ả  Á  S
U  T  Ế  Ở  T  V  V  I  G  N  L  H  H  N  Ự
Ậ  N  T  Ư  V  Ầ  N  Ộ  D  N  H  H  U  H  M
N  Â  Q  T  Ề  Đ  Ủ  H  C  V  Ơ  Ị  U  M  I
P  H  O  N  G  C  Á  C  H  Y  K  Ư  P  G  Ê
C  P  Y  Ễ  A  D  A  Y  Y  N  V  R  T  I  U
A  V  V  I  G  I  A  I  T  H  O  Ạ  I  C  T
U  A  N  V  I  H  N  G  T  L  Q  T  G  K  Ả
```

TƯƠNG TỰ	ẨN DỤ
PHÂN TÍCH	Ý KIẾN
GIAI THOẠI	BÀI THƠ
TÁC GIẢ	THƠ
TIỂU SỬ	VẦN
SO SÁNH	TIỂU THUYẾT
PHẦN KẾT LUẬN	NHỊP
SỰ MIÊU TẢ	PHONG CÁCH
HỘI THOẠI	CHỦ ĐỀ
VIỄN TƯỞNG	BI KỊCH

38 - Nourriture #1

```
B  U  D  Â  U  T  Â  Y  I  T  S  R  K  K  T
C  V  P  N  C  Q  O  V  U  Ở  M  A  Y  M  G
U  C  A  Ư  M  I  V  P  Đ  I  B  H  L  Q  T
Y  C  P  Ớ  P  K  C  B  H  Ư  N  C  D  A  Q
O  I  Ả  C  Ủ  C  Á  V  Ú  U  Ờ  H  Y  L  D
Q  U  Ế  É  V  C  N  H  N  À  H  N  I  Ú  L
C  P  Q  P  K  O  G  N  G  Q  N  A  G  A  Ê
P  À  G  Q  D  L  Ừ  A  Q  D  O  C  K  M  H
Y  H  R  I  S  Ữ  A  H  U  O  G  O  P  Ạ  P
N  L  U  Ố  C  I  L  C  Ế  C  C  U  H  C  À
U  C  N  U  T  H  R  A  U  B  I  N  A  H  C
L  P  C  M  T  B  H  L  K  N  K  T  N  H  M
O  O  Y  U  H  O  R  S  Q  D  A  K  B  D  T
V  Y  I  D  Ị  O  K  Ú  P  G  P  O  B  R  N
I  R  H  N  T  I  O  P  R  M  N  N  V  K  K
```

TỎI	CỦ CẢI
HÚNG QUẾ	HÀNH
CÀ PHÊ	LÚA MẠCH
QUẾ	LÊ
CÀ RỐT	SALAD
CHANH	MUỐI
RAU BINA	SÚP
DÂU TÂY	ĐƯỜNG
NƯỚC ÉP	CÁ NGỪ
SỮA	THỊT

39 - Jours et Mois

```
T  T  Ư  T  Ứ  H  T  Ư  T  G  N  Á  H  T  T
H  H  V  H  Q  I  A  H  Ứ  H  T  G  T  U  H
Á  Ứ  T  Á  T  U  Ầ  N  Á  Y  Á  V  À  M  Á
N  S  C  N  D  D  R  Y  B  N  O  N  R  Y  N
G  Á  9  G  N  Á  H  T  Q  U  G  G  G  K  G
H  U  Q  M  Ă  N  Ứ  H  T  B  G  M  U  M  1
A  Y  K  Ộ  C  D  U  N  L  Ị  C  H  Ứ  Q  2
I  Y  Y  T  Ậ  H  N  Ủ  H  C  K  Y  O  Ờ  N
T  H  Á  N  G  B  Ả  Y  M  N  N  B  T  H  I
B  Q  Y  Q  Y  D  B  Y  T  R  M  C  Y  D  V
G  G  U  Á  S  G  N  Á  H  T  I  M  V  B  U
A  I  H  N  N  C  D  N  Ứ  O  C  G  U  N  P
M  Q  K  N  R  H  P  A  B  Ứ  H  T  G  U  V
V  V  T  Ă  K  Q  T  D  Ả  P  T  R  I  P  U
P  A  B  M  I  Y  B  M  Y  O  O  M  U  D  P
```

NĂM	THÁNG SÁU
NGÀY	THỨ HAI
THÁNG TƯ	THỨ BA
LỊCH	THỨ TƯ
THÁNG 12	THÁNG
CHỦ NHẬT	THÁNG MƯỜI
THÁNG HAI	THỨ BẢY
THÁNG MỘT	TUẦN
THỨ NĂM	THÁNG 9
THÁNG BẢY	THỨ SÁU

40 - Entreprise

```
C B A N C B Y N V Y V G Q T B
C Ử L Q P M U N O B L I A À U
Ô U A Ư N G I A O D Ị C H I N
N K N T Ê D N Y I H L O D C R
G C I U I D Q U L R L Ế U H T
T T T Ằ V Ệ T N Ề I T T Q Í P
Y V N Đ N K M I R H R H M N B
N D B I Â T I A Ó H G N À H B
C G N Ò H P N Ă V P M I U L Á
Q H P O N Q G B C Ậ B K T D N
R T Ử P I H K M N H À M Á Y T
Q I I N P Ễ I H G N Ề H G N Q
L V L Ề H I L N Ậ U H N I Ợ L
H C Á S N Â G N Í H P I H C T
B O K R G O N T I T T O A V Y
```

TIỀN   KINH TẾ
CỬA TIỆM   TÀI CHÍNH
NGÂN SÁCH   THUẾ
VĂN PHÒNG   ĐẦU TƯ
NGHỀ NGHIỆP   HÀNG HÓA
CHI PHÍ   LỢI NHUẬN
TIỀN TỆ   THU NHẬP
CHỦ NHÂN   GIAO DỊCH
NHÂN VIÊN   NHÀ MÁY
CÔNG TY   BÁN

41 - Activités

```
P G N Ô C Ủ H T Ồ Đ L R P N T
B N A I O G O S Ă N B Ắ N P R
B H Đ L M G Ạ D V Y L Q U C Ò
Ứ P N I O A T A M M P Y G Ắ C
C U O Y B Ố Đ U Â C G R K M H
T O I U B L Ộ G N Ă N Ỹ K T Ơ
R C Â U C Á N C H N Ò L R R I
A T L V O D G M I G L À C Ạ G
N M H M A Y K N Ế H I M D I I
H H A Ư H Đ Ọ C P Ễ À V K Y Ả
A R P T G A O N Ả T H Ư M V I
I V R U H I R T N H A Ờ G I T
A G P O I U Ã N H U D N V H R
U R O D H Y Ậ N G Ậ I L B U Í
D L I Q D N H T L T G Y N L Q
```

HOẠT ĐỘNG	GIẢI TRÍ
NGHỆ THUẬT	MA THUẬT
ĐỒ THỦ CÔNG	BỨC TRANH
CẮM TRẠI	CÂU CÁ
SĂN BẮN	NHIẾP ẢNH
KỸ NĂNG	HÀI LÒNG
MAY	CÂU ĐỐ
LÀM VƯỜN	THƯ GIÃN
TRÒ CHƠI	ĐAN
ĐỌC	

42 - Mode

```
P  T  I  N  H  V  I  D  P  O  B  T  N  R  H
C  H  C  Ị  L  H  N  A  H  T  Ắ  Đ  Ú  E  I
K  H  O  U  L  C  Ử  A  H  À  N  G  T  N  Ễ
V  Ả  I  N  K  H  I  Ê  M  T  Ố  N  R  Ả  N
D  L  G  U  G  X  U  H  Ư  Ớ  N  G  A  I  Đ
U  H  I  Ế  T  C  Ự  H  T  Đ  Q  T  R  G  Ạ
B  O  M  G  U  O  Á  Y  N  Ơ  U  C  N  I  I
G  G  L  T  D  H  L  C  O  N  Ầ  B  G  Ố  D
A  Ố  N  M  H  U  L  P  H  G  N  Y  H  T  P
G  V  C  L  Ẫ  L  U  D  V  I  Á  L  Ề  H  A
B  K  V  N  U  U  A  G  I  Ả  O  B  T  L  Y
P  H  Ả  I  C  H  Ă  N  G  N  G  P  H  B  A
K  Ế  T  C  Ấ  U  C  L  Q  M  N  R  Ê  K  C
L  A  M  K  V  L  P  K  O  H  P  R  U  G  T
L  L  N  C  G  T  C  Q  H  D  Q  A  C  T  L
```

PHẢI CHĂNG	MẪU
CỬA HÀNG	GỐC
NÚT	THỰC TẾ
NGHỀ THÊU	ĐƠN GIẢN
ĐẮT	TINH VI
REN	PHONG CÁCH
THANH LỊCH	XU HƯỚNG
TỐI GIẢN	KẾT CẤU
HIỆN ĐẠI	VẢI
KHIÊM TỐN	QUẦN ÁO

43 - Fleurs

```
B H O A L O A K È N G P D R H
H Ồ H O A H Ồ N G A N O Y O O
B O C B V T B L L L Ơ P H U A
A H A Ô V I A M O G Ư P H N M
B V I O N P R K A N H Y O R Ã
O B Y P Ả G O L P O H V B G U
U P B M B I A O H H N Á C A Đ
D Â M B Ụ T H N N P I H Q R Ơ
L T Q B I G H Ư H G Đ V B D N
M L A C Ó T M Y Ơ L Ử G U E M
V Y Q Y U H N S L N T U T N I
M P G A I P O I B O G Q A I L
J A S M I N E A I L O N G A M
B C H Ứ N G D Ư Ơ N G R M G
C Ỏ B A L Á P L U M E R I A A
```

BÓ HOA   PHONG LAN
GARDENIA   POPPY
DÂM BỤT   CÁNH HOA
JASMINE   BỒ CÔNG ANH
HOA OẢI HƯƠNG   HOA MẪU ĐƠN
TỬ ĐINH HƯƠNG   PLUMERIA
HOA LOA KÈN   HOA HỒNG
MAGNOLIA   HƯỚNG DƯƠNG
DAISY   CỎ BA LÁ

44 - Nourriture #2

```
B  Ô  N  G  C  Ả  I  X  A  N  H  C  A  C  R
Q  H  C  H  O  L  W  Ố  L  Ì  A  À  P  À  M
A  U  U  B  D  Ú  I  D  U  M  L  T  H  C  H
U  Q  Ả  M  A  A  K  Y  A  H  Ô  Í  Ạ  H  N
N  D  V  A  Y  M  Ả  M  Ấ  N  C  M  N  U  H
U  Q  M  I  N  Ì  U  D  P  Á  Ô  N  H  A  T
R  D  C  T  C  H  Q  G  A  B  S  C  N  P  C
G  Ạ  O  R  M  Q  Đ  U  À  K  T  Á  H  N  V
R  K  Á  Á  T  M  V  À  H  G  V  G  Â  H  G
L  O  T  I  H  O  P  Q  O  R  D  A  N  O  V
V  V  A  X  G  I  Ă  M  B  Ô  N  G  B  H  Q
O  K  P  O  T  R  Ứ  N  G  C  Ầ  N  T  Â  Y
G  N  O  À  A  R  T  K  G  T  T  P  Y  U  N
K  V  G  I  D  D  I  M  U  D  B  K  Q  D  L
R  C  V  Y  B  B  Q  O  V  C  V  Y  M  D  C
```

HẠNH NHÂN	QUẢ KIWI
CÀ TÍM	TRÁI XOÀI
CHUỐI	TRỨNG
LÚA MÌ	BÁNH MÌ
BÔNG CẢI XANH	CÁ
QUẢ ANH ĐÀO	TÁO
CẦN TÂY	GÀ
NẤM	NHO
SÔ CÔ LA	GẠO
GIĂM BÔNG	CÀ CHUA

45 - Algèbre

```
C  S  S  Ố  C  G  Ũ  D  G  K  A  P  N  T  T
V  Ơ  N  Ậ  R  T  A  M  R  M  U  H  Y  U  Ố
T  Đ  G  N  Ổ  T  T  L  M  N  C  É  H  Y  B
Q  Ồ  O  S  Ố  L  Ư  Ợ  N  G  K  P  Y  Ế  M
P  C  Ặ  O  O  A  U  C  Ế  K  G  T  I  N  Y
U  H  C  D  O  R  L  I  I  Y  A  R  O  T  V
P  H  Â  N  S  Ố  O  T  B  Q  Ó  Ừ  T  Í  A
G  N  Ô  H  K  Ố  S  K  V  Ô  H  Ạ  N  N  C
I  A  S  D  H  N  Ì  R  T  G  N  Ơ  Ư  H  P
Ả  C  Ô  N  G  T  H  Ứ  C  Q  Ả  M  A  M  I
I  R  N  D  T  D  A  H  O  B  I  B  G  O  M
P  R  N  V  H  K  U  A  D  A  G  T  O  Q  Q
H  H  Q  B  G  O  O  G  U  R  N  P  L  U  L
Á  O  H  K  R  I  B  O  K  T  Ơ  O  N  Y  A
P  G  K  L  V  H  L  N  A  Ề  Đ  N  Ấ  V  A
```

SƠ ĐỒ	SỐ
MŨ	NGOẶC
PHƯƠNG TRÌNH	VẤN ĐỀ
TỔ	SỐ LƯỢNG
SAI	ĐƠN GIẢN HÓA
CÔNG THỨC	GIẢI PHÁP
PHÂN SỐ	TỔNG
VÔ HẠN	PHÉP TRỪ
TUYẾN TÍNH	BIẾN
MA TRẬN	SỐ KHÔNG

46 - Océan

```
M R D N L A D A I S C A G V T
B V C A R N C N O Ó Á C R G U
T H U Y Ề N R C V N N M U Ố I
B R À T Ô M Ù D Á G G A C L O
L Ạ H B I G A U C M Ừ U N B U
B V C Ô P P C R R U Ậ B I K Y
Ọ K L H Á P G Y R L V P B O A
T R Ự N T R A I C Á H E O K O
B D Ơ A O U N K Ạ T Y N R U C
I A N S Ã C Ộ H A L Q L P Y G
Ể Y A A B A D C C D Ả V A O Y
N S Ứ A N N T H Ủ Y T R I Ề U
O D C L R N C V B O M Q T T T
L A D I Y I T Y B C Y I N M C
M M V T V G C K C C B V L N D
```

LƯƠN	SỨA
CÁ VOI	CÁ
THUYỀN	BẠCH TUỘC
SAN HÔ	CÁ MẬP
CUA	TRẢ LẠI
TÔM	MUỐI
CÁ HEO	BÃO TÁP
BỌT BIỂN	CÁ NGỪ
HÀU	RÙA
THỦY TRIỀU	SÓNG

47 - Antiquités

```
T  N  I  A  P  T  B  Đ  A  C  V  I  A  P  R
Đ  C  Ũ  N  V  H  I  Ấ  V  P  U  A  A  R  Đ
H  I  N  H  U  Ậ  R  U  H  T  G  I  Á  T  Ồ
Đ  I  Ề  B  C  T  H  G  B  B  D  B  I  N  N
G  Ồ  P  U  O  P  V  I  Ồ  H  C  Ụ  H  P  Ộ
H  L  N  P  K  H  C  Á  C  G  N  O  H  P  I
B  O  M  G  A  I  Đ  I  Ê  U  K  H  Ắ  C  T
C  A  V  T  X  V  Ẽ  D  T  B  N  G  A  C  H
Ị  M  B  A  P  U  N  N  R  Ộ  A  N  B  I  Ấ
R  P  H  R  L  L  B  Q  A  S  D  Q  K  N  T
T  Ậ  U  H  T  Ệ  H  G  N  Ư  T  U  Ầ  Đ  P
Á  H  C  A  L  I  I  R  G  U  U  O  Q  U  N
I  R  Ế  Q  U  R  H  D  T  T  A  P  B  Q  L
G  I  D  K  Y  N  Q  I  R  Ậ  V  H  N  D  L
R  H  Y  T  Ỷ  I  B  R  Í  P  V  L  I  M  P
```

NGHỆ THUẬT	ĐỒNG XU
THẬT	GIÁ
THU	PHỤC HỒI
ĐIỀU KIỆN	ĐIÊU KHẮC
TRANG TRÍ	THẾ KỶ
ĐẤU GIÁ	PHONG CÁCH
BỘ SƯU TẬP	GIÁ TRỊ
ĐẦU TƯ	CŨ
ĐỒ NỘI THẤT	

48 - Boxe

```
C  H  Ấ  N  T  H  Ư  Ơ  N  G  K  G  K  B  T
H  R  Đ  G  M  G  B  A  L  N  I  Ă  P  D  T
N  T  T  Ố  G  L  Đ  A  R  Ă  Ẽ  N  H  O  T
Ạ  L  Q  R  I  Ó  Á  T  V  N  T  G  Ụ  I  H
M  H  R  B  Y  T  C  A  K  Ỹ  S  T  C  P  V
C  Ẳ  G  B  A  N  H  Y  U  K  Ứ  A  H  K  D
Ứ  T  C  Ơ  T  H  Ể  Ủ  A  Q  C  Y  Ồ  H  U
S  I  Ĩ  S  U  Ấ  Đ  O  B  Q  D  A  I  H  Y
C  À  U  U  Ỷ  K  D  O  U  Đ  U  Y  N  M  A
H  T  P  Q  U  H  N  M  Ể  I  Đ  U  Ê  I  T
U  G  N  Ừ  H  T  Y  Â  D  Ể  Y  U  Y  I  M
Ô  N  K  P  K  A  U  R  K  M  N  I  T  H  Ắ
N  Ọ  R  M  H  L  N  H  A  N  H  Y  D  Y  N
G  R  C  T  I  V  L  R  V  M  I  G  P  Y  P
V  T  K  D  U  C  Q  G  Q  N  Q  V  L  I  K
```

ĐỐI THỦ   KHUỶU TAY
TRỌNG TÀI   ĐÁ
CHẤN THƯƠNG   KIỆT SỨC
CHUÔNG   SỨC MẠNH
GÓC   GĂNG TAY
ĐẤU SĨ   CẰM
KỸ NĂNG   NẮM TAY
TIÊU ĐIỂM   ĐIỂM
DÂY THỪNG   NHANH
CƠ THỂ   PHỤC HỒI

49 - Réchauffement Climatique

```
T Ộ M N D G P I C G L V G A T
H Đ R Ô N H À K H O A H Ọ C B
I T U I I Ổ Đ Y A H T H G C V
N Ễ H Ế H T C Á C C R A U U V
V I K P R A R Q U H R K Ậ G T
C H M N H Q O Ư N Ú Q U H R Ư
R N L T T Á I M Ờ Ý C A Í Í ơ
B Ắ C C Ự C P M P N A V H U N
B Â Y G I Ờ P L H Y G B K V G
C H Í N H P H Ủ U Ễ I L Ữ D L
D Â N N G I A V L Ậ T I O M A
K H Ủ N G H O Ả N G T K Q O I
P H Á T T R I Ể N M O D H T I
N Ă N G L Ư Ợ N G Q U Ố C T Ế
I T C Ô N G N G H I Ệ P N O H
```

BẮC CỰC
CHÚ Ý
THAY ĐỔI
KHÍ HẬU
KHỦNG HOẢNG
PHÁT TRIỂN
DỮ LIỆU
MÔI TRƯỜNG
NĂNG LƯỢNG
TƯƠNG LAI

KHÍ
CÁC THẾ HỆ
CHÍNH PHỦ
CÔNG NGHIỆP
QUỐC TẾ
PHÁP LUẬT
BÂY GIỜ
DÂN
NHÀ KHOA HỌC
NHIỆT ĐỘ

50 - Fruit

```
Q  R  R  L  D  B  H  O  R  Q  P  V  Q  U  N
U  H  H  O  A  V  Y  Y  H  U  B  K  U  D  D
Ả  R  N  U  P  Q  B  C  P  Ả  H  I  Ả  R  D
M  U  P  Q  B  O  D  R  H  A  Ứ  D  M  N  V
Ơ  N  N  M  Y  O  H  N  P  N  A  B  Ọ  P  V
Y  C  M  K  K  O  N  I  T  H  A  C  N  B  T
V  V  A  C  G  À  D  Ư  A  Đ  D  H  G  I  Q
G  Q  Q  M  T  Đ  V  T  G  À  H  N  C  À  Q
P  B  T  H  Ì  N  H  Q  G  O  B  U  N  O  Đ
L  K  I  G  Y  Â  C  C  P  Y  H  U  D  X  U
I  W  I  K  Ả  U  Q  L  Ê  V  A  C  N  I  Đ
Ổ  Ố  L  I  Ô  X  M  Â  M  P  B  Đ  D  Á  Ủ
H  D  U  T  K  Y  C  G  U  I  N  À  B  R  Y
N  H  O  H  Y  Â  O  T  V  G  U  O  Á  T  Q
H  L  P  B  C  C  T  R  Á  I  B  Ơ  G  N  I
```

QUẢ MƠ   QUẢ KIWI
DỨA   TRÁI XOÀI
TRÁI BƠ   DƯA
QUẢ MỌNG   CÂY XUÂN ĐÀO
CHUỐI   CAM
QUẢ ANH ĐÀO   ĐU ĐỦ
CHANH   ĐÀO
HÌNH   LÊ
MÂM XÔI   TÁO
ỔI   NHO

51 - Technologie

```
B  A  O  T  G  N  M  M  V  D  D  R  A  L  P
T  T  N  C  H  Ữ  L  Y  G  M  H  A  Ả  M  A
Ễ  R  B  N  I  N  T  E  R  N  E  T  R  R  T
Y  M  Ư  A  I  V  K  V  I  R  Ú  T  T  D  D
U  Á  T  N  V  N  Q  K  M  A  U  T  N  V  D
D  Y  H  A  G  G  H  M  M  I  Y  P  O  Ả  G
H  T  Ố  P  K  B  N  G  H  I  Ê  N  C  Ứ  U
N  Í  N  O  Ỹ  H  À  P  H  Ầ  N  M  Ề  M  Ễ
Ì  N  G  V  T  T  M  Y  T  A  R  C  R  A  I
R  H  K  H  H  U  B  T  H  H  D  A  T  K  L
T  N  Ê  C  U  O  A  L  V  G  U  H  I  C  Ữ
B  I  Ộ  G  Ậ  T  H  Ô  N  G  Đ  I  Ệ  P  D
L  V  N  I  T  P  Ậ  T  M  Á  Y  Ả  N  H  B
O  I  D  T  S  K  P  B  Q  U  T  C  U  G  O
G  T  M  M  Ố  B  O  B  B  V  Q  N  Q  K  Y
```

TRƯNG BÀY	TRÌNH DUYỆT
BLOG	KỸ THUẬT SỐ
MÁY ẢNH	NỘI
CON TRỎ	MÁY TÍNH
DỮ LIỆU	CHỮ
MÀN	NGHIÊN CỨU
TẬP TIN	AN NINH
INTERNET	THỐNG KÊ
PHẦN MỀM	ẢO
THÔNG ĐIỆP	VI RÚT

52 - Musique

```
H  C  Ạ  H  N  M  Â  N  O  D  K  Ứ  P  L  I
N  A  V  I  C  O  U  K  A  Ộ  Đ  N  Ế  I  T
I  S  O  R  L  K  U  D  V  M  B  G  P  R  Y
L  Ĩ  G  I  Ọ  N  G  H  Á  T  Â  B  D  I  H
V  E  N  O  H  P  O  R  C  I  M  I  R  O  G
I  M  K  A  B  Ợ  G  C  L  R  L  Ế  H  V  D
N  H  Ị  P  N  H  À  N  G  U  D  N  O  G  Ụ
B  M  I  D  I  A  G  K  R  K  O  L  K  B  N
A  D  T  Á  H  Ò  N  R  N  R  L  L  A  K  G
L  P  Ị  H  N  H  A  H  N  Ì  T  Ữ  R  T  C
L  G  R  T  Ơ  V  L  U  Ạ  Y  C  C  E  T  Ụ
A  G  H  G  P  N  B  V  I  C  Q  C  P  N  N
D  U  P  Q  C  A  U  M  Q  I  S  P  O  K  Q
C  Ổ  Đ  I  Ể  N  M  H  Y  H  K  Ĩ  B  G  A
G  I  A  I  Đ  I  Ệ  U  N  K  Q  G  C  G  H
```

ALBUM	GIAI ĐIỆU
BALLAD	MICROPHONE
HÁT	ÂM NHẠC
CA SĨ	NHẠC SĨ
CỔ ĐIỂN	OPERA
GHI ÂM	THƠ
HÒA HỢP	NHỊP
ỨNG BIẾN	NHỊP NHÀNG
DỤNG CỤ	TIẾN ĐỘ
TRỮ TÌNH	GIỌNG HÁT

53 - Météo

```
Q  Y  G  K  T  I  L  C  C  B  P  U  T  D  T
P  K  N  Á  H  N  Ạ  H  I  N  U  V  Y  B  P
N  Q  Ồ  Đ  P  Í  N  A  Ờ  O  I  Y  G  I  Ó
K  Ù  V  C  C  U  H  B  R  B  Y  Â  L  H  U
D  M  U  Ớ  Ơ  Y  C  Ậ  T  Ớ  Ư  M  Ẩ  U  C
N  G  Ầ  Ư  N  U  P  G  U  U  K  M  P  L  H
G  N  C  N  B  O  H  N  Ằ  N  H  Á  R  Ố  K
D  Ơ  Ự  Y  Ã  C  C  A  B  N  Ô  Đ  P  C  G
C  Ư  C  P  O  N  H  I  Ệ  T  Đ  Ộ  R  X  A
I  S  K  H  Ô  N  G  K  H  Í  L  A  Q  O  I
V  C  Ấ  B  Ã  O  T  Á  P  M  I  Ũ  L  Á  L
T  A  Ù  M  Ó  I  G  L  V  Q  O  G  L  Y  I
K  K  U  U  S  T  G  V  K  L  K  R  I  Ụ  Q
G  Q  A  D  R  É  G  G  V  R  Y  P  Q  P  T
T  D  V  I  Ớ  Đ  T  Ệ  I  H  N  B  P  T  V
```

CẦU VỒNG	CƠN BÃO
KHÔNG KHÍ	CỰC
SƯƠNG MÙ	KHÔ
BẦU TRỜI	HẠN HÁN
KHÍ HẬU	NHIỆT ĐỘ
NƯỚC ĐÁ	BÃO TÁP
ẨM ƯỚT	SẤM SÉT
LŨ LỤT	LỐC XOÁY
GIÓ MÙA	NHIỆT ĐỚI
ĐÁM MÂY	GIÓ

54 - L'Entreprise

```
G U T B D Q Q R C Y P Đ T T C
Q L L I R N B C K I G Ơ R I Ô
B G N Ế I T H N A D N N Ì Ề N
Đ P H O Ạ T G N Á S Ợ V N N G
M Ầ L T P B A Ộ Ị M Ư Ị H L N
H H U T U Q O B C Đ L O B Ư G
N G Y T U Ằ C N À O T G À Ơ H
P N T G Ư O V Ế Y I Ấ Ế Y N I
U Ớ A L U O R I Ử R H K Y G Ệ
P Ư D O A N H T H U C U L U P
C H U Y Ê N N G H I Ệ P O M Q
T U P T V I Ệ C L À M B I V P
Q X S Ả N P H Ẩ M K O I C Y L
T À I N G U Y Ê N T V G A D A
G N Ă N Ả H K I N H D O A N H
```

KINH DOANH
SÁNG TẠO
QUYẾT ĐỊNH
VIỆC LÀM
TOÀN CẦU
CÔNG NGHIỆP
ĐẦU TƯ
KHẢ NĂNG
TRÌNH BÀY
SẢN PHẨM

CHUYÊN NGHIỆP
TIẾN BỘ
CHẤT LƯỢNG
TÀI NGUYÊN
DOANH THU
DANH TIẾNG
RỦI RO
TIỀN LƯƠNG
XU HƯỚNG
ĐƠN VỊ

55 - Gouvernement

```
U  C  V  G  L  N  T  I  T  M  Q  D  N  H  B
P  P  B  U  R  H  I  Y  Ự  O  T  U  N  U  Ì
T  I  B  B  G  R  Ể  T  D  N  U  Ể  Ậ  G  N
L  A  I  G  C  Ố  U  Q  O  U  L  I  U  N  H
L  U  P  G  Y  Q  B  K  I  M  U  B  L  Ằ  Đ
C  L  Ậ  U  K  U  A  Ủ  K  E  A  T  O  B  Ẳ
K  Y  L  T  Q  Ố  N  H  R  N  H  Á  Ả  G  N
V  T  C  P  H  C  G  C  I  T  I  H  H  N  G
Q  L  Ộ  O  D  T  B  N  P  Ế  H  P  T  Ô  V
R  P  Đ  U  L  Ị  A  Â  Ự  S  N  Â  D  C  O
Q  U  Y  Ề  N  C  Y  D  T  R  Ì  P  I  Ự  N
G  D  Ị  R  T  H  N  Í  H  C  B  I  H  S  I
L  B  V  K  B  M  N  D  Q  L  A  V  N  Á  G
B  I  Ể  U  T  Ư  Ợ  N  G  G  Ò  R  L  P  P
I  H  N  L  Y  T  B  P  P  Á  H  P  Ư  T  H
```

QUỐC TỊCH	ĐỘC LẬP
DÂN SỰ	TƯ PHÁP
HIẾN PHÁP	SỰ CÔNG BẰNG
DÂN CHỦ	TỰ DO
PHÁT BIỂU	LUẬT
THẢO LUẬN	MONUMENT
QUẬN	QUỐC GIA
QUYỀN	HÒA BÌNH
BÌNH ĐẲNG	CHÍNH TRỊ
TIỂU BANG	BIỂU TƯỢNG

56 - Randonnée

```
S  B  Y  C  M  B  V  M  Ặ  T  T  R  Ờ  I  Q
C  Ự  U  B  A  C  Á  Y  Y  G  B  Ả  N  Đ  Ồ
Ô  O  Đ  G  R  M  C  Ớ  Ứ  N  L  M  R  D  V
N  H  L  Ị  M  Ể  H  K  T  Ố  D  U  I  D  H
G  B  Q  B  N  I  Đ  M  D  Y  T  P  O  U  B
V  Y  Q  N  Ê  H  Á  G  P  À  C  D  P  M  H
I  U  Q  Ẩ  I  Y  H  T  Ế  I  T  I  Ờ  H  T
Ê  U  U  U  H  U  V  Ư  Y  G  V  Ú  N  O  Ậ
N  U  D  H  N  G  G  Q  Ớ  I  Ã  N  Ẽ  O  V
Y  D  V  C  N  N  Y  V  C  N  D  O  D  Đ  G
K  U  A  B  Ê  I  P  V  A  A  G  O  G  Á  N
D  C  I  K  I  Ố  N  Ặ  N  G  N  P  N  A  Ộ
I  T  M  I  H  M  T  O  M  C  A  C  Ớ  D  Đ
K  I  Ạ  R  T  M  Ắ  C  P  C  O  O  Ư  B  A
C  M  Ệ  T  H  Y  O  R  U  Ậ  H  Í  H  K  D
```

ĐỘNG VẬT	NẶNG
GIÀY ỐNG	THỜI TIẾT
CẮM TRẠI	NÚI
BẢN ĐỒ	THIÊN NHIÊN
KHÍ HẬU	SỰ ĐỊNH HƯỚNG
MỐI NGUY HIỂM	CÔNG VIÊN
NƯỚC	ĐÁ
VÁCH ĐÁ	CHUẨN BỊ
MỆT	HOANG DÃ
HƯỚNG DẪN	MẶT TRỜI

57 - Nutrition

```
Y  L  L  T  T  Ố  X  C  Ớ  Ư  N  T  I  L  C
G  Q  Ê  B  I  Y  V  Ợ  Â  V  K  U  B  M  Â
H  K  N  C  A  R  K  Ư  K  N  G  A  O  Ị  N
A  Q  M  U  A  L  H  Đ  V  I  N  K  N  V  B
D  A  E  D  L  L  B  N  M  E  Ỏ  Ặ  L  A  Ằ
C  Ó  N  C  O  N  O  Ă  H  T  L  M  N  I  N
V  H  H  B  I  V  D  L  N  O  T  Q  D  G  G
I  U  Ấ  T  P  R  T  C  H  R  Ấ  L  L  B  Đ
T  Ê  Ố  T  C  Ộ  Đ  M  L  P  H  P  Ị  S  Ắ
A  I  R  R  L  P  D  Y  Q  H  C  R  V  Ứ  N
M  T  N  D  N  Ư  Ă  N  K  I  Ê  N  G  C  G
I  I  T  A  M  M  Ợ  M  A  Q  N  A  N  K  V
N  D  H  P  M  K  R  N  C  Q  G  L  Ơ  H  M
K  H  Ỏ  E  M  Ạ  N  H  G  A  O  M  Ư  Ỏ  K
L  M  V  P  A  L  N  U  U  R  N  L  H  E  Y
```

ĐẮNG	CÂN NẶNG
NGON	PROTEIN
CALO	CHẤT LƯỢNG
ĂN ĐƯỢC	KHỎE MẠNH
ĂN KIÊNG	SỨC KHỎE
TIÊU HÓA	NƯỚC XỐT
GIA VỊ	HƯƠNG VỊ
CÂN BẰNG	ĐỘC TỐ
LÊN MEN	VITAMIN
CHẤT LỎNG	

58 - Créativité

```
H  K  Ý  S  B  N  C  Ư  Ờ  N  G  Đ  Ộ  A  I
K  T  T  Ứ  L  H  P  V  Q  K  B  Q  L  M  C
B  R  Ư  C  Y  M  A  K  O  O  P  Y  G  K  V
C  N  Ở  S  Q  B  M  A  G  N  Ứ  H  M  Ả  C
C  I  N  Ố  O  M  Y  Q  D  G  Q  O  Q  I  T
H  I  G  N  A  I  N  Ễ  I  H  U  Ể  I  B  Í
S  C  C  G  G  M  T  N  P  Ễ  R  L  D  R  N
V  Á  G  G  N  Ă  N  Ỹ  K  T  Õ  R  K  C  H
M  I  N  A  Ợ  L  K  H  Ị  H  R  L  A  H  X
P  G  Ì  G  Ư  L  Ỏ  H  C  U  À  Ả  Q  R  Á
H  M  H  U  T  Q  O  N  H  Ậ  N  N  I  P  C
D  Ả  N  B  N  Ạ  N  H  G  T  G  H  A  P  T
U  C  M  I  Ấ  N  O  C  Ả  M  X  Ú  C  U  H
O  I  Ầ  T  R  Ự  C  G  I  Á  C  T  K  I  Ự
K  L  T  Á  H  P  Ự  T  G  I  R  R  L  D  C
```

NGHỆ THUẬT   ẤN TƯỢNG
TÍNH XÁC THỰC   CẢM HỨNG
RÕ RÀNG   CƯỜNG ĐỘ
KỸ NĂNG   TRỰC GIÁC
KỊCH   SÁNG TẠO
BIỂU HIỆN   CẢM GIÁC
CẢM XÚC   TỰ PHÁT
LỎNG   TẦM NHÌN
Ý TƯỞNG   SỨC SỐNG
ẢNH

59 - Science Fiction

```
K U T O P I A Ổ N H K B O T O
Ị R B U M H N K G À S Í K H R
C L Ả U H P O U U N Á Ẫ V I A
H Q O C L Ử A H Y H C N Q Ê C
B G G Y A A B N Ê T H T Y N L
Ả T I C M I Q Y N I C Ự C H E
N O Á Ờ U P R K T N I O Y À P
R H C A V O H M Ử H A I T H U
I K O T Ế T C Ự H T L H B C N
X A X Ô I S Ễ H G N G N Ô C V
H M G T H Y G Y N B N L Y C L
H U O I V D Y R U P Ơ I G O O
M B D I Ớ I G Ế H T Ư C P Y R
T Ư Ở N G T Ư Ợ N G T C N Y O
U L C Q V P V A N D P R Q Q L
```

NGUYÊN TỬ	SÁCH
DYSTOPIA	XA XÔI
NỔ	THẾ GIỚI
CỰC	BÍ ẨN
TUYỆT VỜI	ORACLE
LỬA	HÀNH TINH
TƯƠNG LAI	THỰC TẾ
THIÊN HÀ	KỊCH BẢN
ẢO GIÁC	CÔNG NGHỆ
TƯỞNG TƯỢNG	UTOPIA

60 - Vertus #1

```
B  R  K  L  Q  O  O  V  Đ  I  L  H  D  A  N
M  Ộ  H  H  C  U  T  Q  P  Ộ  A  B  N  K  K
T  N  Ô  I  H  G  Y  D  Ệ  U  C  Q  C  V  I
Ư  G  N  Ễ  N  P  P  Ế  D  B  Q  L  C  N  V
Ở  L  N  U  I  Ờ  Ư  C  N  Ồ  U  B  Ậ  C  O
N  Ư  G  Q  M  Y  T  H  Ọ  R  N  G  O  P  T
G  Ợ  O  U  G  Y  G  O  D  T  Ũ  N  P  I  C
T  N  A  Ả  N  C  A  Q  M  Y  Ế  T  T  A  Q
Ư  G  N  H  Ô  A  H  N  Ị  Đ  T  Ế  Y  U  Q
Ợ  T  O  A  H  P  N  L  P  P  C  Ò  Ê  Y  U
N  N  M  G  T  Ố  T  T  L  V  Ự  B  M  N  K
G  K  H  I  Ê  M  T  Ố  N  G  H  H  M  Ò  I
R  B  K  I  Ê  N  N  H  Ẫ  N  T  K  A  G  C
M  Q  D  Y  Ậ  C  N  I  T  G  N  Á  Đ  M  H
N  G  H  Ệ  T  H  U  Ậ  T  H  Ữ  U  Í  C  H
```

NGHỆ THUẬT	ĐỘC LẬP
TỐT	THÔNG MINH
QUYẾN RŨ	KHIÊM TỐN
TÒ MÒ	ĐAM MÊ
QUYẾT ĐỊNH	KIÊN NHẪN
BUỒN CƯỜI	THỰC TẾ
HIỆU QUẢ	DỌN DẸP
ĐÁNG TIN CẬY	KHÔN NGOAN
RỘNG LƯỢNG	HỮU ÍCH
TƯỞNG TƯỢNG	

61 - Professions #1

```
M  A  V  O  N  Y  Ú  H  T  Ĩ  S  C  Á  B  N
I  A  K  H  A  N  H  Ạ  C  S  Ĩ  M  I  I  H
D  P  N  Ĩ  S  C  Á  B  K  U  Y  D  L  Ê  À
H  Y  C  S  U  V  P  L  U  M  B  E  R  N  K
N  G  H  Ệ  S  Ĩ  P  I  A  N  O  J  Y  T  H
K  T  L  H  T  V  Ũ  C  Ô  N  G  E  I  Ậ  O
C  Ế  C  G  O  H  M  A  N  K  G  W  R  P  A
U  K  T  N  U  I  Ủ  D  I  A  H  E  L  V  H
Y  I  A  O  D  V  B  Y  K  G  B  L  U  I  Ọ
R  U  O  I  Á  G  C  T  T  H  D  E  Ậ  Ê  C
Đ  Ạ  I  S  Ứ  N  Ă  S  Ợ  H  T  R  T  N  K
L  Í  N  H  C  Ứ  U  H  Ỏ  A  Ủ  G  S  O  Y
L  L  C  T  T  H  Ợ  M  A  Y  Y  R  Ư  G  T
N  H  À  Đ  Ị  A  C  H  Ấ  T  U  T  N  P  B
N  G  Â  N  H  À  N  G  V  Q  B  P  Á  B  L
```

ĐẠI SỨ	Y TÁ
NGHỆ SĨ	THỦY THỦ
LUẬT SƯ	BÁC SĨ
NGÂN HÀNG	NHẠC SĨ
JEWELER	NGHỆ SĨ PIANO
THỢ SĂN	PLUMBER
KẾ TOÁN	LÍNH CỨU HỎA
VŨ CÔNG	NHÀ KHOA HỌC
BIÊN TẬP VIÊN	THỢ MAY
NHÀ ĐỊA CHẤT	BÁC SĨ THÚ Y

62 - Géologie

```
X  N  B  V  C  D  Y  O  Ô  H  N  A  S  N  K
H  Ó  U  N  H  U  Ả  L  H  A  C  P  L  Ú  H
Ó  T  I  X  A  Ể  H  T  H  N  I  T  Ớ  I  O
A  V  Ố  M  I  U  C  Á  Đ  G  N  Ă  M  L  Á
T  A  U  A  Ò  N  G  Đ  R  Đ  Ê  A  H  Ử  N
H  O  M  H  L  N  N  Ũ  M  Ộ  Y  U  Q  A  G
Ạ  U  M  N  N  H  Ó  H  V  N  U  B  T  M  S
C  L  N  G  C  N  N  Đ  G  G  D  T  V  Ả
H  N  P  N  K  A  Y  L  Á  N  N  Q  O  A  N
D  I  R  U  G  H  L  R  Y  Ù  O  I  U  T  L
Q  Y  N  D  T  C  H  C  A  V  A  A  Y  Q  Y
Y  Q  I  B  I  Ạ  N  Q  I  U  C  M  T  I  L
C  B  N  O  Q  H  Q  N  D  U  L  A  U  K  D
N  I  O  P  B  T  O  B  H  N  M  Y  D  Q  L
A  G  Y  Y  N  H  G  L  Ụ  C  Đ  Ị  A  C  L
```

AXIT
CALCIUM
HANG ĐỘNG
LỤC ĐỊA
SAN HÔ
LỚP
TINH THỂ
XÓI MÒN
NÓNG CHẢY
HÓA THẠCH

DUNG NHAM
KHOÁNG SẢN
ĐÁ
CAO NGUYÊN
THẠCH ANH
MUỐI
NHŨ ĐÁ
MĂNG ĐÁ
NÚI LỬA
VÙNG

63 - Jardin

```
P C Q U M U B R T B Q U C D L
M U Â T Ấ M B Ạ T Ă T C B M A
Q B D Y Â C I Ụ B N I U I P P
M G T R I L L H P G V A Q L O
I L O U R N A O O G G C M I D
H À N G R À O A M H V Ư Ờ N T
N C À O C Ỏ T R D Ế O P K D D
R Y M Q A B B A U I B L D K O
B P N C H D T G Y T A W Q L M
K B I O P D U B P Ấ L E T L H
N O R L A G N Õ V Đ Á E H V D
H P O H I Ê N I C V A D Ẻ A B
L A V Y Ò B V Ẻ N H O S R A P
N D N O V N N O X Q R I T N N
S Â N T H Ư Ợ N G V K I G N I
```

CÂY	WEEDS
BĂNG GHẾ	XẺNG
BỤI CÂY	HIÊN
HÀNG RÀO	CÀO
AO	ĐÁ
HOA	ĐẤT
GA-RA	SÂN THƯỢNG
VÕNG	TẤM BẠT
CỎ	VÒI
VƯỜN	THẺ

64 - Santé et Bien Être #1

```
C  G  C  Ố  U  H  T  M  Ẽ  I  T  N  O  T  Đ
H  Y  N  R  Ẽ  Ế  H  T  Ư  T  G  P  R  H  I
I  Y  G  I  I  L  Ó  N  Y  U  A  B  L  Ư  Ề
Ề  V  U  C  L  A  I  P  A  L  V  Á  T  G  U
U  O  I  R  Ị  G  Q  A  U  R  H  C  V  I  T
C  T  B  C  R  H  U  T  T  Y  D  S  I  Ã  R
A  L  B  T  T  C  E  Q  H  U  N  Ĩ  K  N  Ị
O  U  B  K  K  A  N  D  A  U  I  C  H  G  G
U  C  N  R  H  L  I  Y  A  G  Ố  N  U  A  P
H  O  Ạ  T  Đ  Ộ  N  G  K  L  K  C  Ẩ  L  U
T  T  L  X  R  L  U  Y  Y  L  D  C  N  V  B
V  U  A  G  N  Ơ  Ư  X  Y  Ã  G  I  H  I  K
P  B  M  L  O  Ả  B  R  B  R  M  L  Đ  R  N
P  H  G  N  Ơ  Ư  H  T  N  Ấ  H  C  Ó  Ú  T
X  Ư  Ơ  N  G  G  C  P  Ắ  B  Ơ  C  I  T  T
```

HOẠT ĐỘNG
VI KHUẨN
CHẤN THƯƠNG
ĐÓI
GÃY XƯƠNG
THÓI QUEN
CHIỀU CAO
BÁC SĨ
THUỐC
CƠ BẮP

XƯƠNG
DA
TIỆM THUỐC
TƯ THẾ
THƯ GIÃN
PHẢN XẠ
TRỊ LIỆU
ĐIỀU TRỊ
VI RÚT

65 - Barbecues

```
I  B  A  N  N  Â  I  Y  N  Ó  N  G  R  D  U
M  D  K  K  B  Ư  M  I  A  O  M  U  L  M  Q
S  A  L  A  D  S  Ớ  N  C  À  C  H  U  A  V
Y  D  V  O  N  G  N  C  H  V  O  P  G  I  B
H  P  Q  A  Y  V  K  P  X  Ạ  A  K  H  T  M
U  V  Y  I  U  N  K  T  Y  Ố  C  I  T  B  A
P  N  U  M  Y  Â  C  I  Á  R  T  D  R  Ữ  L
L  G  C  B  A  I  Ơ  H  C  Ò  R  T  Ẻ  A  N
R  D  B  B  D  Ố  I  G  N  Ớ  Ư  N  E  T  D
O  G  V  Ữ  Y  U  P  L  V  Ì  L  L  M  R  M
O  Y  O  A  D  M  U  O  I  T  Đ  Y  D  Ư  H
T  O  N  T  H  P  A  P  G  L  D  A  R  A  U
L  P  I  Ố  À  H  R  P  À  G  G  T  I  Ê  U
Y  M  P  I  N  B  T  Q  C  N  M  T  Ó  G  A
B  D  G  È  H  A  Ù  M  A  Y  B  M  Đ  L  R
```

NÓNG	TRÒ CHƠI
DAO	RAU
BỮA TRƯA	ÂM NHẠC
BỮA TỐI	HÀNH
TRẺ EM	TIÊU
MÙA HÈ	GÀ
ĐÓI	SALADS
GIA ĐÌNH	NƯỚC XỐT
TRÁI CÂY	MUỐI
NƯỚNG	CÀ CHUA

66 - Ferme #1

```
C U U Y T B Y O P T N B U I R
Ớ O R B Y C C C R B R Ò N D C
Ư B N B E B C T G T Q R Ô G Ở
N T V O K A N U G T P Ừ N V K
Â Ạ U Q N O C Q R Y D N G Q H
H Y O V O G N Ờ Ư R T G N K Ô
C A O Y D A Ó A I P D A G N R
P I D P B T B Ự Q R P U H G N
Ắ H M Ậ T O N G T I D B I Q A
B Y D A N À Â N U B C Y Ẽ M C
T Q R B H R H D R A G C P D T
L A A U H G P K M M A Ạ H Ê Y
I O B Đ À N C O N M È O O Ó P
Y P I U G À C N N I N V B Ò O
B V A K H H R H Y V M H T G A
```

CON ONG
NÔNG NGHIỆP
DONKEY
BÒ RỪNG
TRƯỜNG
CON MÈO
NGỰA
DÊ
CHÓ
HÀNG RÀO

CON QUẠ
NƯỚC
PHÂN BÓN
CỎ KHÔ
MẬT ONG
GÀ
GẠO
ĐÀN
BÒ
BẮP CHÂN

67 - Café

```
O V C K Đ M T C Ố G D H A Y N
H G I Á Ư M Ơ H T U Ố N G O O
Q Ư B I Ờ N M Ấ B O R Y G P G
Đ Y Ơ I N K I T P B Q R V T P
V Ắ A N G G I L K E M L T G B
K U N M G Q Q Ở N Ư Ớ C Đ V D
G P Y G C V T N M I C Ố E R B
Đ Ồ U Ố N G Ị G C U Q C N N G
B Ộ L Ọ C C A F F E I N E L I
A P P R T C R G B K M L V K U
P O I B U Ổ I S Á N G T K M Q
K T U A D R R V G U C P P T O
D R T U U O A Ữ S I P O V D N
X A Y B B P N D T N T A M B P
C U H L I Q G O A B M I T B C
```

ĐẮNG
THƠM
UỐNG
ĐỒ UỐNG
CAFFEINE
KEM
NƯỚC
BỘ LỌC
SỮA
CHẤT LỎNG

BUỔI SÁNG
XAY
ĐEN
GỐC
GIÁ
RANG
HƯƠNG VỊ
ĐƯỜNG
CỐC

68 - Antarctique

```
M  N  V  M  N  P  B  P  G  U  S  P  R  Q  T
I  Ô  H  G  N  Ờ  Ư  R  T  I  Ô  M  O  I  O
H  Q  N  I  R  K  C  C  Ớ  Ư  N  Đ  C  Y  V
C  L  Ị  Đ  Ễ  N  I  À  O  L  G  Á  K  V  Q
H  B  V  V  Ị  T  D  I  I  C  B  M  Y  O  K
C  Á  V  O  I  A  Đ  N  K  U  Ă  M  Q  P  U
R  U  R  I  A  K  L  Ộ  H  R  N  Â  N  Q  D
K  H  O  A  H  Ọ  C  Ý  Y  D  G  Y  R  B  N
T  C  B  V  C  I  G  C  B  I  Y  K  R  D  L
K  H  O  Á  N  G  S  Ả  N  Á  Y  A  O  O  A
O  M  G  G  R  O  Q  V  U  V  N  Ị  B  U  B
U  Đ  Ả  O  L  H  N  Ì  H  A  Ị  Đ  A  Q  Ă
M  G  G  C  C  Q  M  T  H  P  Q  C  Ả  V  N
L  K  O  L  A  Q  C  M  Q  P  Y  Ụ  L  O  G
V  B  Ả  O  T  Ồ  N  L  Y  V  V  L  P  R  A
```

VỊNH	ĐẢO
CÁ VOI	DI CƯ
BẢO TỒN	KHOÁNG SẢN
LỤC ĐỊA	ĐÁM MÂY
NƯỚC	CHIM
MÔI TRƯỜNG	BÁN ĐẢO
LOÀI	ROCKY
MÔN ĐỊA LÝ	KHOA HỌC
BĂNG	NHIỆT ĐỘ
SÔNG BĂNG	ĐỊA HÌNH

69 - Professions #2

```
A  I  G  H  N  À  H  I  H  P  B  I  R  C  L
Y  A  Ạ  O  H  O  G  C  Ử  T  M  Á  H  T  V
G  N  Ô  C  I  H  P  C  K  U  T  Y  C  O  H
B  C  H  V  Ế  K  Ư  Ọ  T  P  H  O  N  S  D
G  C  K  D  P  T  N  H  A  S  Ĩ  A  Ô  L  Ĩ
K  Ỹ  S  Ư  Ả  T  Ả  A  T  A  Y  A  N  L  N
D  M  K  D  N  T  B  Ó  L  Ủ  L  I  G  K  H
O  Á  B  À  H  N  T  H  T  G  H  G  D  R  À
G  Y  Ĩ  V  G  G  Ấ  À  B  C  Y  T  Â  M  N
U  C  U  S  I  T  U  H  V  D  D  Ế  N  U  G
K  B  P  H  A  T  X  N  N  R  Y  I  Q  K  Ô
A  R  I  N  K  Ọ  À  Q  K  A  O  R  U  T  N
P  T  R  N  I  M  H  R  G  N  Y  T  H  M  N
G  I  Á  O  S  Ư  N  Ê  I  V  O  Á  I  G  G
C  H  Í  N  H  T  R  Ị  G  I  A  T  N  A  Ữ
```

NÔNG DÂN	NHÀ BÁO
PHI HÀNH GIA	NHÀ NGÔN NGỮ
THỦ THƯ	BÁC SĨ
NHÀ HÓA HỌC	HỌA SĨ
NHA SĨ	TRIẾT GIA
THÁM TỬ	NHIẾP ẢNH GIA
GIÁO VIÊN	PHI CÔNG
NHÀ XUẤT BẢN	CHÍNH TRỊ GIA
HOẠ	GIÁO SƯ
KỸ SƯ	

70 - Les Abeilles

```
N  Ă  C  Ứ  H  T  A  H  Đ  A  D  Ạ  N  G  N
Ờ  Ữ  Y  C  Â  Y  G  Ọ  O  I  U  M  T  C  U
Ư  L  H  H  K  I  R  P  K  D  K  G  U  O  H
V  L  M  O  I  T  T  L  H  P  U  M  V  A  N
C  U  M  I  À  V  P  Ạ  Ó  M  L  Y  L  I  Y
O  Á  G  A  B  N  E  I  I  C  O  Y  N  L  C
R  R  N  O  R  K  G  T  R  Á  I  C  Â  Y  Ó
R  A  O  H  N  Ấ  H  P  Á  S  C  H  N  M  L
H  Ệ  S  I  N  H  T  H  Á  I  Ô  A  D  Ậ  Ợ
O  N  P  N  D  M  O  Q  C  Ờ  N  O  V  T  I
O  T  V  V  O  N  Y  I  L  R  T  P  O  O  Y
R  B  G  R  A  H  Q  R  B  T  R  K  P  N  A
I  V  B  C  P  V  C  D  P  T  Ù  V  U  G  C
A  D  I  G  O  B  N  P  H  Ặ  N  G  K  K  U
T  H  Ụ  P  H  Ấ  N  Y  C  M  G  Q  M  L  Y
```

CÁNH	VƯỜN
CÓ LỢI	MẬT ONG
SÁP	THỨC ĂN
ĐA DẠNG	CÂY
HỌP LẠI	PHẤN HOA
HỆ SINH THÁI	THỤ PHẤN
HOA	NỮ HOÀNG
TRÁI CÂY	HIVE
KHÓI	MẶT TRỜI
CÔN TRÙNG	

71 - Santé et Bien Être #2

```
B  R  C  H  V  K  D  Y  L  D  T  L  C  L  V
I  Ễ  G  Q  Ẽ  H  D  I  G  C  O  V  Q  Y  D
Q  N  N  Ể  S  Ỏ  I  Ồ  N  Ọ  U  M  L  Y  Q
I  Ă  Ứ  H  I  E  T  H  Ẩ  H  D  Q  Y  K  H
N  N  Ị  T  N  M  R  C  H  U  D  O  C  A  O
V  G  D  Ơ  H  Ạ  U  U  Ụ  T  Ẫ  P  Ư  M  Á  U
B  L  D  C  A  N  Y  H  G  H  I  I  Õ  A  N
Ễ  Ư  D  Ớ  M  H  Ề  P  N  P  G  N  Q  N  H
N  Ợ  Y  Ư  O  K  N  V  Ă  I  L  C  N  B  G
H  N  G  N  Ặ  N  N  Â  C  Ả  R  H  G  I  Y
V  G  A  T  C  G  T  G  I  I  U  N  O  T  H
I  Q  O  Ấ  T  A  Q  K  T  G  U  K  N  T  L
Ễ  N  U  M  Q  Y  L  V  V  I  T  A  M  I  N
N  Y  L  P  Ó  B  A  O  X  K  V  U  M  N  P
C  P  V  N  L  N  H  I  Ễ  M  T  R  Ù  N  G
```

DỊ ỨNG	NHIỄM TRÙNG
GIẢI PHẪU HỌC	BỆNH
NGON	XOA BÓP
CALO	DINH DƯỠNG
CƠ THỂ	CÂN NẶNG
MẤT NƯỚC	PHỤC HỒI
NĂNG LƯỢNG	KHỎE MẠNH
DI TRUYỀN	MÁU
BỆNH VIỆN	CĂNG THẲNG
VỆ SINH	VITAMIN

72 - Conduite

```
P  H  A  N  H  N  T  O  Đ  M  D  B  O  U  B
I  Đ  H  A  C  H  T  C  K  Ộ  Đ  C  Ố  T  Q
B  Ự  T  K  O  Ả  U  Ễ  I  L  N  Ê  I  H  N
Ả  Ờ  A  R  H  C  N  O  H  N  V  G  B  M  V
N  N  I  C  U  Í  X  H  Y  I  N  Đ  C  P  Ậ
Đ  G  N  B  L  A  E  K  S  B  R  Ự  C  Ơ  N
Ồ  H  Ạ  O  L  R  M  M  Q  Á  U  Ờ  M  N  C
H  Ầ  N  L  H  L  Á  N  À  O  T  N  A  G  H
H  M  A  O  R  Y  Y  N  Q  I  L  G  X  U  U
G  I  Ấ  Y  P  H  É  P  X  R  R  U  E  Y  Y
V  C  C  T  O  G  R  C  E  A  A  Đ  T  H  Ể
U  D  C  V  B  A  L  G  H  O  M  I  Ả  I  N
M  V  K  G  R  R  A  Ơ  M  B  B  I  Ể  L
K  C  B  Y  B  A  T  A  I  O  B  Ộ  I  M  C
G  I  A  O  T  H  Ô  N  G  L  R  N  P  I  H
```

TAI NẠN   XE MÁY
XE TẢI   ĐI BỘ
NHIÊN LIỆU   CẢNH SÁT
BẢN ĐỒ   ĐƯỜNG
NGUY HIỂM   AN TOÀN
PHANH   GIAO THÔNG
GA-RA   VẬN CHUYỂN
KHÍ   ĐƯỜNG HẦM
GIẤY PHÉP   TỐC ĐỘ
ĐỘNG CƠ   XE HƠI

73 - Plantes

```
R  Y  A  Q  T  C  N  Y  K  I  C  A  T  P  O
C  Ê  A  U  Ậ  Đ  T  Ạ  H  B  Â  Y  H  C  I
H  N  U  Ả  A  U  N  A  Y  Ụ  Y  L  Ự  O  A
I  O  O  M  Q  T  B  D  N  I  A  R  C  B  U
T  D  V  Ọ  Q  L  P  A  A  C  O  O  V  V  A
B  M  R  N  C  Ỏ  V  G  Q  Â  H  I  Ậ  P  T
Y  K  N  G  N  Ừ  R  E  A  Y  H  M  T  H  I
H  O  A  X  Ư  Ơ  N  G  R  Ồ  N  G  H  Â  R
N  G  U  Ồ  N  G  Ố  C  O  T  Á  R  Ọ  N  P
Ờ  D  R  L  K  V  U  V  L  Y  C  Y  C  B  R
Ư  N  U  Á  K  Q  O  A  F  H  N  L  M  Ó  B
V  U  U  I  A  D  G  D  H  Y  R  T  U  N  G
Q  O  R  U  H  G  O  I  I  K  N  H  R  Y  N
A  L  N  N  A  O  T  Ậ  V  C  Ự  H  T  B  C
L  Ớ  N  L  Ê  N  N  Q  B  Y  P  M  A  P  Q
```

CÂY	RỪNG
QUẢ MỌNG	LỚN LÊN
TRE	HẠT ĐẬU
THỰC VẬT HỌC	CỎ
BỤI CÂY	VƯỜN
XƯƠNG RỒNG	IVY
PHÂN BÓN	RÊU
LÁ	CÁNH HOA
HOA	NGUỒN GỐC
FLORA	THỰC VẬT

74 - Ferme #2

```
Q  Y  K  Đ  T  C  T  A  Y  D  V  C  O  T  D
C  T  P  Ộ  A  K  G  O  Ô  V  Y  Ị  Ẻ  H  T
V  Ự  A  N  Q  A  N  R  G  N  O  Ổ  T  Ủ  C
Y  D  G  G  N  Ỗ  G  N  N  Í  M  H  B  Y  Ố
Â  I  U  V  V  C  K  Q  T  H  Á  G  H  L  I
C  T  Ô  Ậ  T  B  H  M  B  C  Y  I  O  Ợ  X
I  Ừ  L  T  H  Q  Ì  D  Ở  R  K  U  M  I  A
Á  P  U  L  Ú  A  M  Ạ  C  H  É  H  O  C  Y
R  B  U  A  Y  A  A  N  G  M  O  D  I  K  G
T  D  N  D  R  V  Ú  K  N  T  S  H  I  N  I
Q  K  I  Q  L  V  L  H  Ồ  B  Ữ  B  N  O  Ó
Y  V  Q  H  Y  M  U  T  Đ  M  A  U  L  U  G
Q  C  I  G  R  C  G  K  P  L  H  V  A  D  Y
M  D  I  L  V  R  U  N  G  B  B  T  U  Y  T
L  T  H  Ứ  C  Ă  N  Â  D  G  N  Ô  N  C  Y
```

NÔNG DÂN   CỐI XAY GIÓ
ĐỘNG VẬT   CỪU
LÚA MÌ   CHÍN
VỊT   THỨC ĂN
TRÁI CÂY   NGỖNG
VỰA   LÚA MẠCH
THỦY LỢI   ĐỒNG CỎ
SỮA   TỔ ONG
RAU   MÁY KÉO
NGÔ   THẺ

75 - Vacances #2

```
H  C  C  A  H  X  E  T  Ắ  C  X  I  U  G  K
Ộ  C  Ắ  M  T  R  Ạ  I  R  N  N  H  Q  M  B
C  Ự  H  T  Ị  H  T  Q  G  N  S  Y  N  I  T
H  D  K  B  K  N  L  N  C  G  Â  G  V  B  D
I  Ú  N  Ã  H  Ì  Ả  N  H  À  N  Đ  Ả  O  K
Ế  Q  D  I  Á  R  U  Ể  Q  Y  B  C  P  K  B
U  V  M  B  C  T  K  Y  A  L  A  B  I  Ể  N
O  Ề  L  I  H  H  T  U  G  Ễ  Y  Ử  M  B  V
I  A  Ể  S  N  H  H  B  Í  K  N  L  A  L
L  D  B  N  Ạ  À  C  C  L  R  A  L  B  E  N
G  I  Ả  R  N  H  I  N  O  T  B  N  U  O  X
L  Y  N  I  H  H  H  Ậ  Y  I  P  T  C  L  Q
O  H  Đ  D  K  G  P  V  Q  Ả  C  B  L  N  M
I  Y  Ồ  A  Q  N  G  O  Ạ  I  Q  U  Ố  C  C
Đ  I  Ể  M  Đ  Ế  N  K  D  G  V  I  L  P  C
```

SÂN BAY	HỘ CHIẾU
CẮM TRẠI	ẢNH
BẢN ĐỒ	BÃI BIỂN
ĐIỂM ĐẾN	XE TẮC XI
NGOẠI QUỐC	LỀU
KHÁCH SẠN	XE LỬA
ĐẢO	VẬN CHUYỂN
GIẢI TRÍ	NGÀY LỄ
BIỂN	THỊ THỰC
NÚI	HÀNH TRÌNH

76 - Temps

```
T  P  H  Ú  T  T  Q  V  G  Y  U  A  A  B  T
V  Ư  Y  T  Q  C  G  L  L  K  K  N  I  U  V
B  N  Ơ  C  Ớ  Ư  R  T  Ồ  G  L  N  G  Ổ  D
O  Ă  B  N  M  B  N  H  C  Ị  L  I  I  M
L  M  Ê  Đ  G  H  I  G  G  Ậ  H  Q  Ờ  T  V
N  Ă  M  P  L  L  A  À  N  O  P  V  L  R  Y
T  N  T  U  Ầ  N  A  Y  Ồ  Á  N  K  R  Ư  D
D  G  P  U  U  G  R  I  Đ  U  S  Ờ  Ỷ  A  B
A  N  D  T  Q  C  N  D  C  C  D  I  V  B  Y
M  À  A  V  Y  Y  T  T  H  U  A  G  Ổ  Q  K
D  H  U  Q  Ỷ  K  Ế  H  T  K  O  Y  K  U  N
V  R  P  R  V  B  B  Á  U  P  A  Â  M  A  B
L  M  U  B  P  R  H  N  Q  V  M  B  S  S  G
H  Ô  M  Q  U  A  K  G  N  Q  A  V  Ớ  N  D
G  C  G  D  U  Q  C  H  Y  G  P  G  M  M  G
```

NĂM	ĐỒNG HỒ
HÀNG NĂM	NGÀY
SAU	BÂY GIỜ
TRƯỚC	BUỔI SÁNG
SỚM	BUỔI TRƯA
LỊCH	PHÚT
THẬP KỶ	THÁNG
TƯƠNG LAI	ĐÊM
GIỜ	TUẦN
HÔM QUA	THẾ KỶ

77 - Maison

```
K G C L V L C H V B Q D D T K
V N Y A Q Ò U U L D O I V R H
M I K H I T I C H Ì A K H Ó A
Y O M R U I Ổ H C Ử A S Ổ A Y
B N C Y I Y O O À R G N À H
V Ư Ờ N N P A P P A Ử C M È R
R D P K N G Ế H Y R S H G T G
G N Ò H P I D B C A H E V H L
Á T H Ư V I Ễ N À G K C N Ả Ò
C A U Đ G T V A H H G Ử I M S
X T I È N Q B C N Y N A T V Ư
É L R N T H M H I V Ơ T N K Ở
P Y Y Ầ I Q A T Á T Ư Ờ N G I
T P K U N R C V M D G A Y I H
H G M L O O V A L C L U Y B R
```

CHỔI	GÁC XÉP
THƯ VIỆN	VƯỜN
PHÒNG	ĐÈN
LÒ SƯỞI	GƯƠNG
CHÌA KHÓA	TƯỜNG
HÀNG RÀO	TRẦN
NHÀ BẾP	CỬA
VÒI HOA SEN	RÈM CỬA
CỬA SỔ	THẢM
GA-RA	MÁI NHÀ

78 - Légumes

```
M D G R Y O A L K T Y T N M R
Ù B Ô N G C Ả I X A N H Ở B O
I C Ủ C Ả I N Ấ M C Ủ H Ẹ I N
T Ộ U H C A Ư D Í G Ừ N G O G
Â P C A U G H K T Ố R À C L B
Y A Ằ R R Y D R À U T G H I I
C R N Y Q T N Q C O N D K U Ể
S I T L A T R O I T Q G T B N
A Q Â P H Q M A R O R H À N H
L P Y Y B O M N U Ậ Đ P B M G
A Q M Ô S I T A Y B M P Y G Y
D C K L L T H G T L I Y T O N
L L O M V I V D V K Q N N B D
C À C H U A U D G A A L A Q T
Q U Ả B Í N G Ô B I T V B D P
```

TỎI	CỦ HẸ
RONG BIỂN	RAU BINA
ATISÔ	GỪNG
CÀ TÍM	CỦ CẢI
BÔNG CẢI XANH	HÀNH
CÀ RỐT	Ô LIU
CẦN TÂY	MÙI TÂY
NẤM	ĐẬU
QUẢ BÍ NGÔ	SALAD
DƯA CHUỘT	CÀ CHUA

79 - Plage

```
K T G V Y N P H A V I V D G B
B L Y M N Y K T M I O Ở Y U U
T G O N P P N Á H A V G Y P M
D M L N M P Q C B U H O R P C
C Ồ R D V T B L T C Y B M L D
D U D I Đ U Ờ Y H T I Ề G B O
H B R C Ầ C B H V T G K N I D
M N I D M P I D O C K I Ơ O V
I Ề Ạ Ể V K Ể Ờ A N Đ Q Ư T Y
R Y L U N Ỳ N I R R Ả D D H Q
Y U Ả T G N C Q K T O C I T O
Q H R K A G N Q R Q T U Ạ O A
R T T L D H P Y Y H C Ặ Đ R Y
I T D I É Ỉ K K P G U U M K V
K H Ă N P C M Ô M À U X A N H
```

THUYỀN   ĐẠI DƯƠNG
MÀU XANH   TRẢ LẠI
VỎ   CÁT
BỜ BIỂN   DÉP
CUA   KHĂN
DOCK   MẶT TRỜI
ĐẢO   KỲ NGHỈ
ĐẦM   THUYỀN BUỒM
BIỂN

80 - Famille

```
N N V R I K C Y K N D C H Q Y
P V L V Á L O B V B Ì Q B T T
A G Ô N G Q N Ê I T Ổ T Q V Q
E Ẹ D V U Ấ Ơ H T I Ờ H T Ợ L
C M H D Á I T Ú B H Á Q M D I
C H G M H E M H Ọ U Q G K B V
M D Á Á C B T C C M K O N K V
G Y U U I A N H T R A I G O U
R M P Á T O T K P V B G Y K C
R D U H P R T R Ẻ E M D C M V
Q Y U C D I A Q H N I D R N G
B Q G O I U T I I T Q P M A O
M Y D I L G V U K A O V N I L
C H Ồ N G C H A B À N Q A B C
B D M D M B G N P Y L I L P B
```

TỔ TIÊN   CHỒNG
EM HỌ   MẸ
THỜI THƠ ẤU   CHÁU
CON   CHÁU GÁI
TRẺ EM   CHÚ
VỢ   CHÁU TRAI
CON GÁI   CHA
ANH TRAI   EM GÁI
BÀ   DÌ
ÔNG

81 - Oiseaux

```
Đ  N  Đ  T  H  D  C  H  I  M  B  Ồ  C  Â  U
À  U  Ạ  R  R  C  V  C  T  G  N  N  I  G  C
Đ  G  I  Ứ  K  Q  C  O  O  M  M  D  K  C  M
I  H  B  N  P  D  I  N  U  O  C  V  P  L  I
Ể  Y  À  G  Ể  C  N  V  C  B  I  D  M  R  H
U  O  N  R  D  I  Y  Ẹ  A  A  H  P  T  B  C
T  L  G  L  M  L  B  T  N  I  H  I  O  M  G
C  K  O  V  Ị  T  B  G  N  Ỗ  G  N  D  U  C
P  C  K  O  G  A  N  N  Ê  I  H  T  Q  Q
D  I  Ễ  C  Y  G  R  Ô  B  Ò  C  M  G  P  P
M  M  N  Y  N  Ê  C  N  Ẻ  S  M  I  H  C  G
P  T  C  M  R  O  U  Ồ  O  V  C  O  T  G  B
H  A  G  H  I  B  R  B  I  H  C  O  A  K  M
C  H  I  M  C  Á  N  H  C  Ụ  T  Y  T  Y  D
C  O  N  Q  U  Ạ  V  C  Ô  N  G  G  H  Q  T
```

ĐẠI BÀNG	CHIM SẺ
ĐÀ ĐIỂU	MÒNG BIỂN
VỊT	TRỨNG
CÒ	NGỖNG
YÊU	CÔNG
CON QUẠ	CON VẸT
CHIM CU	BỒ NÔNG
THIÊN NGA	CHIM BỒ CÂU
DIỆC	GÀ
CHIM CÁNH CỤT	TOUCAN

82 - Disciplines Scientifiques

```
T H I Ê N V Ă N H Ọ C Đ K G Y
L Q B Á D K H M M R Ọ Ị H I A
O P I T H M C C Q L H A Í Ả D
U Ý L M Â T Ọ Ữ C V A C T I K
M A Y H H P H G Ọ M Ó H Ư P I
R C O D V Y Ổ N H U H Ấ Ợ H A
I Ọ T P B A C N I Y N T N Ẫ U
K H O Á N G O Ô Ộ S I H G U R
I H O V G O Ả G H A S Ọ H H O
T N U Q B C H N Ã T A C Ọ Ọ B
L I P A K H K K X Í Ó Q C C O
Q S C Ọ H T Ậ V C Ự H T R H T
T P N T H Ầ N K I N H K D I I
K S I N H L Ý H Ọ C K Y Ơ P C
A V D M M I Ễ N D Ị C H P C S
```

GIẢI PHẪU HỌC	NGÔN NGỮ
KHẢO CỔ HỌC	CƠ KHÍ
THIÊN VĂN HỌC	KHÍ TƯỢNG HỌC
HÓA SINH	KHOÁNG
SINH HỌC	THẦN KINH
THỰC VẬT HỌC	SINH LÝ HỌC
HÓA HỌC	TÂM LÝ
SINH THÁI	ROBOTICS
ĐỊA CHẤT HỌC	XÃ HỘI HỌC
MIỄN DỊCH	

83 - Maladie

```
M  I  T  D  B  A  R  I  H  D  V  G  N  V  L
Ã  V  T  V  Ị  O  T  M  V  N  P  N  A  O  H
N  I  G  R  E  Ứ  X  O  A  N  G  Ứ  B  O  V
T  P  M  A  Ỏ  H  N  Ễ  B  A  Ữ  H  C  P  C
Í  C  Ơ  T  H  Ể  G  G  N  Ụ  B  C  R  H  Q
N  K  R  H  K  I  V  Y  N  N  G  I  D  Ổ  T
H  M  V  C  C  M  U  I  H  Y  I  Ộ  V  I  C
R  U  L  Ị  Ứ  M  T  H  K  M  B  H  H  M  C
A  M  Y  D  S  G  T  V  Y  H  N  C  L  L  A
L  Â  Y  N  H  I  Ễ  M  H  C  U  Ế  Y  C  P
A  M  K  Ễ  X  Ư  Ơ  N  G  Ô  U  Ẩ  Y  P  N
Q  A  A  I  G  N  Ư  L  T  Ắ  H  T  N  C  T
G  I  U  M  Ê  I  V  K  N  P  I  Ấ  C  H  L
O  D  I  T  R  U  Y  Ề  N  I  R  Q  P  C  M
V  D  T  R  Ị  L  I  Ệ  U  B  M  H  C  N  H
```

BỤNG   MIỄN DỊCH
DỊ ỨNG   VIÊM
VI KHUẨN   THẮT LƯNG
MÃN TÍNH   XƯƠNG
LÂY NHIỄM   PHỔI
CƠ THỂ   HÔ HẤP
TIM   SỨC KHỎE
YẾU   XOANG
CHỮA BỆNH   HỘI CHỨNG
DI TRUYỀN   TRỊ LIỆU

84 - Géographie

```
L Ã N H T H Ổ R H C Đ R M I P
L A G D G L P O P T O Ộ T R N
C I R M Đ Ạ I D Ư Ơ N G C R K
Ự K G A K A K Ú G B B U K A D
V Ĩ Đ Ộ P Y Q D N V U M I P O
U Ầ C N Á B C I V H L I N H Ả
H Q Q Q G I U Q L Y H A H Í Đ
K Q L P M Ể L Ụ C Đ Ị A T A R
A T L A S N G Q Ồ Q N U U N O
Q U Ố C G I A C N Đ N L Y A V
T H Ế G I Ớ I P S Ô N G Ế M H
H T H À N H P H Ố Y Y Ả N I U
R K P U H T D P P P O Q B Ắ C
T D N Y H K V P T M B A A V Q
H Ư Ớ N G T Â Y O L P O P K O
```

ĐỘ CAO	THẾ GIỚI
ATLAS	NÚI
BẢN ĐỒ	BẮC
LỤC ĐỊA	ĐẠI DƯƠNG
SÔNG	HƯỚNG TÂY
BÁN CẦU	QUỐC GIA
ĐẢO	KHU VỰC
VĨ ĐỘ	PHÍA NAM
BIỂN	LÃNH THỔ
KINH TUYẾN	THÀNH PHỐ

85 - Danse

```
A P H C Â Q Đ P U G L C O P N
R K M Ổ N M O Ố U V K Ú C G L
C T T Đ G B À V I V U X N U G
G G R I K I R C V T C M U Q G
Y R L Ể P D T B D Ă Á Ả B L P
Ả R B N I K G K D P N C B N Q
H V U I V Ẻ N H Ị P Ể H T Ơ C
N Ọ L T P C O Y T C Q P O O Ạ
C N C T Ậ U H T Ệ H G N D Á H
C I P V I C P V I H P P P M N
T U A B I P D Ă U V O U C T M
U M Y L R Ệ A N P U V G Y N Â
T Ư T H Ế O N H L C V G N O A
G U T R M V O Ó O K B O N Q C
M T M A V O N A U Q C Ự R T Q
```

HỌC VIỆN   VUI VẺ
NGHỆ THUẬT   PHONG TRÀO
CỔ ĐIỂN   ÂM NHẠC
CƠ THỂ   ĐỐI TÁC
VĂN HOÁ   TƯ THẾ
VĂN HÓA   NHỊP
CẢM XÚC   NHẢY
ÂN   TRỰC QUAN

86 - Bâtiments

```
P  R  M  M  B  H  T  O  Y  G  T  B  Đ  O  Đ
C  Đ  Ạ  I  S  Ứ  Q  U  Á  N  R  Ẽ  À  V  Ạ
U  Ă  T  R  L  B  Q  H  M  À  Ư  N  I  S  I
G  Ờ  N  H  Y  Ề  U  T  À  T  Ờ  H  Q  I  H
X  H  I  H  I  Y  U  T  H  O  N  V  U  Ê  Ọ
Ư  T  B  N  Ộ  B  V  Q  N  Ả  G  I  A  U  C
Ở  À  A  R  A  G  G  H  B  H  Ệ  N  T  H
N  H  C  O  Q  Q  N  P  O  O  Ọ  N  S  H  R
G  N  Ộ  Đ  N  Ậ  V  N  Â  S  C  K  Á  Ị  Ạ
U  I  I  N  H  H  U  M  R  N  A  C  T  G  P
M  P  I  K  N  T  H  R  V  N  P  P  T  U  H
K  H  R  B  D  T  N  Q  R  Ự  Q  B  H  H  Á
D  L  Â  U  Đ  À  I  T  N  N  A  G  Á  U  T
H  R  B  A  D  O  U  B  B  Y  H  T  P  R  V
U  V  U  K  H  Á  C  H  S  Ạ  N  Q  T  L  V
```

ĐẠI SỨ QUÁN
CĂN HỘ
XƯỞNG
CABIN
NHÀ THỜ
LÂU ĐÀI
TRƯỜNG HỌC
GA-RA
VỰA
BỆNH VIỆN

KHÁCH SẠN
BẢO TÀNG
ĐÀI QUAN SÁT
SÂN VẬN ĐỘNG
SIÊU THỊ
LỀU
RẠP HÁT
THÁP
ĐẠI HỌC
NHÀ MÁY

87 - Activités et Loisirs

```
G  M  V  O  I  R  B  L  K  O  G  O  O  O  Q
O  V  O  D  Q  L  Q  Ứ  T  H  Ư  G  I  Ã  N
A  G  H  C  Ị  L  U  D  C  T  T  M  Q  Y  Q
M  V  C  L  B  G  Y  U  T  T  Y  Ắ  D  T  G
B  G  C  G  Ó  C  Ề  V  G  Ớ  R  S  Q  M  Q
C  K  C  K  N  A  N  Q  Y  Ư  H  A  V  Q  B
C  Â  N  I  G  G  A  O  À  L  K  U  N  R  Ó
M  Ắ  U  Y  R  O  N  A  H  V  A  M  Ờ  H  N
K  Q  M  C  Ổ  L  H  H  C  M  I  P  Ư  C  G
H  D  R  T  Á  F  Á  Đ  G  N  Ó  B  V  Í  C
V  Y  K  P  R  Q  U  Ầ  N  V  Ợ  T  M  H  H
Q  U  Q  A  C  Ạ  D  A  Ó  C  K  U  À  T  U
L  Ặ  N  I  Ộ  L  I  Ơ  B  Q  U  L  L  Ở  Y
N  G  H  Ệ  T  H  U  Ậ  T  T  N  A  Q  S  Ề
M  K  H  R  I  R  Q  N  A  L  A  G  L  Q  N
```

MUA SẮM   SỞ THÍCH
NGHỆ THUẬT   BỨC TRANH
BÓNG CHÀY   CÂU CÁ
BÓNG RỔ   LẶN
QUYỀN ANH   THƯ GIÃN
CẮM TRẠI   LƯỚT
BÓNG ĐÁ   QUẦN VỢT
GOLF   BÓNG CHUYỀN
LÀM VƯỜN   DU LỊCH
BƠI LỘI

88 - Livres

```
N  G  Ư  Ờ  I  Đ  Ọ  C  V  C  O  H  N  S  C
D  N  T  D  I  V  Q  Y  I  N  T  A  G  Á  Â
B  A  Ừ  G  U  T  K  B  Ế  N  O  G  Q  N  U
T  R  H  T  Ế  Y  U  H  T  U  Ể  I  T  G  C
N  T  Ạ  O  L  O  H  G  R  V  C  V  U  T  H
A  G  I  R  O  I  C  H  R  K  Ă  U  K  Ạ  U
B  G  Â  G  H  A  N  K  T  É  H  N  P  O  Y
G  A  Ử  M  V  O  Q  A  Á  O  À  B  H  G  Ẽ
B  Ộ  S  Ư  U  T  Ậ  P  C  D  I  I  V  Ọ  N
T  Ơ  H  T  L  R  R  U  G  À  H  K  V  V  C
V  H  C  A  M  N  O  A  I  I  Ư  Ị  I  C  L
V  U  Ị  B  P  H  G  P  Ả  D  Ớ  C  U  O  A
Y  B  L  B  Ố  I  C  Ả  N  H  C  H  I  U  P
P  T  R  H  B  À  I  T  H  Ơ  N  Y  O  V  L
Q  C  Ó  L  I  Ê  N  Q  U  A  N  H  P  M  D
```

TÁC GIẢ	NGƯỜI ĐỌC
BỘ SƯU TẬP	VĂN HỌC
BỐI CẢNH	TỪ
KÉO DÀI	TRANG
VIẾT	CÓ LIÊN QUAN
CÂU CHUYỆN	BÀI THƠ
LỊCH SỬ	THƠ
HÀI HƯỚC	TIỂU THUYẾT
NGÂM	LOẠT
SÁNG TẠO	BI KỊCH

89 - Pays #2

```
M V L N D N I M U N O C U R R
G M C G Q O Q T G H I B K T K
S U D A N H À C A I R Y S C L
J A M A I C A L N O K C U C P
C N L G V Ạ V E D V N E O R H
P I G G G M Q B A U P T N C Á
O A O V R N C A T Y L V B Y P
N R K H U A G N Ả B T Ậ H N A
H K H I H Đ T O C I X E M O V
T U L V S M D N S O M A L I A
H A I T I T T R U N G Q U Ố C
O V G I C N A I S E N O D N I
A L B A N I A N I R E L A N D
Y R N M Q N Y P H K C Y H Y H
H P N N G P I C Q V I B P M L
```

ALBANIA
TRUNG QUỐC
ĐAN MẠCH
PHÁP
HAITI
INDONESIA
IRELAND
JAMAICA
NHẬT BẢN
KENYA

LÀO
LEBANON
MEXICO
UGANDA
PAKISTAN
NGA
SOMALIA
SUDAN
SYRIA
UKRAINA

90 - Fournitures d'Art

```
A  M  À  U  S  Ắ  C  N  R  K  L  Q  Ế  I  V
C  G  N  Ầ  R  L  V  À  Ư  B  Ú  T  C  H  Ì
R  I  A  D  U  Y  E  B  V  Ớ  P  É  Ớ  N  G
Y  Ấ  R  K  G  K  O  T  Q  U  C  S  Ư  Ả  N
L  Y  Ẩ  T  I  Q  R  E  S  N  Ự  T  N  Y  Ở
I  I  Q  B  I  O  Y  A  H  A  M  Ấ  U  Á  Ư
C  O  Ạ  T  G  N  Á  S  D  P  P  Đ  À  M  T
U  H  A  I  H  N  M  E  C  T  I  V  M  P  Ý
U  L  L  A  U  T  T  L  O  P  Y  U  G  A  H
V  I  Q  K  E  O  K  P  U  N  B  C  R  B  D
K  P  V  C  M  K  D  T  C  Y  M  H  V  U  D
Y  L  H  V  I  U  L  H  H  V  Y  C  V  U  O
B  A  M  C  T  D  V  A  G  I  U  V  H  K  U
O  C  R  R  Q  T  L  N  U  B  L  Y  N  T  I
B  À  N  C  H  Ả  I  G  B  H  B  Y  L  U  O
```

ACRYLIC	BÚT CHÌ
MÀU NƯỚC	SÁNG TẠO
ĐẤT SÉT	NƯỚC
BÀN CHẢI	MỰC
MÁY ẢNH	TẨY
GHẾ	DẦU
THAN	Ý TƯỞNG
EASEL	GIẤY
KEO	PASTELS
MÀU SẮC	BÀN

91 - Eau

```
N U G R K H Đ R P M K I L G H
B N A A D G T Ạ L U P C L I S
Q C I Q Q E P O I V Y R Ũ Ó Ư
S Ô N G I Y T M V D V D L M Ơ
M B C Y P S K N K P Ư C Ụ Ù N
A Y O T Y E U C Ồ H C Ơ T A G
C G T U H R I Ơ H Y A B N H G
R Q G Y P U G N Ó S C U V G I
A G N Ế H A N B T Q C Y R I Á
T Y T T L H Ố Ã T H U Q A R Đ
A O M K B C U O C Ủ B H Q C
V Ò I H O A S E N P Y Y G K Ớ
V D H N T U Ư B R P D H L T Ư
P D Q Ê O M U M Ẩ Ộ Đ I N Ợ N
D B P K H Ơ I N Ư Ớ C B M U I
```

KÊNH	HỒ
VÒI HOA SEN	GIÓ MÙA
BAY HƠI	TUYẾT
SÔNG	ĐẠI DƯƠNG
SƯƠNG GIÁ	CƠN BÃO
GEYSER	MƯA
NƯỚC ĐÁ	UỐNG
ĐỘ ẨM	SÓNG
LŨ LỤT	HƠI NƯỚC
THỦY LỢI	

92 - Jazz

```
N  Ầ  H  P  H  N  À  H  T  B  M  U  P  H  N
B  Ổ  Y  T  À  I  N  Ă  N  G  R  U  C  Q  H
L  À  I  Ê  V  Q  Y  Y  D  U  R  H  Ĩ  O  À
N  I  I  D  U  L  C  V  G  M  H  D  S  L  S
R  R  L  H  A  T  Ậ  U  H  T  Ỹ  K  Ẽ  G  O
I  K  R  H  Á  N  H  N  Ạ  M  N  Ấ  H  N  Ạ
M  P  H  Y  U  T  H  Í  Ũ  L  M  L  G  Ứ  N
K  R  H  A  Q  C  G  O  C  C  Ớ  U  N  H  N
A  M  P  O  H  Q  L  L  M  H  I  A  L  U  H
B  U  Ổ  I  H  Ò  A  N  H  Ạ  C  C  Y  Â  Ạ
U  B  P  H  O  N  G  C  Á  C  H  I  U  M  C
B  L  Ị  N  K  H  N  L  A  Q  A  G  N  N  K
O  A  H  I  I  M  O  T  I  Ạ  O  L  Ể  H  T
V  V  N  C  H  R  G  M  U  B  H  T  N  Ạ  I
D  À  N  N  H  Ạ  C  K  T  R  Ố  N  G  C  R
```

NHẤN MẠNH	HỨNG
ALBUM	ÂM NHẠC
NGHỆ SĨ	MỚI
NỔI DANH	DÀN NHẠC
BÀI HÁT	NHỊP
NHÀ SOẠN NHẠC	PHONG CÁCH
THÀNH PHẦN	TÀI NĂNG
BUỔI HÒA NHẠC	TRỐNG
YÊU THÍCH	KỸ THUẬT
THỂ LOẠI	CŨ

93 - Paysages

```
L  R  G  R  Đ  B  R  G  H  S  B  T  K  T  Đ
T  Ã  Q  O  L  Ầ  N  Y  A  A  Ã  Q  L  K  Ạ
G  G  N  Ể  I  B  M  O  N  M  I  Ồ  Đ  O  I
R  B  B  H  O  B  D  L  G  Ạ  B  B  R  T  D
V  Ị  N  H  N  Y  N  D  Ầ  C  I  N  A  C  Ư
L  U  L  Q  L  G  N  Ô  S  Y  Ể  P  K  R  Ơ
G  N  Ũ  L  G  N  U  H  T  N  N  Ố  Q  L  N
B  Á  N  Đ  Ả  O  Q  Y  Ồ  Ú  B  C  L  O  G
S  Ô  N  G  B  Ă  N  G  Ê  I  C  Đ  N  D  R
M  N  M  A  B  Q  C  K  M  N  Ử  Ả  Ú  A  B
H  H  Y  Y  Q  T  L  H  Q  U  A  O  I  G  R
T  H  Á  C  N  Ư  Ớ  C  G  P  S  Ả  L  C  D
R  D  O  H  C  M  U  A  U  A  Ô  Đ  Ử  Q  V
L  C  N  L  P  T  K  R  H  D  N  Q  A  V  H
O  A  P  T  D  T  Q  R  G  P  G  D  C  D  R
```

THÁC NƯỚC	ĐẦM LẦY
ĐỒI	BIỂN
SA MẠC	NÚI
CỬA SÔNG	ỐC ĐẢO
SÔNG	ĐẠI DƯƠNG
SÔNG BĂNG	BÁN ĐẢO
VỊNH	BÃI BIỂN
HANG	LÃNH NGUYÊN
ĐẢO	THUNG LŨNG
HỒ	NÚI LỬA

94 - Pays #1

```
G I N L I B Y A O P K O C A A
N A U Y V E N E Z U E L A F R
P H I L I P P I N E S I D G G
Ấ G C I I P L L M A L I B H E
P N Ứ A H N N A B Y Â T G A N
P H Đ C U A I R N Q U G G N T
A M Ằ Ộ V L O C C O R O M I I
N I L N I A C G A D O H C S N
A O M O L B P R I R D Q O T A
M A N Y K A N O D L A K H A U
A A L M H K N M V E U G P N V
N I A D M A D A N A C Y U G L
B R A Z I L P N M R E U M A N
I O R O N R C I B S T P Q L P
I V I Q A K I A I I L Q T C I
```

AFGHANISTAN
ĐỨC
ARGENTINA
BRAZIL
CANADA
TÂY BAN NHA
ECUADOR
PHẦN LAN
ẤN ĐỘ
ISRAEL

LIBYA
MALI
MOROCCO
NICARAGUA
NA UY
PANAMA
PHILIPPINES
BA LAN
ROMANIA
VENEZUELA

95 - Nombres

```
M  M  M  M  A  M  N  M  Ư  Ờ  I  T  Á  M  M
Ư  Ư  S  S  Ố  K  H  Ô  N  G  A  L  B  G  Ư
Ờ  Ờ  Á  D  R  P  P  L  M  D  G  V  A  L  Ờ
I  I  U  M  N  M  P  C  C  M  M  O  I  G  I
B  L  T  Y  H  V  P  Y  U  B  P  G  O  Q  C
Ố  Ă  N  Â  H  P  P  Ậ  H  T  M  Á  T  U  H
N  M  Y  A  A  B  I  Ờ  Ư  M  M  Ư  A  I  Í
C  H  Í  N  I  Ơ  Ư  M  I  A  H  T  Ờ  L  N
M  Ư  Ờ  I  S  Á  U  M  P  K  Y  Ả  B  I  T
H  B  T  K  O  K  H  Ư  A  B  Ả  N  H  Ố  L
I  P  C  A  I  G  K  Ờ  D  R  B  G  G  D  N
Y  I  Q  U  Y  Q  A  I  M  L  I  A  Q  P  D
I  K  G  N  P  I  R  H  D  U  Ờ  C  R  I  U
L  B  I  M  Ă  D  B  A  A  K  Ư  M  U  V  K
I  Y  D  M  L  M  H  I  V  Y  M  R  H  Q  B
```

NĂM	MƯỜI BỐN
HAI	BỐN
THẬP PHÂN	MƯỜI LĂM
MƯỜI	MƯỜI SÁU
MƯỜI TÁM	BẢY
MƯỜI CHÍN	SÁU
MƯỜI BẢY	MƯỜI BA
MƯỜI HAI	BA
TÁM	HAI MƯỜI
CHÍN	SỐ KHÔNG

96 - Psychologie

```
C  H  S  D  C  Á  I  T  Ô  I  B  B  M  R  B
Ả  À  B  U  Ấ  Ơ  H  T  I  Ờ  H  T  O  O  C
M  N  L  L  Y  U  B  C  H  Q  I  L  G  Q  U
X  H  N  N  H  N  Í  T  Á  C  Y  A  R  T  Ộ
Ú  V  B  V  M  G  G  N  À  S  M  Â  L  P  C
C  I  L  B  I  B  Q  H  N  Ỉ  T  T  Ấ  B  H
X  Ơ  Ế  T  C  Ự  H  T  Ĩ  R  Q  B  A  U  Ệ
U  M  Ễ  I  H  G  N  H  N  I  K  C  C  R  N
N  C  H  Ề  C  Ả  M  G  I  Á  C  M  Q  U  V
G  Ấ  Y  M  O  Q  Ề  N  O  M  T  U  D  Ẽ  P
Đ  I  Y  T  C  H  O  Đ  Đ  Á  N  H  G  I  Á
Ộ  G  D  H  Ý  T  Ư  Ở  N  G  P  D  H  L  P
T  C  U  Ứ  O  V  K  Y  I  Ấ  R  Y  Y  Ị  U
A  H  N  C  O  L  C  G  B  V  V  M  M  R  N
N  K  N  H  Ậ  N  T  H  Ứ  C  H  I  A  T  I
```

LÂM SÀNG
HÀNH VI
XUNG ĐỘT
CÁI TÔI
THỜI THƠ ẤU
KINH NGHIỆM
CẢM XÚC
ĐÁNH GIÁ
Ý TƯỞNG
BẤT TỈNH

SUY NGHĨ
NHẬN THỨC
CÁ TÍNH
VẤN ĐỀ
CUỘC HẸN
THỰC TẾ
GIẤC MƠ
CẢM GIÁC
TIỀM THỨC
TRỊ LIỆU

97 - Nature

```
O  N  D  T  Y  S  Q  K  S  P  K  P  S  C  H
N  N  B  N  K  Ô  G  V  M  Ô  T  D  A  P  R
G  M  N  D  E  N  E  R  E  S  N  A  M  U  H
B  C  B  Ù  M  G  N  Ơ  Ư  S  Đ  G  Ạ  L  P
V  Ẻ  Đ  Ẹ  P  B  Y  H  Y  N  Á  M  C  R  H
N  I  Q  G  V  Ă  L  Q  N  Ò  M  I  Ó  X  Ò
M  Ă  I  A  G  N  L  K  Y  P  M  Ớ  Ú  O  A
M  A  N  Ã  D  G  N  A  O  H  Â  Đ  R  N  B
I  Y  T  G  B  Ắ  C  C  Ự  C  Y  T  Ừ  Đ  Ì
N  Q  A  A  Đ  U  U  L  M  M  D  Ễ  N  Ộ  N
T  H  Á  N  H  Ộ  N  Á  U  H  G  I  G  N  H
Q  B  D  L  D  L  N  N  I  M  D  H  D  G  H
A  A  A  D  U  N  K  G  G  G  G  N  K  V  T
Q  U  A  N  T  R  Ọ  N  G  I  H  T  L  Ậ  Q
B  L  B  L  G  Q  T  C  B  H  D  D  L  T  A
```

ONG	RỪNG
ĐỘNG VẬT	SÔNG BĂNG
BẮC CỰC	NÚI
VẺ ĐẸP	ĐÁM MÂY
SƯƠNG MÙ	HÒA BÌNH
SA MẠC	THÁNH
NĂNG ĐỘNG	HOANG DÃ
XÓI MÒN	SERENE
LÁ	NHIỆT ĐỚI
SÔNG	QUAN TRỌNG

98 - Chimie

```
C  Đ  N  K  A  P  M  M  G  Q  D  E  V  Ộ  V
H  I  Q  H  A  U  U  U  R  I  Q  N  K  Đ  P
Ấ  Ễ  H  G  Y  O  P  O  Ố  V  Y  Z  N  T  I
T  N  A  Q  L  H  V  P  V  I  Ử  Y  C  Ễ  N
X  T  Y  Y  I  P  N  K  K  H  T  M  Ề  I  K
Ú  Ử  U  D  K  P  I  L  R  A  N  E  H  H  H
C  Q  U  D  H  G  L  O  L  C  Â  O  V  N  Í
T  K  I  M  L  O  Ạ  I  N  Â  H  N  T  Ạ  H
Á  N  D  Q  M  R  N  A  Y  O  P  B  I  D  T
C  D  V  Q  U  D  H  M  D  U  B  M  X  O  O
N  L  U  N  U  Y  I  Ô  P  Q  L  R  A  M  P
C  Q  C  P  A  H  Ễ  X  B  R  K  T  A  N  V
O  D  D  Y  A  P  T  Y  K  V  D  G  L  C  T
N  G  U  Y  Ê  N  T  Ử  U  Y  Q  V  V  I  K
C  H  Ấ  T  L  Ỏ  N  G  N  Ặ  N  N  Â  C  P
```

AXIT	HYDRO
KIỀM	ION
NGUYÊN TỬ	CHẤT LỎNG
CARBON	KIM LOẠI
CHẤT XÚC TÁC	PHÂN TỬ
NHIỆT	HẠT NHÂN
CLO	ÔXY
ENZYME	CÂN NẶNG
ĐIỆN TỬ	MUỐI
KHÍ	NHIỆT ĐỘ

99 - Bateaux

```
R  G  Q  Ý  R  M  O  B  P  S  K  C  P  R  N
G  G  K  L  B  V  D  A  È  Ó  G  A  Y  V  K
P  N  V  I  D  U  Y  O  E  N  C  B  Y  Y  N
H  Ồ  Ừ  Ả  V  Ủ  Y  Ơ  C  G  N  Ộ  Đ  A  P
A  U  P  H  I  H  À  N  H  Đ  O  À  N  Y  K
O  X  N  Q  T  T  H  Q  R  L  T  R  T  B  B
K  M  Ề  U  T  Y  P  I  N  T  A  P  A  I  L
H  K  Y  L  B  Ủ  Â  H  T  V  T  B  B  Y  K
C  U  U  B  N  H  T  D  L  A  D  Y  D  O  R
Q  T  H  Ủ  Y  T  R  I  Ề  U  D  A  U  A  M
C  Ộ  T  B  U  Ồ  M  B  T  R  C  Y  I  D  Q
O  C  U  K  U  H  H  A  S  I  O  P  Y  K  Y
B  G  D  Q  L  D  G  I  Ô  G  D  C  C  O  M
M  Q  A  T  M  Ồ  U  B  N  Ề  Y  U  H  T  H
Đ  Ạ  I  D  Ư  Ơ  N  G  G  B  I  Ể  N  V  G
```

NEO	THỦY THỦ
PHAO	CỘT BUỒM
XUỒNG	BIỂN
DÂY THỪNG	ĐỘNG CƠ
PHI HÀNH ĐOÀN	HẢI LÝ
PHÀ	ĐẠI DƯƠNG
SÔNG	BÈ
KAYAK	SÓNG
HỒ	THUYỀN BUỒM
THỦY TRIỀU	DU THUYỀN

100 - Mesures

```
U Q V Đ Ộ S Â U K B A K O U A
E C N U O R M V N I V U M Q L
N K Â G N Ợ Ư L M Â L B D Y K
M É T N Ấ T L I N C H Ô V I Y
K H Y Ộ N C A Í E C C R G M A
I M K R G Ặ A T T H H N Q A L
L I D U R U N Y Y I I L H P M
Ô M V Ề A T C G B Ề Ề L T T A
M O O I M O R V H U U V K V Y
É N Â H P P Ậ H T D C G M G H
T U P C I G P G Q À A M V Q R
C E N T I M E T H I O B C N U
T R Ì N H Đ Ộ Ú D N L U I B H
D R V P G Q K H Ố I L Ư Ợ N G
Q R L L M O C P A I C Y A B K
```

CENTIMET

TRÌNH ĐỘ

THẬP PHÂN

GRAM

CHIỀU CAO

KILÔGAM

KILÔMÉT

CHIỀU RỘNG

LÍT

CHIỀU DÀI

KHỐI LƯỢNG

MÉT

PHÚT

BYTE

OUNCE

CÂN NẶNG

INCH

ĐỘ SÂU

TẤN

ÂM LƯỢNG

1 - Adjectifs #2

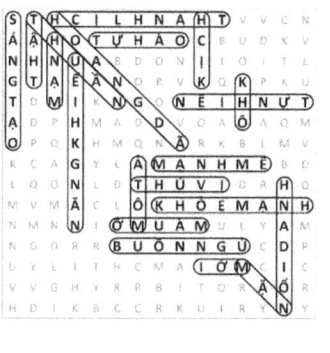

2 - Formes

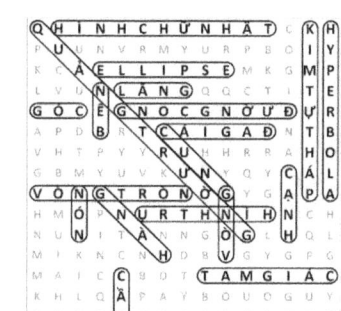

3 - Force et Gravité

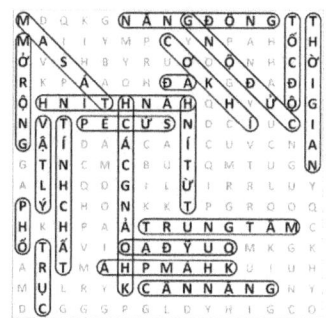

4 - Adjectifs #1

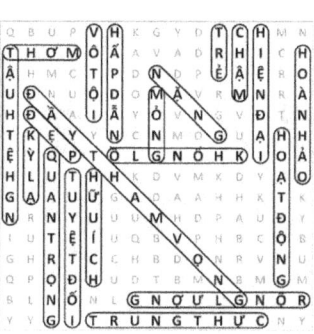

5 - Instruments de Musique

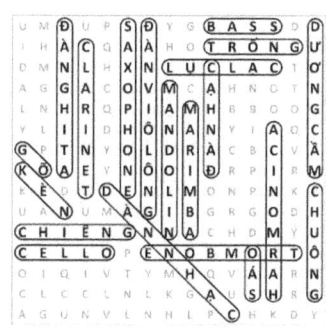

6 - Échecs

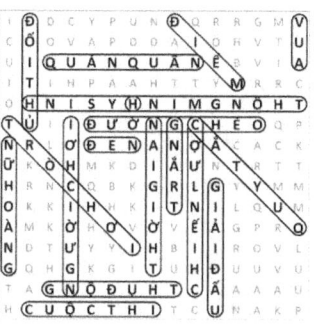

7 - Herboristerie

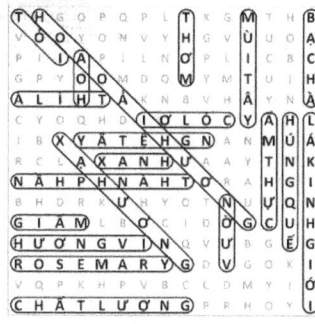

8 - Véhicules

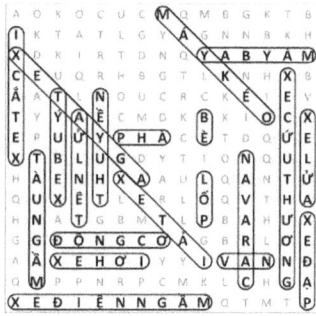

9 - Camping

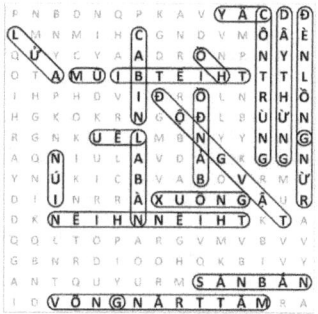

10 - Écologie

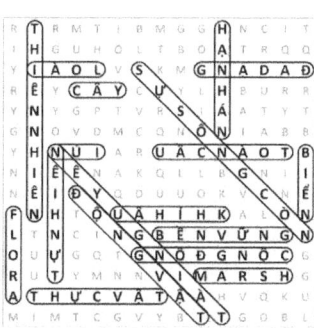

11 - Géométrie

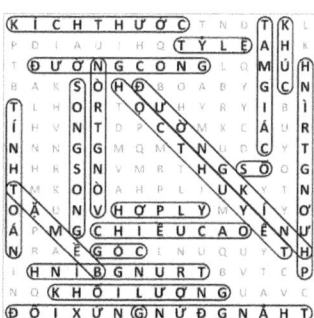

12 - Les Médias

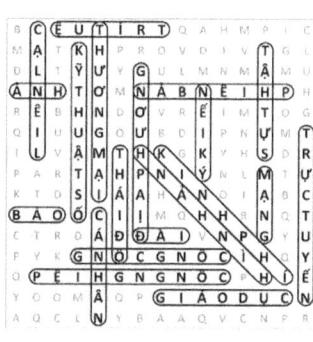

13 - Philanthropie

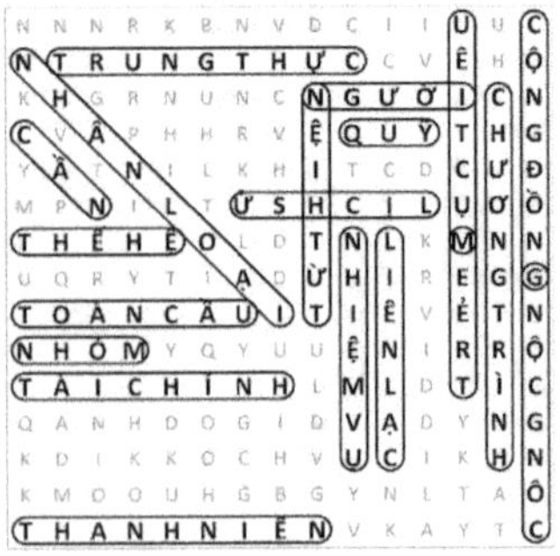

14 - Diplomatie

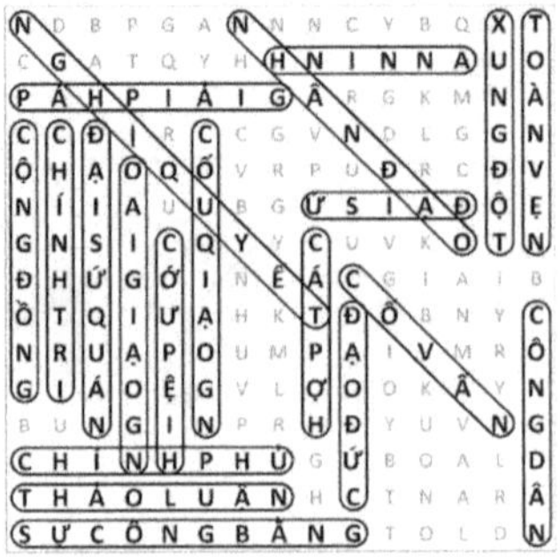

15 - Électricité

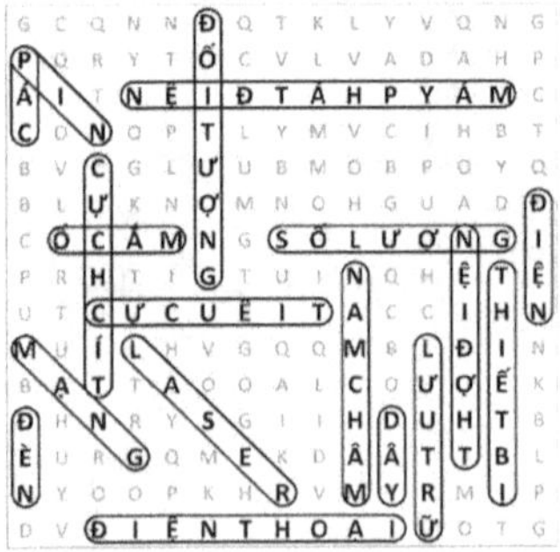

16 - Astronomie

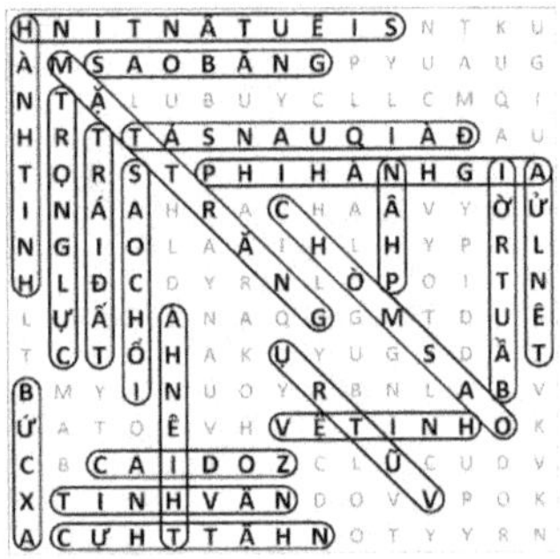

17 - Physique

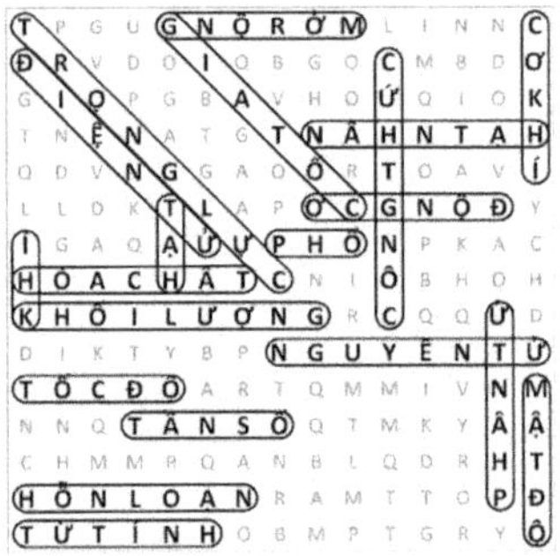

18 - Types de Cheveux

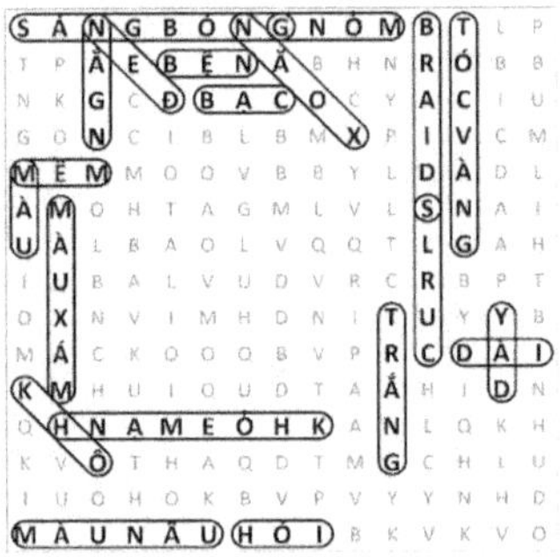

19 - Archéologie

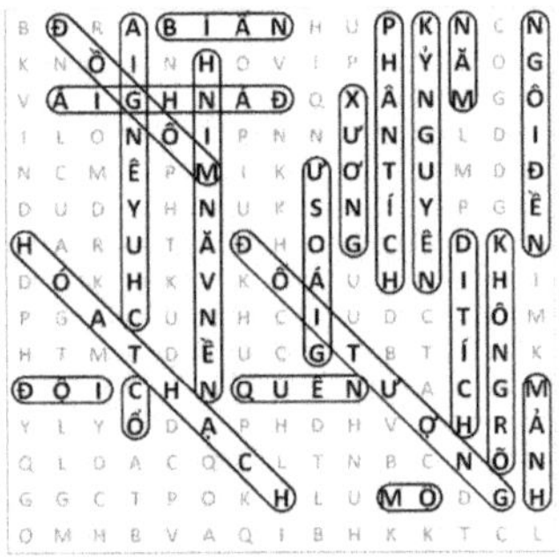

20 - Mammifères

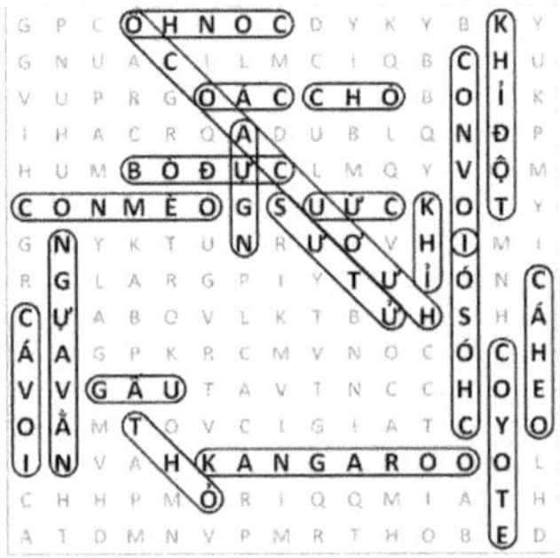

21 - Chocolat

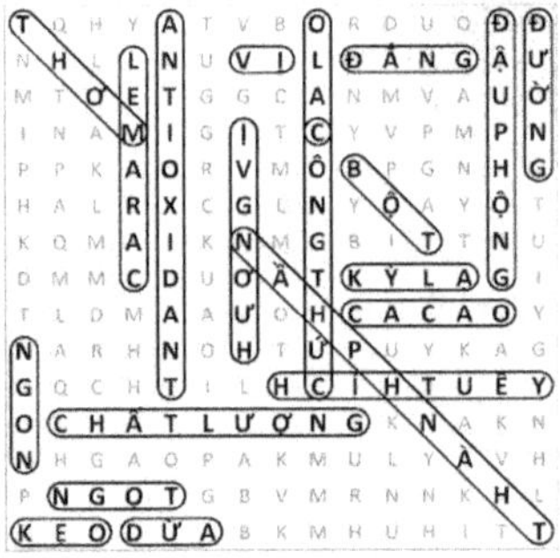

22 - Mathématiques

23 - Mythologie

24 - Restaurant #2

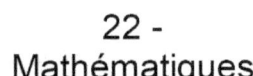
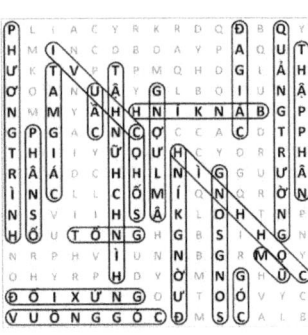
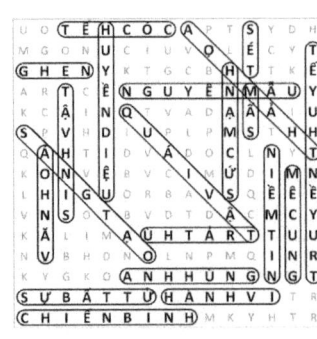
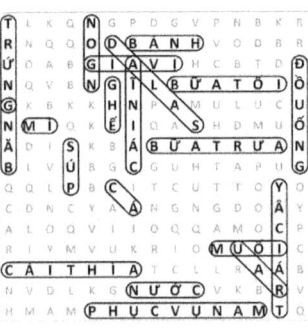

25 - Beauté

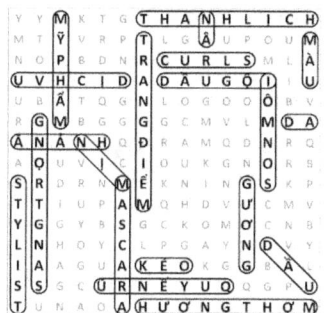

26 - Avions

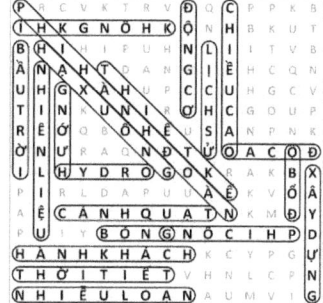

27 - Ingénierie

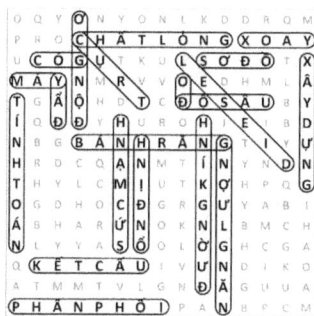

28 - Énergie

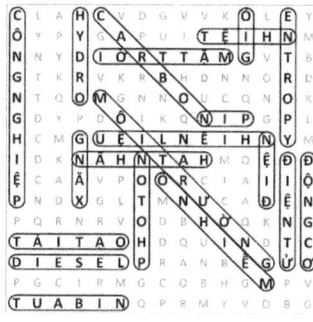

29 - Corps Humain

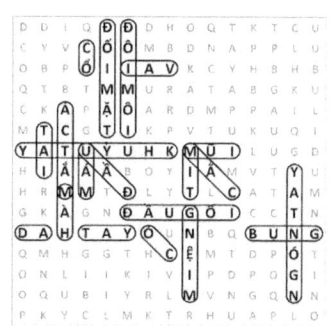

30 - Biologie

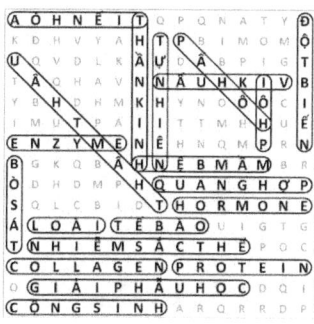

31 - Épices

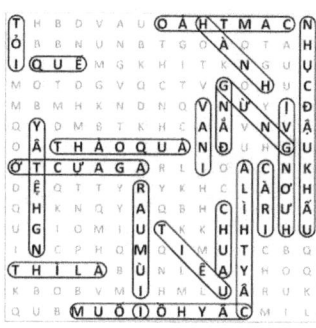

32 - Agronomie

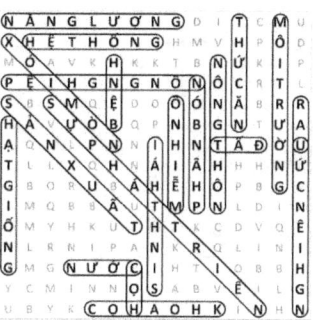

33 - Science

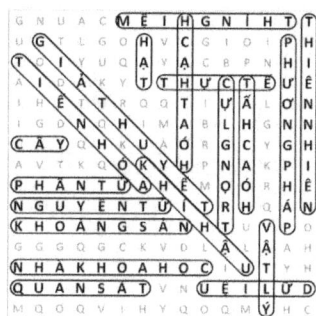

34 - Vêtements

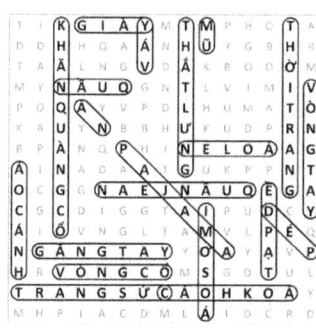

35 - Arts Visuels

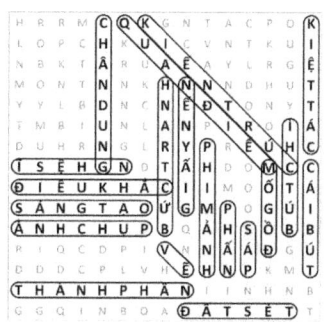

36 - Méditation

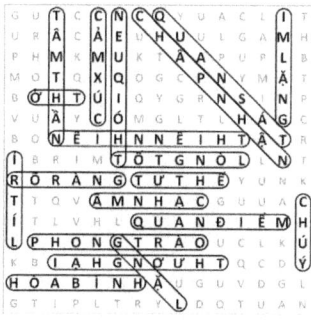

37 - Littérature

38 - Nourriture #1

39 - Jours et Mois

40 - Entreprise

41 - Activités

42 - Mode

43 - Fleurs

44 - Nourriture #2

45 - Algèbre

46 - Océan

47 - Antiquités

48 - Boxe

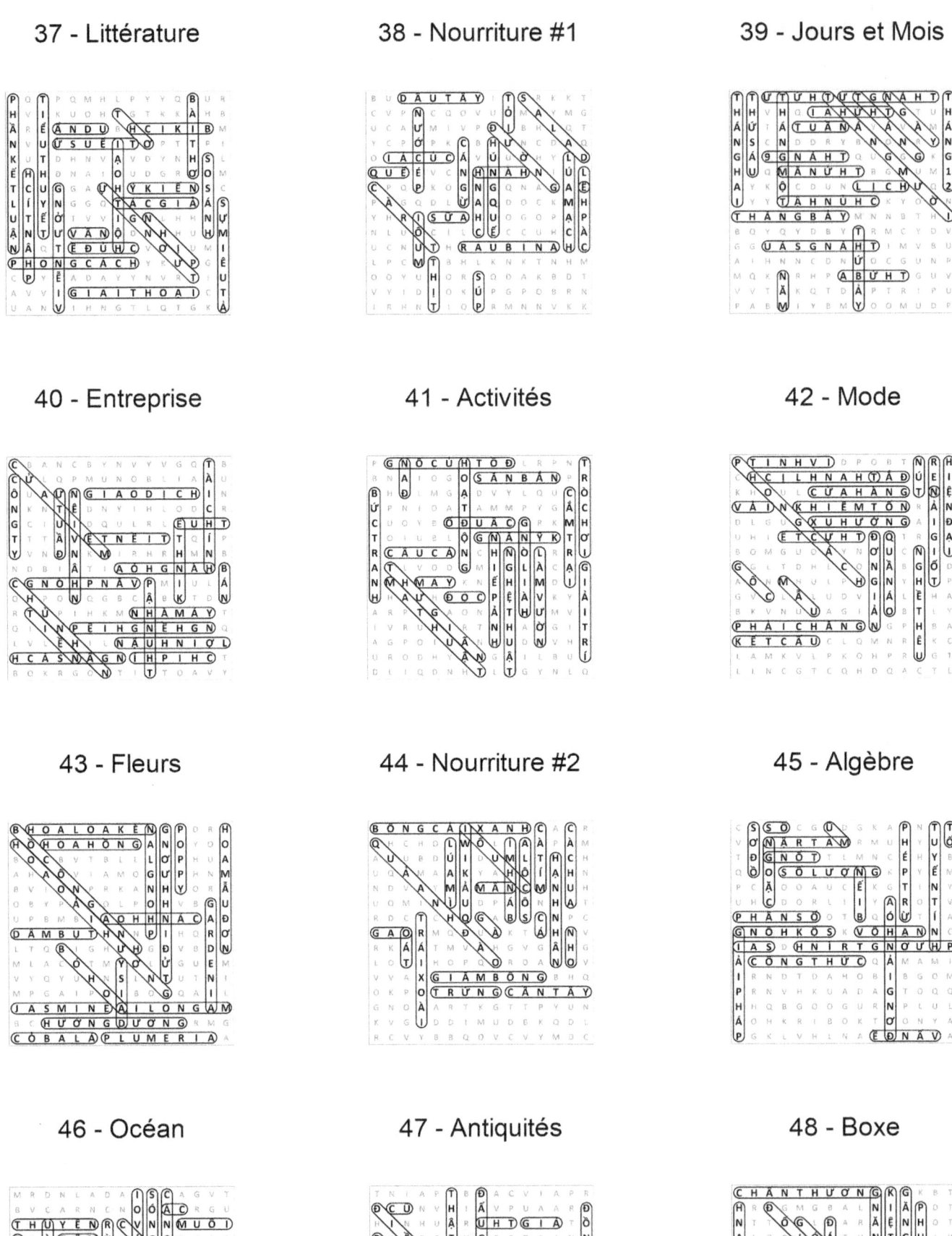

49 - Réchauffement Cli

50 - Fruit

51 - Technologie

52 - Musique

53 - Météo

54 - L'Entreprise

55 - Gouvernement

56 - Randonnée

57 - Nutrition

58 - Créativité

59 - Science Fiction

60 - Vertus #1

61 - Professions #1

62 - Géologie

63 - Jardin

64 - Santé et Bien Être #1

65 - Barbecues

66 - Ferme #1

67 - Café

68 - Antarctique

69 - Professions #2

70 - Les Abeilles

71 - Santé et Bien Être #2

72 - Conduite

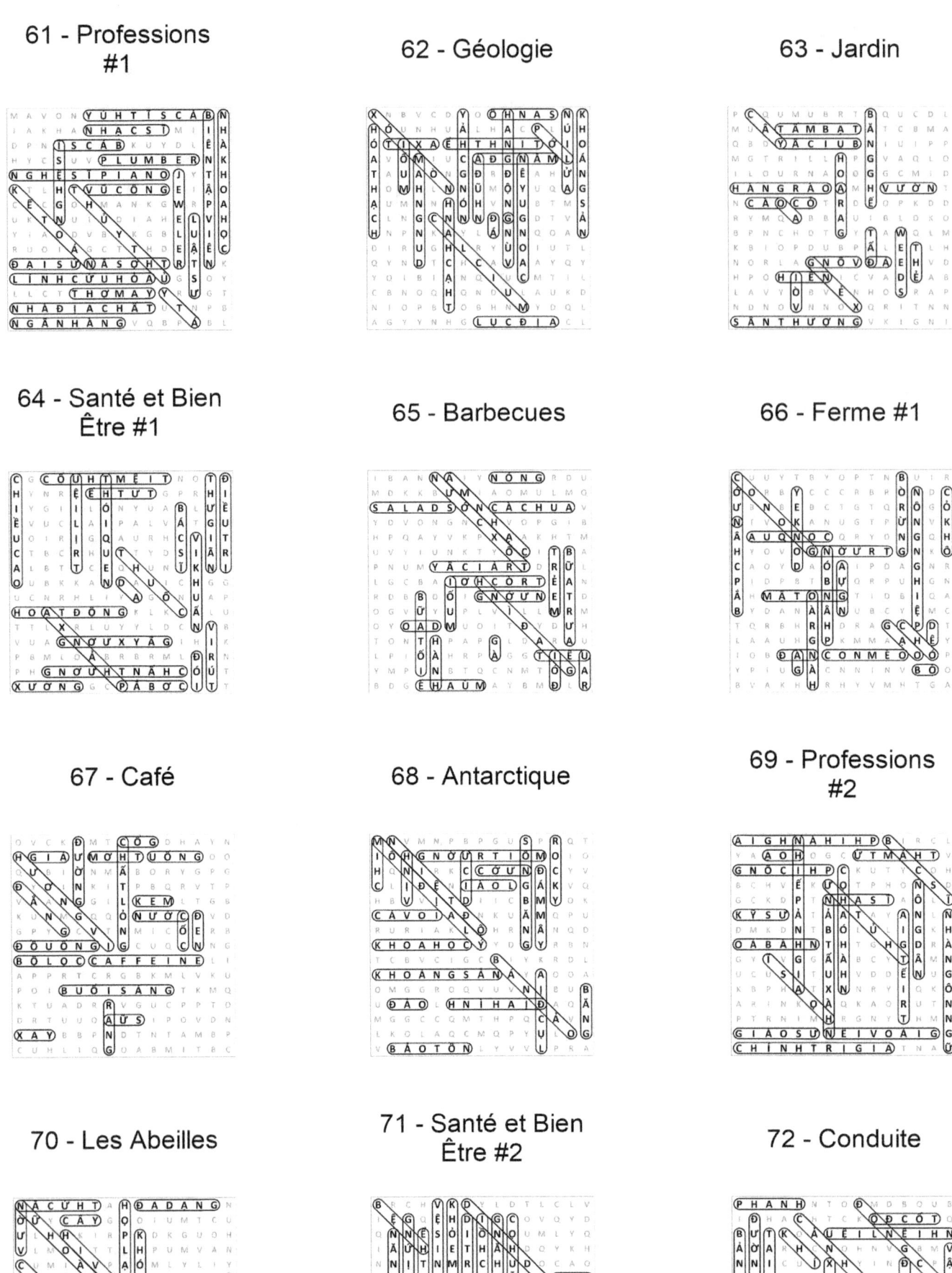

73 - Plantes

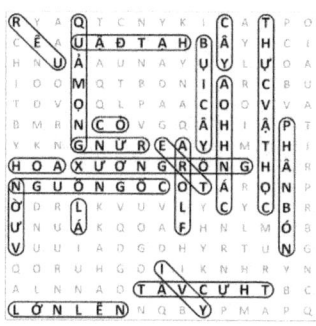

74 - Ferme #2

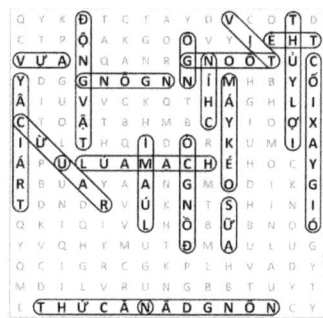

75 - Vacances #2

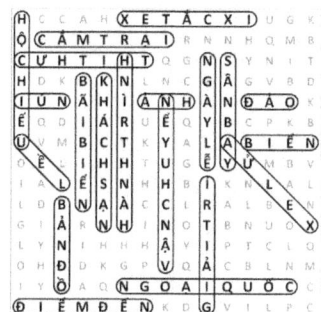

76 - Temps

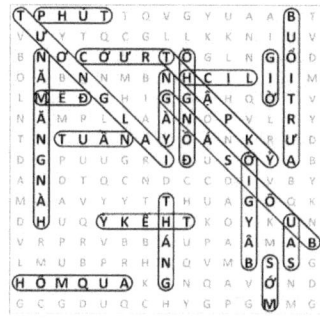

77 - Maison

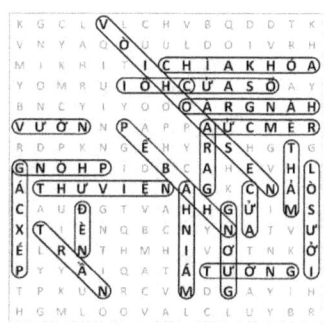

78 - Légumes

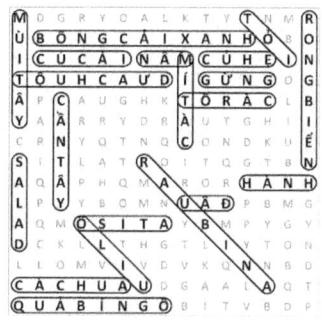

79 - Plage

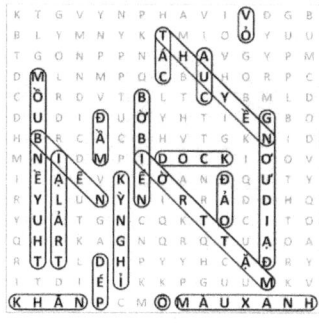

80 - Famille

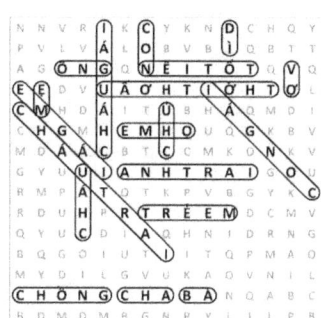

81 - Oiseaux

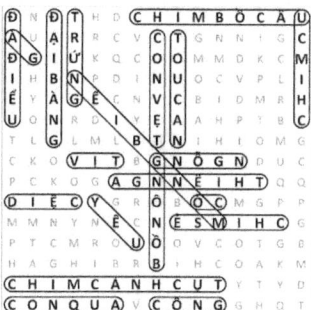

82 - Disciplines Scientifiques

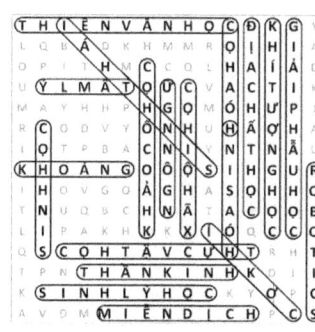

83 - Maladie

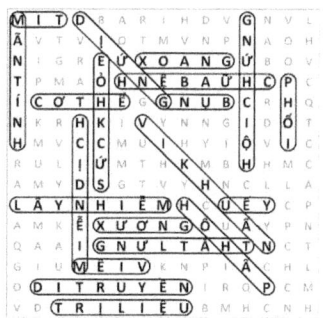

84 - Géographie

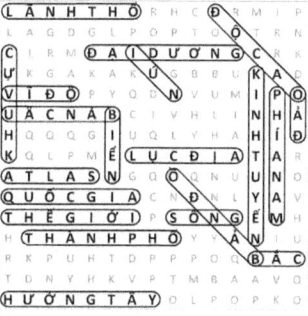

85 - Danse

86 - Bâtiments

87 - Activités et Loisirs

88 - Livres

89 - Pays #2

90 - Fournitures d'Art

91 - Eau

92 - Jazz

93 - Paysages

94 - Pays #1

95 - Nombres

96 - Psychologie

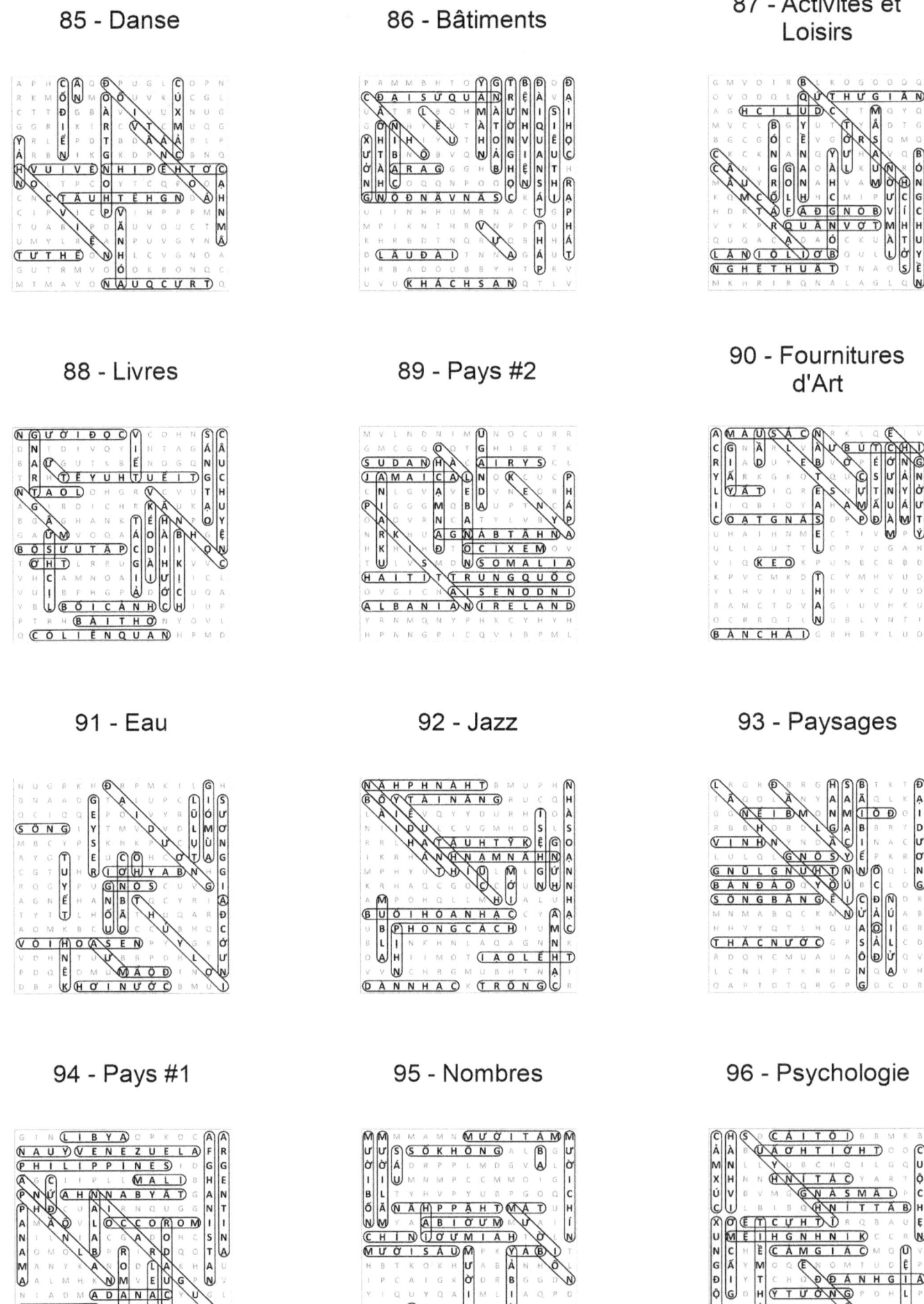

97 - Nature

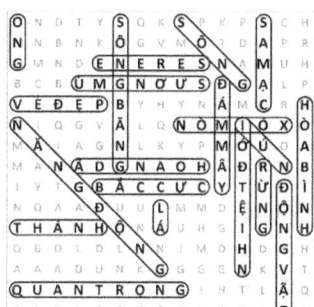

98 - Chimie

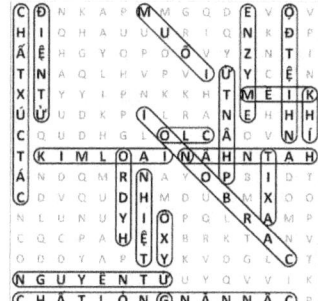

99 - Bateaux

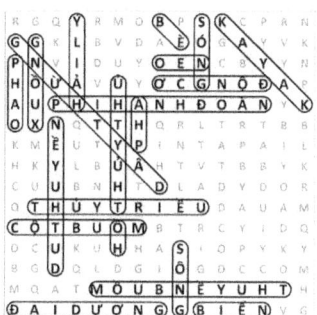

100 - Mesures

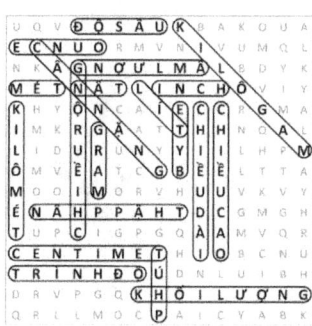

Dictionnaire

Activités
Các Hoạt Động

Activité	Hoạt Động
Art	Nghệ Thuật
Artisanat	Đồ thủ Công
Camping	Cắm Trại
Chasse	Săn Bắn
Compétence	Kỹ Năng
Couture	May
Jardinage	Làm Vườn
Jeux	Trò Chơi
Lecture	Đọc
Loisir	Giải Trí
Magie	Ma Thuật
Peinture	Bức Tranh
Pêche	Câu Cá
Photographie	Nhiếp Ảnh
Plaisir	Hài Lòng
Puzzles	Câu Đố
Relaxation	Thư Giãn
Tricot	Đan

Activités et Loisirs
Và các Hoạt Động Giải Trí

Achats	Mua Sắm
Art	Nghệ Thuật
Base-Ball	Bóng Chày
Basket-Ball	Bóng Rổ
Boxe	Quyền Anh
Camping	Cắm Trại
Football	Bóng Đá
Golf	Golf
Jardinage	Làm Vườn
Nager	Bơi Lội
Passe-Temps	Sở Thích
Peinture	Bức Tranh
Pêche	Câu Cá
Plongée	Lặn
Relaxant	Thư Giãn
Surf	Lướt
Tennis	Quần Vợt
Volley-Ball	Bóng Chuyền
Voyage	Du Lịch

Adjectifs #1
Tính từ số 1

Absolu	Tuyệt Đối
Actif	Hoạt Động
Ambitieux	Đầy Tham Vọng
Aromatique	Thơm
Artistique	Nghệ Thuật
Attractif	Hấp Dẫn
Beau	Đẹp
Exotique	Kỳ Lạ
Énorme	Khổng Lồ
Généreux	Rộng Lượng
Honnête	Trung Thực
Important	Quan Trọng
Innocent	Vô Tội
Jeune	Trẻ
Lent	Chậm
Lourd	Nặng
Mince	Mỏng
Moderne	Hiện Đại
Parfait	Hoàn Hảo
Utile	Hữu Ích

Adjectifs #2
Tính từ số 2

Authentique	Thật
Célèbre	Nổi Danh
Créatif	Sáng Tạo
Descriptif	Mô Tả
Doué	Năng Khiếu
Dramatique	Kịch
Élégant	Thanh Lịch
Fier	Tự Hào
Fort	Mạnh
Intéressant	Thú Vị
Naturel	Tự Nhiên
Nouveau	Mới
Productif	Màu Mỡ
Puissant	Mạnh Mẽ
Pur	Thuần
Sain	Khỏe Mạnh
Salé	Mặn
Sauvage	Hoang Dã
Sec	Khô
Somnolent	Buồn Ngủ

Agronomie
Nông Học

Agriculture	Nông Nghiệp
Croissance	Sự Phát Triển
Eau	Nước
Engrais	Phân Bón
Environnement	Môi Trường
Écologie	Sinh Thái
Énergie	Năng Lượng
Érosion	Xói Mòn
Étude	Học
Graines	Hạt Giống
Légumes	Rau
Maladies	Bệnh
Nourriture	Thức Ăn
Pollution	Ô Nhiễm
Production	Sản Xuất
Recherche	Nghiên Cứu
Rural	Nông Thôn
Science	Khoa Học
Sol	Đất
Systèmes	Hệ Thống

Algèbre
Đại số Học

Diagramme	Sơ Đồ
Exposant	Mũ
Équation	Phương Trình
Facteur	Tố
Faux	Sai
Formule	Công Thức
Fraction	Phân Số
Infini	Vô Hạn
Linéaire	Tuyến Tính
Matrice	Ma Trận
Nombre	Số
Parenthèse	Ngoặc
Problème	Vấn Đề
Quantité	Số Lượng
Simplifier	Đơn Giản Hóa
Solution	Giải Pháp
Somme	Tổng
Soustraction	Phép Trừ
Variable	Biến
Zéro	Số Không

Antarctique
Nam Cực

Baie	Vịnh
Baleines	Cá Voi
Conservation	Bảo Tồn
Continent	Lục Địa
Eau	Nước
Environnement	Môi Trường
Espèce	Loài
Géographie	Môn địa Lý
Glace	Băng
Glaciers	Sông Băng
Îles	Đảo
Migration	Di Cư
Minéraux	Khoáng Sản
Nuage	Đám Mây
Oiseaux	Chim
Péninsule	Bán Đảo
Rocheux	Rocky
Scientifique	Khoa Học
Température	Nhiệt Độ
Topographie	Địa Hình

Antiquités
Đồ Cổ

Art	Nghệ Thuật
Authentique	Thật
Bijoux	Trang Sức
Collectionneur	Thu
Condition	Điều Kiện
Décoratif	Trang Trí
Enchères	Đấu Giá
Élégant	Thanh Lịch
Galerie	Bộ sưu Tập
Investissement	Đầu Tư
Meubles	Đồ nội Thất
Pièces	Đồng Xu
Prix	Giá
Qualité	Chất Lượng
Restauration	Phục Hồi
Sculpture	Điêu Khắc
Siècle	Thế Kỷ
Style	Phong Cách
Valeur	Giá Trị
Vieux	Cũ

Archéologie
Khảo cổ Học

Analyse	Phân Tích
Ancien	Cổ
Années	Năm
Civilisation	Nền văn Minh
Expert	Chuyên Gia
Ère	Kỷ Nguyên
Équipe	Đội
Évaluation	Đánh Giá
Fossile	Hóa Thạch
Fragments	Mảnh
Inconnu	Không Rõ
Mystère	Bí Ẩn
Objets	Đối Tượng
Os	Xương
Oublié	Quên
Poterie	Đồ Gốm
Professeur	Giáo Sư
Relique	Di Tích
Temple	Ngôi Đền
Tombe	Mộ

Arts Visuels
Nghệ Thuật thị Giác

Architecture	Kiến Trúc
Argile	Đất Sét
Artiste	Nghệ Sĩ
Chef-D'Œuvre	Kiệt Tác
Chevalet	Vẽ
Cire	Sáp
Composition	Thành Phần
Craie	Phấn
Crayon	Bút Chì
Créativité	Sáng Tạo
Film	Phim Ảnh
Peinture	Bức Tranh
Perspective	Quan Điểm
Photographie	Ảnh Chụp
Pochoir	Giấy Nến
Portrait	Chân Dung
Poterie	Đồ Gốm
Sculpture	Điêu Khắc
Stylo	Cái Bút

Astronomie
Thiên văn Học

Astronaute	Phi Hành Gia
Ciel	Bầu Trời
Comète	Sao Chổi
Constellation	Chòm Sao
Cosmos	Vũ Trụ
Éclipse	Nhật Thực
Équinoxe	Phân
Fusée	Tên Lửa
Galaxie	Thiên Hà
Gravité	Trọng Lực
Lune	Mặt Trăng
Météore	Sao Băng
Nébuleuse	Tinh Vân
Observatoire	Đài Quan Sát
Planète	Hành Tinh
Radiation	Bức Xạ
Satellite	Vệ Tinh
Supernova	Siêu tân Tinh
Terre	Trái Đất
Zodiaque	Zodiac

Avions
Máy Bay

Altitude	Độ Cao
Atmosphère	Không Khí
Atterrissage	Đổ Bộ
Ballon	Bóng
Carburant	Nhiên Liệu
Ciel	Bầu Trời
Construction	Xây Dựng
Descente	Hạ Xuống
Design	Thiết Kế
Direction	Hướng
Équipage	Phi Hành Đoàn
Hauteur	Chiều Cao
Hélices	Cánh Quạt
Histoire	Lịch Sử
Hydrogène	Hydro
Météo	Thời Tiết
Moteur	Động Cơ
Passager	Hành Khách
Pilote	Phi Công
Turbulence	Nhiễu Loạn

Barbecues
Ăn Thịt Nướng

Chaud	Nóng
Couteaux	Dao
Déjeuner	Bữa Trưa
Dîner	Bữa Tối
Enfants	Trẻ Em
Été	Mùa Hè
Faim	Đói
Famille	Gia Đình
Fruit	Trái Cây
Gril	Nướng
Jeux	Trò Chơi
Légumes	Rau
Musique	Âm Nhạc
Oignons	Hành
Poivre	Tiêu
Poulet	Gà
Salades	Salads
Sauce	Nước Xốt
Sel	Muối
Tomates	Cà Chua

Bateaux
Thuyền

Ancre	Neo
Bouée	Phao
Canoë	Xuồng
Corde	Dây Thừng
Équipage	Phi Hành Đoàn
Ferry	Phà
Fleuve	Sông
Kayak	Kayak
Lac	Hồ
Marée	Thủy Triều
Marin	Thủy Thủ
Mât	Cột Buồm
Mer	Biển
Moteur	Động Cơ
Nautique	Hải Lý
Océan	Đại Dương
Radeau	Bè
Vagues	Sóng
Voilier	Thuyền Buồm
Yacht	Du Thuyền

Bâtiments
Các tòa Nhà

Ambassade	Đại sứ Quán
Appartement	Căn Hộ
Atelier	Xưởng
Cabine	Cabin
Cathédrale	Nhà Thờ
Château	Lâu Đài
École	Trường Học
Garage	Ga-Ra
Grange	Vựa
Hôpital	Bệnh Viện
Hôtel	Khách Sạn
Musée	Bảo Tàng
Observatoire	Đài Quan Sát
Stade	Sân vận Động
Supermarché	Siêu Thị
Tente	Lều
Théâtre	Rạp Hát
Tour	Tháp
Université	Đại Học
Usine	Nhà Máy

Beauté
Sắc Đẹp

Boucles	Curls
Charme	Quyến Rũ
Ciseaux	Kéo
Cosmétique	Mỹ Phẩm
Couleur	Màu
Élégance	Sang Trọng
Élégant	Thanh Lịch
Grâce	Ân
Huiles	Dầu
Lisse	Mịn
Maquillage	Trang Điểm
Mascara	Mascara
Miroir	Gương
Parfum	Hương Thơm
Peau	Da
Photogénique	Ăn Ảnh
Rouge à Lèvres	Son Môi
Services	Dịch Vụ
Shampooing	Dầu Gội
Styliste	Stylist

Biologie
Sinh Học

Anatomie	Giải Phẫu Học
Bactéries	Vi Khuẩn
Cellule	Tế Bào
Chromosome	Nhiễm sắc Thể
Collagène	Collagen
Embryon	Phôi
Enzyme	Enzyme
Espèce	Loài
Évolution	Tiến Hóa
Hormone	Hormone
Mutation	Đột Biến
Naturel	Tự Nhiên
Nerf	Thần Kinh
Osmose	Thẩm Thấu
Pathogène	Mầm Bệnh
Photosynthèse	Quang Hợp
Protéine	Protein
Reptile	Bò Sát
Respiration	Hô Hấp
Symbiose	Cộng Sinh

Boxe
Quyền Anh

Adversaire	Đối Thủ
Arbitre	Trọng Tài
Blessures	Chấn Thương
Cloche	Chuông
Coin	Góc
Combattant	Đấu Sĩ
Compétence	Kỹ Năng
Concentrer	Tiêu Điểm
Cordes	Dây Thừng
Corps	Cơ Thể
Coude	Khuỷu Tay
Coup	Đá
Épuisé	Kiệt Sức
Force	Sức Mạnh
Gants	Găng Tay
Menton	Cằm
Poing	Nắm Tay
Points	Điểm
Rapide	Nhanh
Récupération	Phục Hồi

Café
Cà Phê

Amer	Đắng
Arôme	Thơm
Boire	Uống
Boisson	Đồ Uống
Caféine	Caffeine
Crème	Kem
Eau	Nước
Filtre	Bộ Lọc
Lait	Sữa
Liquide	Chất Lỏng
Matin	Buổi Sáng
Moudre	Xay
Noir	Đen
Origine	Gốc
Prix	Giá
Rôti	Rang
Saveur	Hương Vị
Sucre	Đường
Tasse	Cốc

Camping
Cắm Trại

Animaux	Động Vật
Arbres	Cây
Boussole	La Bàn
Cabine	Cabin
Canoë	Xuồng
Carte	Bản Đồ
Chapeau	Mũ
Chasse	Săn Bắn
Corde	Dây Thừng
Équipement	Thiết Bị
Feu	Lửa
Forêt	Rừng
Hamac	Võng
Insecte	Côn Trùng
Lac	Hồ
Lanterne	Đèn Lồng
Lune	Mặt Trăng
Montagne	Núi
Nature	Thiên Nhiên
Tente	Lều

Chimie
Hóa Học

Acide	Axit
Alcalin	Kiềm
Atomique	Nguyên Tử
Carbone	Carbon
Catalyseur	Chất xúc Tác
Chaleur	Nhiệt
Chlore	Clo
Enzyme	Enzyme
Électron	Điện Tử
Gaz	Khí
Hydrogène	Hydro
Ion	Ion
Liquide	Chất Lỏng
Métaux	Kim Loại
Molécule	Phân Tử
Nucléaire	Hạt Nhân
Oxygène	Ôxy
Poids	Cân Nặng
Sel	Muối
Température	Nhiệt Độ

Chocolat
Sô-Cô-La

Amer	Đắng
Antioxydant	Antioxidant
Arôme	Thơm
Bonbon	Kẹo
Cacahuètes	Đậu Phộng
Cacao	Cacao
Calories	Calo
Caramel	Caramel
Délicieux	Ngon
Doux	Ngọt
Exotique	Kỳ Lạ
Favori	Yêu Thích
Goût	Vị
Ingrédient	Thành Phần
Noix de Coco	Dừa
Poudre	Bột
Qualité	Chất Lượng
Recette	Công Thức
Saveur	Hương Vị
Sucre	Đường

Conduite
Điều Khiển

Accident	Tai Nạn
Camion	Xe Tải
Carburant	Nhiên Liệu
Carte	Bản Đồ
Danger	Nguy Hiểm
Freins	Phanh
Garage	Ga-Ra
Gaz	Khí
Licence	Giấy Phép
Moteur	Động Cơ
Moto	Xe Máy
Piéton	Đi Bộ
Police	Cảnh Sát
Route	Đường
Sécurité	An Toàn
Trafic	Giao Thông
Transport	Vận Chuyển
Tunnel	Đường Hầm
Vitesse	Tốc Độ
Voiture	Xe Hơi

Corps Humain
Cơ thể con Người

Bouche	Miệng
Cerveau	Óc
Cheville	Mắt Cá
Cou	Cổ
Coude	Khuỷu Tay
Cœur	Tim
Doigt	Ngón Tay
Estomac	Bụng
Épaule	Vai
Genou	Đầu Gối
Lèvres	Đôi Môi
Main	Tay
Mâchoire	Hàm
Menton	Cằm
Nez	Mũi
Oreille	Tai
Peau	Da
Sang	Máu
Tête	Đầu
Visage	Đối Mặt

Créativité
Sự Sáng Tạo

Artistique	Nghệ Thuật
Authenticité	Tính xác Thực
Clarté	Rõ Ràng
Compétence	Kỹ Năng
Dramatique	Kịch
Expression	Biểu Hiện
Émotions	Cảm Xúc
Fluidité	Lỏng
Idées	Ý Tưởng
Image	Ảnh
Impression	Ấn Tượng
Inspiration	Cảm Hứng
Intensité	Cường Độ
Intuition	Trực Giác
Inventif	Sáng Tạo
Sensation	Cảm Giác
Spontané	Tự Phát
Visions	Tầm Nhìn
Vitalité	Sức Sống

Danse
Nhảy

Académie	Học Viện
Art	Nghệ Thuật
Chorégraphie	Choreography
Classique	Cổ Điển
Corps	Cơ Thể
Culture	Văn Hoá
Culturel	Văn Hóa
Émotion	Cảm Xúc
Grâce	Ân
Joyeux	Vui Vẻ
Mouvement	Phong Trào
Musique	Âm Nhạc
Partenaire	Đối Tác
Posture	Tư Thế
Rythme	Nhịp
Saut	Nhảy
Traditionnel	Truyền Thống
Visuel	Trực Quan

Diplomatie
Ngoại Giao

Ambassade	Đại sứ Quán
Ambassadeur	Đại Sứ
Citoyens	Công Dân
Communauté	Cộng Đồng
Conflit	Xung Đột
Conseiller	Cố Vấn
Coopération	Hợp Tác
Diplomatique	Ngoại Giao
Discussion	Thảo Luận
Éthique	Đạo Đức
Étranger	Ngoại Quốc
Gouvernement	Chính Phủ
Humanitaire	Nhân Đạo
Intégrité	Toàn Vẹn
Justice	Sự Công Bằng
Politique	Chính Trị
Résolution	Nghị Quyết
Sécurité	An Ninh
Solution	Giải Pháp
Traité	Hiệp Ước

Disciplines Scientifiques
Các Ngành Khoa Học

Anatomie	Giải Phẫu Học
Archéologie	Khảo cổ Học
Astronomie	Thiên văn Học
Biochimie	Hóa Sinh
Biologie	Sinh Học
Botanique	Thực vật Học
Chimie	Hóa Học
Écologie	Sinh Thái
Géologie	Địa Chất Học
Immunologie	Miễn Dịch
Linguistique	Ngôn Ngữ
Mécanique	Cơ Khí
Météorologie	Khí Tượng Học
Minéralogie	Khoáng
Neurologie	Thần Kinh
Physiologie	Sinh lý Học
Psychologie	Tâm Lý
Robotique	Robotics
Sociologie	Xã hội Học
Zoologie	Động vật Học

Eau
Nước

Canal	Kênh
Douche	Vòi hoa Sen
Évaporation	Bay Hơi
Fleuve	Sông
Gel	Sương Giá
Geyser	Geyser
Glace	Nước Đá
Humidité	Độ Ẩm
Inondation	Lũ Lụt
Irrigation	Thủy Lợi
Lac	Hồ
Mousson	Gió Mùa
Neige	Tuyết
Océan	Đại Dương
Ouragan	Cơn Bão
Pluie	Mưa
Potable	Uống
Vagues	Sóng
Vapeur	Hơi Nước

Entreprise
Doanh Nghiệp

Argent	Tiền
Boutique	Cửa Tiệm
Budget	Ngân Sách
Bureau	Văn Phòng
Carrière	Nghề Nghiệp
Coût	Chi Phí
Devise	Tiền Tệ
Employeur	Chủ Nhân
Employé	Nhân Viên
Entreprise	Công Ty
Économie	Kinh Tế
Finance	Tài Chính
Impôts	Thuế
Investissement	Đầu Tư
Marchandise	Hàng Hóa
Profit	Lợi Nhuận
Revenu	Thu Nhập
Transaction	Giao Dịch
Usine	Nhà Máy
Vente	Bán

Échecs
Cờ Vua

Adversaire	Đối Thủ
Blanc	Trắng
Champion	Quán Quân
Concours	Cuộc Thi
Diagonal	Đường Chéo
Intelligent	Thông Minh
Jeu	Trò Chơi
Joueur	Người Chơi
Noir	Đen
Passif	Thụ Động
Points	Điểm
Reine	Nữ Hoàng
Règles	Quy Tắc
Roi	Vua
Sacrifice	Hy Sinh
Stratégie	Chiến Lược
Temps	Thời Gian
Tournoi	Giải Đấu

Écologie
Sinh Thái Học

Climat	Khí Hậu
Communautés	Cộng Đồng
Diversité	Đa Dạng
Durable	Bền Vững
Espèce	Loài
Faune	Động Vật
Flore	Flora
Global	Toàn Cầu
Marais	Marsh
Marin	Biển
Montagnes	Núi
Nature	Thiên Nhiên
Naturel	Tự Nhiên
Plantes	Cây
Ressources	Tài Nguyên
Sécheresse	Hạn Hán
Survie	Sự Sống Còn
Végétation	Thực Vật

Électricité
Điện

Aimant	Nam Châm
Batterie	Pin
Câble	Cáp
Électricien	Thợ Điện
Électrique	Điện
Équipement	Thiết Bị
Fils	Dây
Générateur	Máy Phát Điện
Lampe	Đèn
Laser	Laser
Négatif	Tiêu Cực
Objets	Đối Tượng
Positif	Tích Cực
Prise	Ổ Cắm
Quantité	Số Lượng
Réseau	Mạng
Stockage	Lưu Trữ
Téléphone	Điện Thoại

Énergie
Năng Lượng

Batterie	Pin
Carbone	Carbon
Carburant	Nhiên Liệu
Chaleur	Nhiệt
Diesel	Diesel
Entropie	Entropy
Environnement	Môi Trường
Essence	Xăng
Électrique	Điện
Électron	Điện Tử
Hydrogène	Hydro
Industrie	Công Nghiệp
Moteur	Động Cơ
Nucléaire	Hạt Nhân
Photon	Photon
Pollution	Ô Nhiễm
Renouvelable	Tái Tạo
Soleil	Mặt Trời
Turbine	Tua-Bin
Vent	Gió

Épices
Gia Vị

Aigre	Chua
Ail	Tỏi
Amer	Đắng
Anis	Cây Hồi
Cannelle	Quế
Cardamome	Thảo Quả
Coriandre	Rau Mùi
Cumin	Cây thì Là
Curry	Cà Ri
Fenouil	Thì Là
Gingembre	Gừng
Muscade	Nhục đậu Khấu
Oignon	Hành
Paprika	Ớt cựa Gà
Poivre	Tiêu
Réglisse	Cam Thảo
Safran	Nghệ Tây
Saveur	Hương Vị
Sel	Muối
Vanille	Vani

Famille
Gia Đình

Ancêtre	Tổ Tiên
Cousin	Em Họ
Enfance	Thời thơ Ấu
Enfant	Con
Enfants	Trẻ Em
Femme	Vợ
Fille	Con Gái
Frère	Anh Trai
Grand-Mère	Bà
Grand-Père	Ông
Mari	Chồng
Mère	Mẹ
Neveu	Cháu
Nièce	Cháu Gái
Oncle	Chú
Petit-Fils	Cháu Trai
Père	Cha
Soeur	Em Gái
Tante	Dì

Ferme #1
Trang Trại số 1

Abeille	Con Ong
Agriculture	Nông Nghiệp
Âne	Donkey
Bison	Bò Rừng
Champ	Trường
Chat	Con Mèo
Cheval	Ngựa
Chèvre	Dê
Chien	Chó
Clôture	Hàng Rào
Corbeau	Con Quạ
Eau	Nước
Engrais	Phân Bón
Foin	Cỏ Khô
Miel	Mật Ong
Poulet	Gà
Riz	Gạo
Troupeau	Đàn
Vache	Bò
Veau	Bắp Chân

Ferme #2
Trang Trại số 2

Agriculteur	Nông Dân
Animaux	Động Vật
Blé	Lúa Mì
Canard	Vịt
Fruit	Trái Cây
Grange	Vựa
Irrigation	Thủy Lợi
Lait	Sữa
Légume	Rau
Maïs	Ngô
Moulin à Vent	Cối xay Gió
Mouton	Cừu
Mûr	Chín
Nourriture	Thức Ăn
Oies	Ngỗng
Orge	Lúa Mạch
Pré	Đồng Cỏ
Ruche	Tổ Ong
Tracteur	Máy Kéo
Verger	Thẻ

Fleurs
Những Bông Hoa

Bouquet	Bó Hoa
Gardénia	Gardenia
Hibiscus	Dâm Bụt
Jasmin	Jasmine
Lavande	Hoa oải Hương
Lilas	Tử Đinh Hương
Lys	Hoa loa Kèn
Magnolia	Magnolia
Marguerite	Daisy
Orchidée	Phong Lan
Pavot	Poppy
Pétale	Cánh Hoa
Pissenlit	Bồ Công Anh
Pivoine	Hoa mẫu Đơn
Plumeria	Plumeria
Rose	Hoa Hồng
Tournesol	Hướng Dương
Trèfle	Cỏ ba Lá
Tulipe	Lời Khuyên

Force et Gravité
Lực Lượng và Trọng Lực

Axe	Trục
Centre	Trung Tâm
Découverte	Khám Phá
Distance	Khoảng Cách
Dynamique	Năng Động
Expansion	Mở Rộng
Élan	Đà
Friction	Ma Sát
Magnétisme	Từ Tính
Mécanique	Cơ Khí
Mouvement	Cử Động
Orbite	Quỹ Đạo
Physique	Vật Lý
Planètes	Hành Tinh
Poids	Cân Nặng
Pression	Sức Ép
Propriétés	Tính Chất
Temps	Thời Gian
Universel	Phổ
Vitesse	Tốc Độ

Formes
Hình Dạng

Arc	Cung
Bords	Cạnh
Carré	Quảng Trường
Cercle	Vòng Tròn
Coin	Góc
Courbe	Đường Cong
Cône	Nón
Côté	Bên
Cylindre	Hình Trụ
Ellipse	Ellipse
Hyperbole	Hyperbola
Ligne	Hàng
Polygone	Đa Giác
Prisme	Lăng
Pyramide	Kim tự Tháp
Rectangle	Hình chữ Nhật
Rond	Vòng
Sphère	Cầu
Triangle	Tam Giác

Fournitures d'Art
Đồ Dùng Nghệ Thuật

Acrylique	Acrylic
Aquarelles	Màu Nước
Argile	Đất Sét
Brosses	Bàn Chải
Caméra	Máy Ảnh
Chaise	Ghế
Charbon	Than
Chevalet	Easel
Colle	Keo
Couleurs	Màu Sắc
Crayons	Bút Chì
Créativité	Sáng Tạo
Eau	Nước
Encre	Mực
Gomme	Tẩy
Huile	Dầu
Idées	Ý Tưởng
Papier	Giấy
Pastels	Pastels
Table	Bàn

Fruit
Trái Cây

Abricot	Quả Mơ
Ananas	Dứa
Avocat	Trái Bơ
Baie	Quả Mọng
Banane	Chuối
Cerise	Quả anh Đào
Citron	Chanh
Figue	Hình
Framboise	Mâm Xôi
Goyave	Ổi
Kiwi	Quả Kiwi
Mangue	Trái Xoài
Melon	Dưa
Nectarine	Cây Xuân Đào
Orange	Cam
Papaye	Đu Đủ
Pêche	Đào
Poire	Lê
Pomme	Táo
Raisin	Nho

Géographie
Môn địa Lý

Altitude	Độ Cao
Atlas	Atlas
Carte	Bản Đồ
Continent	Lục Địa
Fleuve	Sông
Hémisphère	Bán Cầu
Île	Đảo
Latitude	Vĩ Độ
Mer	Biển
Méridien	Kinh Tuyến
Monde	Thế Giới
Montagne	Núi
Nord	Bắc
Océan	Đại Dương
Ouest	Hướng Tây
Pays	Quốc Gia
Région	Khu Vực
Sud	Phía Nam
Territoire	Lãnh Thổ
Ville	Thành Phố

Géologie
Địa Chất Học

Acide	Axit
Calcium	Calcium
Caverne	Hang Động
Continent	Lục Địa
Corail	San Hô
Couche	Lớp
Cristaux	Tinh Thể
Érosion	Xói Mòn
Fondu	Nóng Chảy
Fossile	Hóa Thạch
Lave	Dung Nham
Minéraux	Khoáng Sản
Pierre	Đá
Plateau	Cao Nguyên
Quartz	Thạch Anh
Sel	Muối
Stalactite	Nhũ Đá
Stalagmites	Măng Đá
Volcan	Núi Lửa
Zone	Vùng

Géométrie
Hình Học

Angle	Góc
Calcul	Tính Toán
Cercle	Vòng Tròn
Courbe	Đường Cong
Diamètre	Đường Kính
Dimension	Kích Thước
Équation	Phương Trình
Hauteur	Chiều Cao
Logique	Hợp Lý
Masse	Khối Lượng
Médian	Trung Bình
Nombre	Số
Parallèle	Song Song
Proportion	Tỷ Lệ
Segment	Khúc
Surface	Bề Mặt
Symétrie	Đối Xứng
Théorie	Học Thuyết
Triangle	Tam Giác
Vertical	Thẳng Đứng

Gouvernement
Chính Quyền

Citoyenneté	Quốc Tịch
Civil	Dân Sự
Constitution	Hiến Pháp
Démocratie	Dân Chủ
Discours	Phát Biểu
Discussion	Thảo Luận
District	Quận
Droits	Quyền
Égalité	Bình Đẳng
État	Tiểu Bang
Indépendance	Độc Lập
Judiciaire	Tư Pháp
Justice	Sự Công Bằng
Liberté	Tự Do
Loi	Luật
Monument	Monument
Nation	Quốc Gia
Paisible	Hòa Bình
Politique	Chính Trị
Symbole	Biểu Tượng

Herboristerie
Chủ Nghĩa Thảo Dược

Ail	Tỏi
Aromatique	Thơm
Basilic	Húng Quế
Bénéfique	Có Lợi
Culinaire	Ẩm Thực
Estragon	Giấm
Fenouil	Thì Là
Fleur	Hoa
Ingrédient	Thành Phần
Jardin	Vườn
Lavande	Hoa oải Hương
Marjolaine	Lá Kinh Giới
Menthe	Bạc Hà
Persil	Mùi Tây
Qualité	Chất Lượng
Romarin	Rosemary
Safran	Nghệ Tây
Saveur	Hương Vị
Thym	Xạ Hương
Vert	Xanh

Ingénierie
Kỹ Thuật

Angle	Góc
Axe	Trục
Calcul	Tính Toán
Construction	Xây Dựng
Diagramme	Sơ Đồ
Diamètre	Đường Kính
Diesel	Diesel
Distribution	Phân Phối
Engrenages	Bánh Răng
Énergie	Năng Lượng
Force	Sức Mạnh
Liquide	Chất Lỏng
Machine	Máy
Mesure	Đo
Moteur	Động Cơ
Profondeur	Độ Sâu
Propulsion	Đẩy
Rotation	Xoay
Stabilité	Ổn Định
Structure	Kết Cấu

Instruments de Musique
Nhạc Cụ

Banjo	Bass
Basson	Dàn Nhạc
Carillons	Chuông
Clarinette	Clarinet
Flûte	Sáo
Gong	Chiêng
Guitare	Đàn ghi Ta
Harmonica	Harmonica
Harpe	Đàn Hạc
Mandoline	Mandolin
Marimba	Marimba
Percussion	Gõ
Piano	Dương Cầm
Saxophone	Saxophone
Tambour	Trống
Tambourin	Lục Lạc
Trombone	Trombone
Trompette	Kèn
Violon	Đàn vi ô Lông
Violoncelle	Cello

Jardin
Khu Vườn

Arbre	Cây
Banc	Băng Ghế
Buisson	Bụi Cây
Clôture	Hàng Rào
Étang	Ao
Fleur	Hoa
Garage	Ga-Ra
Hamac	Võng
Herbe	Cỏ
Jardin	Vườn
Mauvaises Herbes	Weeds
Pelle	Xẻng
Porche	Hiên
Râteau	Cào
Roches	Đá
Sol	Đất
Terrasse	Sân Thượng
Trampoline	Tấm Bạt
Tuyau	Vòi
Verger	Thẻ

Jazz
Nhạc Jazz

Accent	Nhấn Mạnh
Album	Album
Artiste	Nghệ Sĩ
Célèbre	Nổi Danh
Chanson	Bài Hát
Compositeur	Nhà Soạn Nhạc
Composition	Thành Phần
Concert	Buổi hòa Nhạc
Favoris	Yêu Thích
Genre	Thể Loại
Improvisation	Hứng
Musique	Âm Nhạc
Nouveau	Mới
Orchestre	Dàn Nhạc
Rythme	Nhịp
Style	Phong Cách
Talent	Tài Năng
Tambours	Trống
Technique	Kỹ Thuật
Vieux	Cũ

Jours et Mois
Ngày và Tháng

Année	Năm
Août	Ngày
Avril	Tháng Tư
Calendrier	Lịch
Décembre	Tháng 12
Dimanche	Chủ Nhật
Février	Tháng Hai
Janvier	Tháng Một
Jeudi	Thứ Năm
Juillet	Tháng Bảy
Juin	Tháng Sáu
Lundi	Thứ Hai
Mardi	Thứ Ba
Mercredi	Thứ Tư
Mois	Tháng
Octobre	Tháng Mười
Samedi	Thứ Bảy
Semaine	Tuần
Septembre	Tháng 9
Vendredi	Thứ Sáu

L'Entreprise
Các Công Ty

Affaires	Kinh Doanh
Créatif	Sáng Tạo
Décision	Quyết Định
Emploi	Việc Làm
Global	Toàn Cầu
Industrie	Công Nghiệp
Investissement	Đầu Tư
Possibilité	Khả Năng
Présentation	Trình Bày
Produit	Sản Phẩm
Professionnel	Chuyên Nghiệp
Progrès	Tiến Bộ
Qualité	Chất Lượng
Ressources	Tài Nguyên
Revenu	Doanh Thu
Réputation	Danh Tiếng
Risques	Rủi Ro
Salaire	Tiền Lương
Tendances	Xu Hướng
Unités	Đơn Vị

Les Abeilles
Những con Ong

Ailes	Cánh
Bénéfique	Có Lợi
Cire	Sáp
Diversité	Đa Dạng
Essaim	Họp Lại
Écosystème	Hệ Sinh Thái
Fleurs	Hoa
Fruit	Trái Cây
Fumée	Khói
Insecte	Côn Trùng
Jardin	Vườn
Miel	Mật Ong
Nourriture	Thức Ăn
Plantes	Cây
Pollen	Phấn Hoa
Pollinisateur	Thụ Phấn
Reine	Nữ Hoàng
Ruche	Hive
Soleil	Mặt Trời

Les Médias
Các Phương Tiện Truyền T

Attitudes	Thái Độ
Commercial	Thương Mại
Communication	Liên Lạc
En Ligne	Trực Tuyến
Édition	Phiên Bản
Éducation	Giáo Dục
Faits	Sự Thật
Financement	Kinh Phí
Images	Hình Ảnh
Individuel	Cá Nhân
Industrie	Công Nghiệp
Intellectuel	Trí Tuệ
Journaux	Báo
Local	Địa Phương
Numérique	Kỹ Thuật Số
Opinion	Ý Kiến
Photos	Ảnh
Public	Công Cộng
Radio	Đài
Réseau	Mạng

Légumes
Rau Củ

Ail	Tỏi
Algue	Rong Biển
Artichaut	Atisô
Aubergine	Cà Tím
Brocoli	Bông cải Xanh
Carotte	Cà Rốt
Céleri	Cần Tây
Champignon	Nấm
Citrouille	Quả bí Ngô
Concombre	Dưa Chuột
Échalote	Củ Hẹ
Épinard	Rau Bina
Gingembre	Gừng
Navet	Củ Cải
Oignon	Hành
Olive	Ô Liu
Persil	Mùi Tây
Pois	Đậu
Salade	Salad
Tomate	Cà Chua

Littérature
Văn Học

Analogie	Tương Tự
Analyse	Phân Tích
Anecdote	Giai Thoại
Auteur	Tác Giả
Biographie	Tiểu Sử
Comparaison	So Sánh
Conclusion	Phần kết Luận
Description	Sự Miêu Tả
Dialogue	Hội Thoại
Fiction	Viễn Tưởng
Métaphore	Ẩn Dụ
Opinion	Ý Kiến
Poème	Bài Thơ
Poétique	Thơ
Rime	Vần
Roman	Tiểu Thuyết
Rythme	Nhịp
Style	Phong Cách
Thème	Chủ Đề
Tragédie	Bi Kịch

Livres
Sách

Auteur	Tác Giả
Collection	Bộ sưu Tập
Contexte	Bối Cảnh
Dualité	Kéo Dài
Écrit	Viết
Histoire	Câu Chuyện
Historique	Lịch Sử
Humoristique	Hài Hước
Immersion	Ngâm
Inventif	Sáng Tạo
Lecteur	Người Đọc
Littéraire	Văn Học
Mots	Từ
Page	Trang
Pertinent	Có Liên Quan
Poème	Bài Thơ
Poésie	Thơ
Roman	Tiểu Thuyết
Série	Loạt
Tragique	Bi Kịch

Maison
Nhà Ở

Balai	Chổi
Bibliothèque	Thư Viện
Chambre	Phòng
Cheminée	Lò Sưởi
Clés	Chìa Khóa
Clôture	Hàng Rào
Cuisine	Nhà Bếp
Douche	Vòi hoa Sen
Fenêtre	Cửa Sổ
Garage	Ga-Ra
Grenier	Gác Xép
Jardin	Vườn
Lampe	Đèn
Miroir	Gương
Mur	Tường
Plafond	Trần
Porte	Cửa
Rideaux	Rèm Cửa
Tapis	Thảm
Toit	Mái Nhà

Maladie
Bệnh

Abdominal	Bụng
Allergies	Dị Ứng
Bactérien	Vi Khuẩn
Chronique	Mãn Tính
Contagieux	Lây Nhiễm
Corps	Cơ Thể
Cœur	Tim
Faible	Yếu
Guérison	Chữa Bệnh
Héréditaire	Di Truyền
Immunité	Miễn Dịch
Inflammation	Viêm
Lombaire	Thắt Lưng
Os	Xương
Pulmonaire	Phổi
Respiratoire	Hô Hấp
Santé	Sức Khỏe
Sinus	Xoang
Syndrome	Hội Chứng
Thérapie	Trị Liệu

Mammifères
Động vật có Vú

Baleine	Cá Voi
Chat	Con Mèo
Cheval	Ngựa
Chien	Chó
Coyote	Coyote
Dauphin	Cá Heo
Éléphant	Con Voi
Girafe	Hươu cao Cổ
Gorille	Khỉ Đột
Kangourou	Kangaroo
Lapin	Thỏ
Lion	Sư Tử
Loup	Chó Sói
Mouton	Cừu
Ours	Gấu
Renard	Cáo
Singe	Khỉ
Taureau	Bò Đực
Tigre	Con Hổ
Zèbre	Ngựa Vằn

Mathématiques
Toán Học

Angles	Góc
Arithmétique	Số Học
Carré	Quảng Trường
Décimal	Thập Phân
Diamètre	Đường Kính
Exposant	Mũ
Équation	Phương Trình
Fraction	Phân Số
Géométrie	Hình Học
Parallèle	Song Song
Perpendiculaire	Vuông Góc
Périmètre	Chu Vi
Polygone	Đa Giác
Rayon	Bán Kính
Rectangle	Hình chữ Nhật
Somme	Tổng
Sphère	Cầu
Symétrie	Đối Xứng
Triangle	Tam Giác
Volume	Âm Lượng

Mesures
Các Phép Đo

Centimètre	Centimet
Degré	Trình Độ
Décimal	Thập Phân
Gramme	Gram
Hauteur	Chiều Cao
Kilogramme	Kilôgam
Kilomètre	Kilômét
Largeur	Chiều Rộng
Litre	Lít
Longueur	Chiều Dài
Masse	Khối Lượng
Mètre	Mét
Minute	Phút
Octet	Byte
Once	Ounce
Poids	Cân Nặng
Pouce	Inch
Profondeur	Độ Sâu
Tonne	Tấn
Volume	Âm Lượng

Méditation
Thiền

Acceptation	Chấp Nhận
Attention	Chú Ý
Calme	Lặng
Clarté	Rõ Ràng
Compassion	Thương Hại
Esprit	Lí Trí
Émotions	Cảm Xúc
Gentillesse	Lòng Tốt
Gratitude	Lòng Biết Ơn
Habitudes	Thói Quen
Mental	Tâm Thần
Mouvement	Phong Trào
Musique	Âm Nhạc
Nature	Thiên Nhiên
Observation	Quan Sát
Paix	Hòa Bình
Perspective	Quan Điểm
Posture	Tư Thế
Respiration	Thở
Silence	Im Lặng

Météo
Thời Tiết

Arc-En-Ciel	Cầu Vồng
Atmosphère	Không Khí
Brouillard	Sương Mù
Ciel	Bầu Trời
Climat	Khí Hậu
Glace	Nước Đá
Humide	Ẩm Ướt
Inondation	Lũ Lụt
Mousson	Gió Mùa
Nuage	Đám Mây
Ouragan	Cơn Bão
Polaire	Cực
Sec	Khô
Sécheresse	Hạn Hán
Température	Nhiệt Độ
Tempête	Bão Táp
Tonnerre	Sấm Sét
Tornade	Lốc Xoáy
Tropical	Nhiệt Đới
Vent	Gió

Mode
Thời Trang

Abordable	Phải Chăng
Boutique	Cửa Hàng
Boutons	Nút
Broderie	Nghề Thêu
Cher	Đắt
Dentelle	Ren
Élégant	Thanh Lịch
Minimaliste	Tối Giản
Moderne	Hiện Đại
Modeste	Khiêm Tốn
Modèle	Mẫu
Original	Gốc
Pratique	Thực Tế
Simple	Đơn Giản
Sophistiqué	Tinh Vi
Style	Phong Cách
Tendance	Xu Hướng
Texture	Kết Cấu
Tissu	Vải
Vêtements	Quần Áo

Musique
Âm Nhạc

Album	Album
Ballade	Ballad
Chanter	Hát
Chanteur	Ca Sĩ
Classique	Cổ Điển
Enregistrement	Ghi Âm
Harmonie	Hòa Hợp
Improviser	Ứng Biến
Instrument	Dụng Cụ
Lyrique	Trữ Tình
Mélodie	Giai Điệu
Microphone	Microphone
Musical	Âm Nhạc
Musicien	Nhạc Sĩ
Opéra	Opera
Poétique	Thơ
Rythme	Nhịp
Rythmique	Nhịp Nhàng
Tempo	Tiến Độ
Vocal	Giọng Hát

Mythologie
Thần Thoại

Archétype	Nguyên Mẫu
Catastrophe	Thảm Họa
Comportement	Hành Vi
Création	Sáng Tạo
Créature	Sinh Vật
Croyances	Niềm Tin
Culture	Văn Hoá
Éclair	Sét
Force	Sức Mạnh
Guerrier	Chiến Binh
Héros	Anh Hùng
Immortalité	Sự bất Tử
Jalousie	Ghen
Labyrinthe	Mê Cung
Légende	Truyền Thuyết
Magique	Huyền Diệu
Monstre	Quái Vật
Mortel	Có Chết
Tonnerre	Sấm
Vengeance	Trả Thù

Nature
Thiên Nhiên

Abeilles	Ong
Animaux	Động Vật
Arctique	Bắc Cực
Beauté	Vẻ Đẹp
Brouillard	Sương Mù
Désert	Sa Mạc
Dynamique	Năng Động
Érosion	Xói Mòn
Feuillage	Lá
Fleuve	Sông
Forêt	Rừng
Glacier	Sông Băng
Montagnes	Núi
Nuage	Đám Mây
Paisible	Hòa Bình
Sanctuaire	Thánh
Sauvage	Hoang Dã
Serein	Serene
Tropical	Nhiệt Đới
Vital	Quan Trọng

Nombres
Con Số

Cinq	Năm
Deux	Hai
Décimal	Thập Phân
Dix	Mười
Dix-Huit	Mười Tám
Dix-Neuf	Mười Chín
Dix-Sept	Mười Bảy
Douze	Mười Hai
Huit	Tám
Neuf	Chín
Quatorze	Mười Bốn
Quatre	Bốn
Quinze	Mười Lăm
Seize	Mười Sáu
Sept	Bảy
Six	Sáu
Treize	Mười Ba
Trois	Ba
Vingt	Hai Mươi
Zéro	Số Không

Nourriture #1
Thực Phẩm #1

Ail	Tỏi
Basilic	Húng Quế
Café	Cà Phê
Cannelle	Quế
Carotte	Cà Rốt
Citron	Chanh
Épinard	Rau Bina
Fraise	Dâu Tây
Jus	Nước Ép
Lait	Sữa
Navet	Củ Cải
Oignon	Hành
Orge	Lúa Mạch
Poire	Lê
Salade	Salad
Sel	Muối
Soupe	Súp
Sucre	Đường
Thon	Cá Ngừ
Viande	Thịt

Nourriture #2
Thực Phẩm #2

Amande	Hạnh Nhân
Aubergine	Cà Tím
Banane	Chuối
Blé	Lúa Mì
Brocoli	Bông cải Xanh
Cerise	Quả anh Đào
Céleri	Cần Tây
Champignon	Nấm
Chocolat	Sô cô La
Jambon	Giăm Bông
Kiwi	Quả Kiwi
Mangue	Trái Xoài
Oeuf	Trứng
Pain	Bánh Mì
Poisson	Cá
Pomme	Táo
Poulet	Gà
Raisin	Nho
Riz	Gạo
Tomate	Cà Chua

Nutrition
Dinh Dưỡng

Amer	Đắng
Appétit	Ngon
Calories	Calo
Comestible	Ăn Được
Diète	Ăn Kiêng
Digestion	Tiêu Hóa
Épices	Gia Vị
Équilibré	Cân Bằng
Fermentation	Lên Men
Glucides	Carbohydrate
Liquides	Chất Lỏng
Poids	Cân Nặng
Protéines	Protein
Qualité	Chất Lượng
Sain	Khỏe Mạnh
Santé	Sức Khỏe
Sauce	Nước Xốt
Saveur	Hương Vị
Toxine	Độc Tố
Vitamine	Vitamin

Océan
Đại Dương

Anguille	Lươn
Baleine	Cá Voi
Bateau	Thuyền
Corail	San Hô
Crabe	Cua
Crevette	Tôm
Dauphin	Cá Heo
Éponge	Bọt Biển
Huître	Hàu
Marées	Thủy Triều
Méduse	Sứa
Poisson	Cá
Poulpe	Bạch Tuộc
Requin	Cá Mập
Récif	Trả Lại
Sel	Muối
Tempête	Bão Táp
Thon	Cá Ngừ
Tortue	Rùa
Vagues	Sóng

Oiseaux
Chim

Aigle	Đại Bàng
Autruche	Đà Điểu
Canard	Vịt
Cigogne	Cò
Colombe	Yêu
Corbeau	Con Quạ
Coucou	Chim Cu
Cygne	Thiên Nga
Héron	Diệc
Manchot	Chim Cánh Cụt
Moineau	Chim Sẻ
Mouette	Mòng Biển
Oeuf	Trứng
Oie	Ngỗng
Paon	Công
Perroquet	Con Vẹt
Pélican	Bồ Nông
Pigeon	Chim bồ Câu
Poulet	Gà
Toucan	Toucan

Pays #1
Quốc gia số 1

Afghanistan	Afghanistan
Allemagne	Đức
Argentine	Argentina
Brésil	Brazil
Canada	Canada
Espagne	Tây ban Nha
Équateur	Ecuador
Finlande	Phần Lan
Inde	Ấn Độ
Israël	Israel
Libye	Libya
Mali	Mali
Maroc	Morocco
Nicaragua	Nicaragua
Norvège	Na Uy
Panama	Panama
Philippines	Philippines
Pologne	Ba Lan
Roumanie	Romania
Venezuela	Venezuela

Pays #2
Quốc gia # 2

Albanie	Albania
Chine	Trung Quốc
Danemark	Đan Mạch
France	Pháp
Haïti	Haiti
Indonésie	Indonesia
Irlande	Ireland
Jamaïque	Jamaica
Japon	Nhật Bản
Kenya	Kenya
Laos	Lào
Liban	Lebanon
Mexique	Mexico
Ouganda	Uganda
Pakistan	Pakistan
Russie	Nga
Somalie	Somalia
Soudan	Sudan
Syrie	Syria
Ukraine	Ukraina

Paysages
Phong Cảnh

Cascade	Thác Nước
Colline	Đồi
Désert	Sa Mạc
Estuaire	Cửa Sông
Fleuve	Sông
Glacier	Sông Băng
Golfe	Vịnh
Grotte	Hang
Île	Đảo
Lac	Hồ
Marais	Đầm Lầy
Mer	Biển
Montagne	Núi
Oasis	Ốc Đảo
Océan	Đại Dương
Péninsule	Bán Đảo
Plage	Bãi Biển
Toundra	Lãnh Nguyên
Vallée	Thung Lũng
Volcan	Núi Lửa

Philanthropie
Hoạt Động từ Thiện

Besoin	Cần
Buts	Mục Tiêu
Charité	Từ Thiện
Communauté	Cộng Đồng
Contacts	Liên Lạc
Enfants	Trẻ Em
Finance	Tài Chính
Fonds	Quỹ
Gens	Người
Générosité	Thế Hệ
Global	Toàn Cầu
Groupes	Nhóm
Histoire	Lịch Sử
Honnêteté	Trung Thực
Humanité	Nhân Loại
Jeunesse	Thanh Niên
Mission	Nhiệm Vụ
Programmes	Chương Trình
Public	Công Cộng

Physique
Vật Lý

Accélération	Gia Tốc
Atome	Nguyên Tử
Chaos	Hỗn Loạn
Chimique	Hóa Chất
Densité	Mật Độ
Expansion	Mở Rộng
Électron	Điện Tử
Formule	Công Thức
Fréquence	Tần Số
Gaz	Khí
Gravité	Trọng Lực
Magnétisme	Từ Tính
Masse	Khối Lượng
Mécanique	Cơ Khí
Molécule	Phân Tử
Moteur	Động Cơ
Nucléaire	Hạt Nhân
Particule	Hạt
Universel	Phổ
Vitesse	Tốc Độ

Plage
Trên bãi Biển,

Bateau	Thuyền
Bleu	Màu Xanh
Coquilles	Vỏ
Côte	Bờ Biển
Crabe	Cua
Dock	Dock
Île	Đảo
Lagune	Đầm
Mer	Biển
Océan	Đại Dương
Parapluie	Ô
Récif	Trả Lại
Sable	Cát
Sandales	Dép
Serviette	Khăn
Soleil	Mặt Trời
Vacances	Kỳ Nghỉ
Voilier	Thuyền Buồm

Plantes
Cây

Arbre	Cây
Baie	Quả Mọng
Bambou	Tre
Botanique	Thực vật Học
Buisson	Bụi Cây
Cactus	Xương Rồng
Engrais	Phân Bón
Feuillage	Lá
Fleur	Hoa
Flore	Flora
Forêt	Rừng
Grandir	Lớn Lên
Haricot	Hạt Đậu
Herbe	Cỏ
Jardin	Vườn
Lierre	Ivy
Mousse	Rêu
Pétale	Cánh Hoa
Racine	Nguồn Gốc
Végétation	Thực Vật

Professions #1
Nghề Nghiệp số 1

Ambassadeur	Đại Sứ
Artiste	Nghệ Sĩ
Avocat	Luật Sư
Banquier	Ngân Hàng
Bijoutier	Jeweler
Chasseur	Thợ Săn
Comptable	Kế Toán
Danseur	Vũ Công
Éditeur	Biên tập Viên
Géologue	Nhà địa Chất
Infirmière	Y Tá
Marin	Thủy Thủ
Médecin	Bác Sĩ
Musicien	Nhạc Sĩ
Pianiste	Nghệ sĩ Piano
Plombier	Plumber
Pompier	Lính cứu Hỏa
Scientifique	Nhà Khoa Học
Tailleur	Thợ May
Vétérinaire	Bác sĩ thú Y

Professions #2
Nghề Nghiệp số 2

Agriculteur	Nông Dân
Astronaute	Phi Hành Gia
Bibliothécaire	Thủ Thư
Chimiste	Nhà hóa Học
Dentiste	Nha Sĩ
Détective	Thám Tử
Enseignant	Giáo Viên
Éditeur	Nhà Xuất Bản
Illustrateur	Hoạ
Ingénieur	Kỹ Sư
Journaliste	Nhà Báo
Linguiste	Nhà Ngôn Ngữ
Médecin	Bác Sĩ
Peintre	Họa Sĩ
Philosophe	Triết Gia
Photographe	Nhiếp ảnh Gia
Pilote	Phi Công
Politicien	Chính trị Gia
Professeur	Giáo Sư

Psychologie
Tâm lý Học

Clinique	Lâm Sàng
Comportement	Hành Vi
Conflit	Xung Đột
Ego	Cái Tôi
Enfance	Thời thơ Ấu
Expériences	Kinh Nghiệm
Émotions	Cảm Xúc
Évaluation	Đánh Giá
Idées	Ý Tưởng
Inconscient	Bất Tỉnh
Pensées	Suy Nghĩ
Perception	Nhận Thức
Personnalité	Cá Tính
Problème	Vấn Đề
Rendez-Vous	Cuộc Hẹn
Réalité	Thực Tế
Rêves	Giấc Mơ
Sensation	Cảm Giác
Subconscient	Tiềm Thức
Thérapie	Trị Liệu

Randonnée
Đi bộ Đường Dài

Animaux	Động Vật
Bottes	Giày Ống
Camping	Cắm Trại
Carte	Bản Đồ
Climat	Khí Hậu
Dangers	Mối Nguy Hiểm
Eau	Nước
Falaise	Vách Đá
Fatigué	Mệt
Guides	Hướng Dẫn
Lourd	Nặng
Météo	Thời Tiết
Montagne	Núi
Nature	Thiên Nhiên
Orientation	Sự Định Hướng
Parcs	Công Viên
Pierres	Đá
Préparation	Chuẩn Bị
Sauvage	Hoang Dã
Soleil	Mặt Trời

Restaurant #2
Nhà Hàng số 2

Boisson	Đồ Uống
Chaise	Ghế
Cuillère	Cái Thìa
Déjeuner	Bữa Trưa
Délicieux	Ngon
Dîner	Bữa Tối
Eau	Nước
Épices	Gia Vị
Fourchette	Cái Nĩa
Fruit	Trái Cây
Gâteau	Bánh
Glace	Băng
Légumes	Rau
Nouilles	Mì
Oeuf	Trứng
Poisson	Cá
Salade	Salad
Sel	Muối
Serveur	Phục vụ Nam
Soupe	Súp

Réchauffement Climatique
Sự Nóng lên Toàn Cầu

Arctique	Bắc Cực
Attention	Chú Ý
Changements	Thay Đổi
Climat	Khí Hậu
Crise	Khủng Hoảng
Développement	Phát Triển
Données	Dữ Liệu
Environnemental	Môi Trường
Énergie	Năng Lượng
Futur	Tương Lai
Gaz	Khí
Générations	Các thế Hệ
Gouvernement	Chính Phủ
Industrie	Công Nghiệp
International	Quốc Tế
Législation	Pháp Luật
Maintenant	Bây Giờ
Populations	Dân
Scientifique	Nhà Khoa Học
Températures	Nhiệt Độ

Santé et Bien-Être #1
Sức Khỏe và sức Khỏe # 1

Actif	Hoạt Động
Bactéries	Vi Khuẩn
Blessure	Chấn Thương
Faim	Đói
Fracture	Gãy Xương
Habitude	Thói Quen
Hauteur	Chiều Cao
Hormone	Kích Thích Tố
Médecin	Bác Sĩ
Médicament	Thuốc
Muscles	Cơ Bắp
Os	Xương
Peau	Da
Pharmacie	Tiệm Thuốc
Posture	Tư Thế
Relaxation	Thư Giãn
Réflexe	Phản Xạ
Thérapie	Trị Liệu
Traitement	Điều Trị
Virus	Vi Rút

Santé et Bien-Être #2
Sức Khỏe và sức Khỏe # 2

Allergie	Dị Ứng
Anatomie	Giải Phẫu Học
Appétit	Ngon
Calorie	Calo
Corps	Cơ Thể
Déshydratation	Mất Nước
Énergie	Năng Lượng
Génétique	Di Truyền
Hôpital	Bệnh Viện
Hygiène	Vệ Sinh
Infection	Nhiễm Trùng
Maladie	Bệnh
Massage	Xoa Bóp
Nutrition	Dinh Dưỡng
Poids	Cân Nặng
Récupération	Phục Hồi
Sain	Khỏe Mạnh
Sang	Máu
Stress	Căng Thẳng
Vitamine	Vitamin

Science
Khoa Học

Atome	Nguyên Tử
Chimique	Hóa Chất
Climat	Khí Hậu
Données	Dữ Liệu
Expérience	Thí Nghiệm
Évolution	Tiến Hóa
Fait	Thực Tế
Fossile	Hóa Thạch
Gravité	Trọng Lực
Hypothèse	Giả Thuyết
Méthode	Phương Pháp
Minéraux	Khoáng Sản
Molécules	Phân Tử
Nature	Thiên Nhiên
Observation	Quan Sát
Particules	Hạt
Physique	Vật Lý
Plantes	Cây
Scientifique	Nhà Khoa Học

Science-Fiction
Khoa học Viễn Tưởng

Atomique	Nguyên Tử
Dystopie	Dystopia
Explosion	Nổ
Extrême	Cực
Fantastique	Tuyệt Vời
Feu	Lửa
Futuriste	Tương Lai
Galaxie	Thiên Hà
Illusion	Ảo Giác
Imaginaire	Tưởng Tượng
Livres	Sách
Lointain	Xa Xôi
Monde	Thế Giới
Mystérieux	Bí Ẩn
Oracle	Oracle
Planète	Hành Tinh
Réaliste	Thực Tế
Scénario	Kịch Bản
Technologie	Công Nghệ
Utopie	Utopia

Technologie
Công Nghệ

Affichage	Trưng Bày
Blog	Blog
Caméra	Máy Ảnh
Curseur	Con Trỏ
Données	Dữ Liệu
Écran	Màn
Fichier	Tập Tin
Internet	Internet
Logiciel	Phần Mềm
Message	Thông Điệp
Navigateur	Trình Duyệt
Numérique	Kỹ Thuật Số
Octets	Nội
Ordinateur	Máy Tính
Police	Chữ
Recherche	Nghiên Cứu
Sécurité	An Ninh
Statistiques	Thống Kê
Virtuel	Ảo
Virus	Vi Rút

Temps
Thời Gian

Année	Năm
Annuel	Hàng Năm
Après	Sau
Avant	Trước
Bientôt	Sớm
Calendrier	Lịch
Décennie	Thập Kỷ
Futur	Tương Lai
Heure	Giờ
Hier	Hôm Qua
Horloge	Đồng Hồ
Jour	Ngày
Maintenant	Bây Giờ
Matin	Buổi Sáng
Midi	Buổi Trưa
Minute	Phút
Mois	Tháng
Nuit	Đêm
Semaine	Tuần
Siècle	Thế Kỷ

Types de Cheveux
Các Loại Tóc

Argent	Bạc
Blanc	Trắng
Blond	Tóc Vàng
Boucles	Curls
Brillant	Sáng Bóng
Chauve	Hói
Coloré	Màu
Court	Ngắn
Doux	Mềm
Épais	Dày
Frisé	Xoăn
Gris	Màu Xám
Long	Dài
Marron	Màu Nâu
Mince	Mỏng
Noir	Đen
Sain	Khỏe Mạnh
Sec	Khô
Tresses	Braids
Tressé	Bện

Vacances #2
Kỳ Nghỉ số 2

Aéroport	Sân Bay
Camping	Cắm Trại
Carte	Bản Đồ
Destination	Điểm Đến
Étranger	Ngoại Quốc
Hôtel	Khách Sạn
Île	Đảo
Loisir	Giải Trí
Mer	Biển
Montagnes	Núi
Passeport	Hộ Chiếu
Photos	Ảnh
Plage	Bãi Biển
Taxi	Xe tắc Xi
Tente	Lều
Train	Xe Lửa
Transport	Vận Chuyển
Vacances	Ngày Lễ
Visa	Thị Thực
Voyage	Hành Trình

Vertus #1
Đức Hạnh số 1

Artistique	Nghệ Thuật
Bon	Tốt
Charmant	Quyến Rũ
Curieux	Tò Mò
Décisif	Quyết Định
Drôle	Buồn Cười
Efficace	Hiệu Quả
Fiable	Đáng tin Cậy
Généreux	Rộng Lượng
Imaginatif	Tưởng Tượng
Indépendant	Độc Lập
Intelligent	Thông Minh
Modeste	Khiêm Tốn
Passionné	Đam Mê
Patient	Kiên Nhẫn
Pratique	Thực Tế
Propre	Dọn Dẹp
Sage	Khôn Ngoan
Utile	Hữu Ích

Véhicules
Xe Cộ

Ambulance	Xe cứu Thương
Avion	Máy Bay
Bateau	Thuyền
Bus	Xe Buýt
Camion	Xe Tải
Caravane	Caravan
Ferry	Phà
Fusée	Tên Lửa
Métro	Xe Điện Ngầm
Moteur	Động Cơ
Pneus	Lốp
Radeau	Bè
Scooter	Xe tay Ga
Sous-Marin	Tàu Ngầm
Taxi	Xe tắc Xi
Tracteur	Máy Kéo
Train	Xe Lửa
Van	Van
Vélo	Xe Đạp
Voiture	Xe Hơi

Vêtements
Quần Áo

Bijoux	Trang Sức
Bracelet	Vòng Tay
Ceinture	Thắt Lưng
Chapeau	Mũ
Chaussure	Giày
Chemise	Áo sơ Mi
Chemisier	Áo Cánh
Collier	Vòng Cổ
Foulard	Khăn Quàng Cổ
Gants	Găng Tay
Jeans	Quần Jean
Jupe	Váy
Mode	Thời Trang
Pantalon	Quần
Pull	Áo Len
Pyjama	Pajama
Robe	Ăn
Sandales	Dép
Tablier	Tạp Dề
Veste	Áo Khoác

Félicitations

Vous avez réussi !

Nous espérons que vous avez apprécié ce livre autant que nous avons pris plaisir à le concevoir. Nous faisons de notre mieux pour créer des livres de la meilleure qualité possible.
Cette édition est conçue pour permettre un apprentissage intelligent et de qualité en se divertissant !

Vous avez aimé ce livre ?

Une Simple Demande

Nos livres existent grâce aux avis que vous publiez. Pourriez-vous nous aider en laissant un avis maintenant ?

Voici un lien rapide qui vous mènera à votre
page d'évaluation de vos commandes :

BestBooksActivity.com/Avis50

CHALLENGE FINAL !

Défi n°1

Êtes-vous prêt pour votre jeu bonus ? Nous les utilisons tout le temps mais ils ne sont pas si faciles à trouver. Voici les **Synonymes** !

Notez 5 mots que vous avez trouvés dans les puzzles notés ci-dessous (n°21, n°36, n°76) et essayez de trouver 2 synonymes pour chaque mot.

Notez 5 Mots du *Puzzle 21*

Mots	Synonyme 1	Synonyme 2

Notez 5 Mots du *Puzzle 36*

Mots	Synonyme 1	Synonyme 2

Notez 5 Mots du *Puzzle 76*

Mots	Synonyme 1	Synonyme 2

Défi n°2

Maintenant que vous vous êtes échauffé, notez 5 mots que vous avez découverts dans les Puzzles n° 9, n° 17, n° 25 et essayez de trouver 2 antonymes pour chaque mot. Combien pouvez-vous en trouver en 20 minutes ?

Notez 5 Mots du **Puzzle 9**

Mots	Antonyme 1	Antonyme 2

Notez 5 Mots du **Puzzle 17**

Mots	Antonyme 1	Antonyme 2

Notez 5 Mots du **Puzzle 25**

Mots	Antonyme 1	Antonyme 2

Défi n°3

Formidable ! Ce défi final  n'est rien pour vous.

Prêt pour le dernier défi ? Choisissez 10 mots que vous avez découverts parmi les différents puzzles et notez-les ci-dessous.

1.	6.
2.	7.
3.	8.
4.	9.
5.	10.

Maintenant, composez un texte en pensant à une personne, un animal ou un lieu que vous aimez !

Astuce: Vous pouvez utiliser la dernière page de ce livre comme brouillon !

Votre Composition :

CARNET DE NOTES :

À TRÈS BIENTÔT !

Toute l'équipe

5 ASTUCES POUR DÉMARRER !

1) COMMENT RÉSOUDRE LES MOTS MÊLÉS

Les puzzles sont dans un format classique :

- Les mots sont cachés sans espaces, tirets, ...
- Orientation : Les mots peuvent être écrits en avant, en arrière, vers le haut, vers le bas ou en diagonale (ils peuvent être inversés).
- Les mots peuvent se chevaucher ou se croiser.

2) UN APPRENTISSAGE ACTIF

Un espace est prévu à côté de chaque mots pour noter la traduction. Pour favoriser un apprentissage actif un **DICTIONNAIRE** à la fin de cette édition vous permettra de vérifier et étendre vos connaissances. Cherchez et notez les traductions, trouvez-les dans le Puzzle et ajoutez-les à votre vocabulaire !

3) MARQUEZ LES MOTS

Vous pouvez inventer votre propre système de marquage. Peut-être en utilisez-vous déjà un ? Sinon, vous pourriez, par exemple, marquer les mots qui ont été difficiles à trouver d'une croix, ceux que vous avez aimés d'une étoile, les mots nouveaux d'un triangle, les mots rares d'un diamant, etc...

4) STRUCTUREZ VOTRE APPRENTISSAGE

Cette édition vous offre un **CARNET DE NOTES** très pratique à la fin du livre. En vacances ou en voyage ou à la maison, vous pouvez facilement organiser vos nouvelles connaissances sans avoir besoin d'un second bloc-notes !

5) VOUS AVEZ FINI TOUTES LES GRILLES ?

Allez à la section bonus **CHALLENGE FINAL** pour trouver un jeu gratuit à la fin de cette édition !

Simple et Rapide ! Découvrez notre collection de livres d'activités pour votre prochain moment de détente et **d'apprentissage**, à juste un clic de distance !

Trouvez votre prochain défi sur :

BestActivityBooks.com/MonProchainLivre

À vos marques, prêts... Partez !

Saviez-vous qu'il existe environ 7 000 langues différentes dans le monde ? Les mots sont précieux.

Nous aimons les langues et avons travaillé dur pour créer les livres de la plus haute qualité pour vous. Nos ingrédients ?

Une sélection des thématiques d'apprentissage adaptée, trois belles parts de divertissement, puis nous ajoutons une cuillère de mots difficiles et une pincée de mots rares. Nous les servons avec soin et un maximum de plaisir pour vous permettre de résoudre les meilleurs jeux de mots mêlés qui soient et d'apprendre en vous amusant !

Votre avis est essentiel. Vous pouvez participer activement au succès de ce livre en nous laissant un commentaire. Nous aimerions vraiment savoir ce que vous avez préféré dans cette édition !

Voici un lien rapide qui vous mènera à la page d'évaluation de vos commandes :

BestBooksActivity.com/Avis50

Merci pour votre aide et amusez-vous bien !

De la part de toute l'équipe

1 - Adjectifs #2

```
K I L Ã Q G P L O O A A V T P N
Ả T Ô M D D U O R Q P N M H A D
Y Ậ O Ạ T G N Á S P I Ă M A O H
R H G N Ặ M N Ầ U H T N Ớ N L U
I T T H N M Ê A O Y Ự G I H L B
C B T N H L I Q O Ô H K G L Q R
N B M Ạ B U H A B H À H B Ị B B
O D A M L L N A T G O I N C U B
Q R K E Ạ T Ự D G V L Ế L H Ồ B
G P N Ở T N T V G K C U A Y N C
K L M H P P H Y V H K Ị C H N M
P I A K K Q Q M L V U K V Q G N
H Q K M À U M Ỡ Ẽ G U B H Ú Ủ I
M A I N Ổ I D A N H G I I D H N
C P M Q V M P A O L T V U Y D T
C Y T K L A V M N U V Q H Q U O
```

THẬT	TỰ NHIÊN
NỔI DANH	MỚI
SÁNG TẠO	MÀU MỠ
MÔ TẢ	MẠNH MẼ
NĂNG KHIẾU	THUẦN
KỊCH	KHỎE MẠNH
THANH LỊCH	MẶN
TỰ HÀO	HOANG DÃ
MẠNH	KHÔ
THÚ VỊ	BUỒN NGỦ

2 - Formes

```
Q  G  U  D  G  P  Á  H  T  Ự  T  M  I  K  V  Đ
H  U  Ằ  C  C  V  K  Ì  L  Ă  N  G  M  Y  Ò  Ư
Ì  B  Ả  H  H  D  A  N  E  C  D  V  N  A  N  Ờ
N  Đ  A  N  Ê  B  L  H  V  L  O  M  T  H  G  N
H  A  D  Ạ  G  C  O  T  Y  P  L  V  N  R  T  G
C  G  K  C  N  T  B  R  A  L  D  I  I  B  R  C
H  I  O  B  Ò  T  R  Ụ  Y  T  B  H  P  N  Ò  O
Ữ  Á  D  A  V  A  E  Ư  T  R  T  O  À  S  N  N
N  C  G  K  D  M  P  I  Ờ  Y  N  A  O  N  E  G
H  K  H  Y  R  G  Y  D  P  N  T  K  G  Ó  G  N
Ậ  C  G  Ó  C  I  H  O  U  M  G  P  O  N  O  P
T  U  I  M  T  Á  R  N  V  P  D  D  R  B  V  O
Y  N  I  Y  M  C  N  O  A  K  R  P  H  G  V  Y
C  G  V  D  R  R  L  U  I  P  B  B  M  R  H  V
Q  K  I  Y  N  C  V  V  Q  L  H  C  R  O  K  O
T  U  B  V  N  Q  Q  C  Q  K  K  V  G  L  P  L
```

CUNG	HYPERBOLA
CẠNH	HÀNG
QUẢNG TRƯỜNG	ĐA GIÁC
VÒNG TRÒN	LĂNG
GÓC	KIM TỰ THÁP
ĐƯỜNG CONG	HÌNH CHỮ NHẬT
NÓN	VÒNG
BÊN	CẦU
HÌNH TRỤ	TAM GIÁC
ELLIPSE	

3 - Force et Gravité

```
L  P  U  K  T  Ố  C  Đ  Ộ  V  P  Q  C  M  Q  A
R  T  K  H  O  Y  R  B  T  Ậ  L  A  Ử  N  O  N
P  M  T  Á  S  A  M  D  U  T  P  B  Đ  I  P  Đ
R  O  N  M  T  R  I  B  Q  L  G  Q  Ộ  G  A  À
P  H  Ổ  P  S  Ứ  C  É  P  Ý  C  R  N  N  M  T
U  B  R  H  H  À  N  H  T  I  N  H  G  T  Â  Í
Y  B  D  Á  G  G  N  Ặ  N  N  Â  C  Ự  R  T  N
Q  U  Ỹ  Đ  Ạ  O  N  K  Y  C  A  U  A  C  G  H
C  T  L  U  Y  Q  O  Ộ  C  Q  K  Q  H  N  N  C
R  Ơ  P  Y  C  P  I  N  Đ  N  A  I  U  K  U  H
N  L  K  P  K  H  O  Ả  N  G  C  Á  C  H  R  Ấ
B  N  T  H  V  N  T  Q  A  V  N  G  R  I  T  T
O  G  D  P  Í  T  Ừ  T  Í  N  H  Ă  N  P  U  R
T  H  Ờ  I  G  I  A  N  M  U  L  I  N  M  M  L
I  B  T  O  D  M  G  M  Ở  R  Ộ  N  G  V  D  R
R  P  H  I  H  M  H  K  H  O  Y  O  U  R  V  V
```

TRỤC	CỬ ĐỘNG
TRUNG TÂM	QUỸ ĐẠO
KHÁM PHÁ	VẬT LÝ
KHOẢNG CÁCH	HÀNH TINH
NĂNG ĐỘNG	CÂN NẶNG
MỞ RỘNG	SỨC ÉP
ĐÀ	TÍNH CHẤT
MA SÁT	THỜI GIAN
TỪ TÍNH	PHỔ
CƠ KHÍ	TỐC ĐỘ

4 - Adjectifs #1

```
O R M H I T Ậ U H T Ẽ H G N I G
C Ộ Y C G U T R T O R L I Ã V C
B N H N T Y K R C D Q Ẻ U D D G
I G Ữ I C Ễ C H U C R R H P P Q
T L U P K T C D Ổ N G O O Ấ L B
Đ Ư Í R H Đ C T I N G K Y H H H
Ẹ Ợ C R O Ố C R I B G T M Ỏ N G
P N H N À I D P V H N L H Q Q N
B G O D N V Ô T Ộ I Ộ I Ồ Ự K Ọ
N Ặ N G H I N Y R O Đ L P Y C R
H P N M Ả P A R M M T V U U L T
N C K P O L O T L H Ạ M K L Y N
H B T L M Ơ H T M V O K U L M A
V K B N Ậ V L M I N H Y P C Y U
I K I V H I Ễ N Đ Ạ I K Ỳ L Ạ Q
D C H U C Đ Ầ Y T H A M V Ọ N G
```

TUYỆT ĐỐI	TRUNG THỰC
HOẠT ĐỘNG	QUAN TRỌNG
ĐẦY THAM VỌNG	VÔ TỘI
THƠM	TRẺ
NGHỆ THUẬT	CHẬM
HẤP DẪN	NẶNG
ĐẸP	MỎNG
KỶ LẠ	HIỆN ĐẠI
KHỔNG LỒ	HOÀN HẢO
RỘNG LƯỢNG	HỮU ÍCH

5 - Instruments de Musique

```
M L P H P Õ K Y C H L C C D O G
H A T I H G N À Đ N Ụ U L C B A
A A N P C H S S A B C O A P R C
V Y R D G M L A N A L A R Q C O
P Q I M O Á S T X R Ạ Q I Y R D
P G O B O L L E C O C L N B K C
I K V M U N I H V U P P E Q È H
H L L V G I I N G M T H T C N U
D À N N H Ạ C C G Ầ R A O E P Ô
M D P H N I L I A C Ố R M N A N
Đ À N V I Ô L Ô N G N C A O E G
Đ À N H Ạ C U B Q N G H R B B M
G V B H G R U T R Ơ C I I M C A
U I Q A K A A T D Ư B Ê M O M R
V Q T K T K Y L P D P N B R G V
U N V I A V K B P V T G A T H R
```

BASS	MARIMBA
DÀN NHẠC	GÕ
CHUÔNG	DƯƠNG CẦM
CLARINET	SAXOPHONE
SÁO	TRỐNG
CHIÊNG	LỤC LẠC
ĐÀN GHI TA	TROMBONE
HARMONICA	KÈN
ĐÀN HẠC	ĐÀN VI Ô LÔNG
MANDOLIN	CELLO

6 - Échecs

```
Q  L  K  A  O  P  I  I  B  I  V  P  D  U  T  N
H  H  H  I  C  D  Ủ  T  V  L  O  K  I  Ấ  H  G
I  V  N  O  P  O  É  H  C  G  N  Ờ  Ư  Đ  Ụ  Ư
K  G  U  U  H  O  T  Ô  T  C  E  N  D  I  Đ  Ờ
U  Q  M  A  A  M  K  N  U  I  Đ  U  A  Ả  Ộ  I
N  Ữ  H  O  À  N  G  G  V  O  Ố  D  V  I  N  C
B  L  Y  Y  C  N  Y  M  T  H  M  Đ  Y  G  G  H
D  U  Q  K  H  P  G  I  H  T  C  Ộ  U  C  U  Ơ
Đ  I  Ể  M  I  A  V  N  Â  U  Q  N  Á  U  Q  I
B  P  G  Y  Ế  M  I  H  Ắ  T  R  Ò  C  H  Ơ  I
A  M  U  Q  N  P  V  V  H  R  O  P  K  P  O  N
Y  R  H  D  L  N  H  U  G  M  T  Q  L  Q  Q  Q
M  P  R  A  Ư  M  K  O  P  M  N  N  B  C  B  I
O  H  H  K  Ợ  L  T  H  Ờ  I  G  I  A  N  L  M
P  I  B  C  C  Ắ  T  Y  U  Q  Y  U  Q  V  C  P
L  L  B  N  I  L  U  V  O  O  H  Y  S  I  N  H
```

ĐỐI THỦ	THỤ ĐỘNG
TRẮNG	ĐIỂM
QUÁN QUÂN	NỮ HOÀNG
CUỘC THI	QUY TẮC
ĐƯỜNG CHÉO	VUA
THÔNG MINH	HY SINH
TRÒ CHƠI	CHIẾN LƯỢC
NGƯỜI CHƠI	THỜI GIAN
ĐEN	GIẢI ĐẤU

7 - Herboristerie

```
Ẩ  Y  L  M  N  T  C  X  R  M  O  R  H  O  L  L
K  M  D  K  O  Ổ  H  Ạ  O  M  I  I  N  B  D  T
À  V  T  L  C  I  Ấ  H  R  O  S  E  M  A  R  Y
H  O  A  H  L  V  T  Ự  P  Y  P  D  D  H  I  Â
C  M  R  N  Ự  V  L  Ơ  K  A  Y  Y  C  A  M  T
Ạ  Ó  U  A  R  C  Ư  N  Ờ  Ự  V  Y  T  T  O  I
B  L  L  X  B  Q  Ợ  G  Ằ  G  H  Â  H  G  P  Ù
N  V  D  Ợ  O  I  N  D  N  H  N  T  Ơ  A  Y  M
H  D  D  O  I  B  G  L  B  Y  P  Ẽ  M  V  G  D
Ư  K  C  G  H  Ú  N  G  Q  U  Ế  H  O  P  U  K
Ơ  L  Á  K  I  N  H  G  I  Ớ  I  G  N  N  N  P
N  K  B  A  U  G  I  Ấ  M  T  A  N  P  À  I  R
G  N  Ơ  Ư  H  I  Ả  O  A  O  H  T  D  L  H  O
V  H  I  A  L  H  M  H  H  H  V  D  I  Ì  M  T
Ị  Y  M  L  N  P  C  Q  Q  Y  R  H  Y  H  U  V
A  P  I  G  T  H  R  C  A  C  N  K  N  T  T  N
```

TỎI	HOA OẢI HƯƠNG
THƠM	LÁ KINH GIỚI
HÚNG QUẾ	BẠC HÀ
CÓ LỢI	MÙI TÂY
ẨM THỰC	CHẤT LƯỢNG
GIẤM	ROSEMARY
THÌ LÀ	NGHỆ TÂY
HOA	HƯƠNG VỊ
THÀNH PHẦN	XẠ HƯƠNG
VƯỜN	XANH

8 - Véhicules

```
P  M  Q  P  Q  M  T  Q  P  L  L  U  C  B  X  G
H  Á  V  Q  Q  P  V  Ê  H  Ố  H  Q  T  U  E  U
À  Y  A  C  K  O  Q  M  N  P  C  O  T  Y  T  B
È  B  N  B  R  L  L  M  P  L  M  T  B  U  A  V
M  A  X  E  T  Ả  I  U  Q  Y  Ử  Y  X  L  Y  Y
C  Y  H  Q  U  G  K  L  M  Y  M  A  E  L  G  U
X  E  Đ  I  Ệ  N  N  G  Ầ  M  U  I  T  M  A  R
H  U  U  M  G  C  N  B  A  I  Q  Q  Ắ  Á  Ử  T
Y  N  A  V  A  R  A  C  X  Q  O  O  C  Y  L  À
R  L  Ề  T  P  Y  D  N  T  E  T  Q  X  K  E  U
Q  Y  Ơ  Y  H  K  T  Q  N  Q  Đ  U  I  É  X  N
X  E  C  Ứ  U  T  H  Ư  Ơ  N  G  Ạ  R  O  M  G
V  R  G  I  Ơ  H  E  X  L  T  C  T  P  O  G  Ầ
U  B  N  R  A  G  T  Ý  U  B  E  X  G  Y  I  M
V  K  Ộ  G  R  R  N  G  C  G  B  M  C  H  A  Q
I  L  Đ  B  A  G  I  B  V  L  O  Y  V  G  V  O
```

XE CỨU THƯƠNG	LỐP
MÁY BAY	BÈ
THUYỀN	XE TAY GA
XE BUÝT	TÀU NGẦM
XE TẢI	XE TẮC XI
CARAVAN	MÁY KÉO
PHÀ	XE LỬA
TÊN LỬA	VAN
XE ĐIỆN NGẦM	XE ĐẠP
ĐỘNG CƠ	XE HƠI

9 - Camping

```
T  Ồ  N  K  G  C  V  I  O  R  P  M  G  B  H  Q
M  H  Ê  O  N  R  Ô  Ú  U  Ề  L  Ũ  V  Y  H  M
P  A  I  B  Ừ  Ồ  Đ  N  Ả  B  H  Ử  V  Đ  M  R
H  M  H  Ế  H  G  N  À  T  U  Q  R  A  Ộ  M  U
O  B  N  H  T  H  A  B  C  R  M  O  G  N  Ừ  R
D  I  N  Y  Y  B  A  A  V  A  Ù  N  P  G  M  T
I  T  Ê  R  Â  V  Ị  L  N  N  G  N  H  V  O  V
O  N  I  O  D  U  Q  K  M  Y  Y  I  G  Ậ  H  K
V  I  H  V  C  N  I  V  I  U  O  B  N  T  M  G
P  Y  T  G  N  I  K  P  A  D  G  A  Ă  D  H  U
M  M  C  A  O  K  C  Q  M  V  P  C  R  B  D  C
H  D  Â  L  U  U  K  B  Q  N  L  B  T  M  P  I
H  G  Y  B  R  B  V  V  D  A  O  D  T  R  H  A
M  Y  C  O  U  I  Õ  N  K  T  T  G  Ặ  B  G  C
V  N  B  O  D  L  N  Ắ  B  N  Ă  S  M  A  Y  O
X  U  Ồ  N  G  P  G  N  Ồ  L  N  È  Đ  I  Q  T
```

ĐỘNG VẬT	LỬA
CÂY	RỪNG
LA BÀN	VÕNG
CABIN	CÔN TRÙNG
XUỒNG	HỒ
BẢN ĐỒ	ĐÈN LỒNG
MŨ	MẶT TRĂNG
SĂN BẮN	NÚI
DÂY THỪNG	THIÊN NHIÊN
THIẾT BỊ	LỀU

10 - Écologie

```
R  I  V  M  M  H  I  B  A  B  Đ  G  C  D  V  D
T  N  A  Q  O  R  T  K  T  L  A  O  T  I  V  K
K  A  A  C  G  V  O  K  V  Y  D  R  À  R  A  R
B  K  L  O  À  I  Q  K  G  U  Ạ  M  I  Ú  N  T
R  I  H  T  D  G  G  Y  K  L  N  C  N  U  Á  A
G  M  Ể  T  O  À  N  C  Ầ  U  G  P  G  R  H  H
K  H  L  N  Ò  C  G  N  Ố  S  Ự  S  U  V  N  V
F  L  O  R  A  C  Â  Y  P  U  T  U  Y  M  Ạ  B
C  V  B  H  T  T  A  Y  G  R  Ậ  O  Ê  A  H  A
B  Ộ  U  Q  R  N  Q  Y  L  A  V  H  N  R  U  V
O  L  N  U  K  B  K  B  K  A  G  T  Í  S  U  H
L  K  P  G  R  N  Ê  I  H  N  Ê  I  H  T  K
I  L  V  A  Đ  C  O  B  I  K  Ộ  L  K  V  K  L
G  D  N  Q  L  Ồ  R  V  L  T  Đ  R  U  P  G  B
T  U  M  P  M  V  N  B  Ề  N  V  Ữ  N  G  R  G
T  H  Ự  C  V  Ậ  T  G  T  Ự  N  H  I  Ê  N  T
```

KHÍ HẬU
CỘNG ĐỒNG
ĐA DẠNG
BỀN VỮNG
LOÀI
ĐỘNG VẬT
FLORA
TOÀN CẦU
MARSH

BIỂN
NÚI
THIÊN NHIÊN
TỰ NHIÊN
CẤY
TÀI NGUYÊN
HẠN HÁN
SỰ SỐNG CÒN
THỰC VẬT

11 - Géométrie

```
T  N  D  N  L  Q  A  A  T  V  O  Q  H  S  G  U
A  Ỷ  Ý  D  R  L  A  Y  A  Y  R  B  Ọ  O  G  O
C  Y  L  B  V  C  G  K  M  A  T  V  C  N  O  T
A  L  P  Ệ  B  L  N  C  G  H  Đ  Đ  T  G  Q  A
U  B  Ợ  U  Ề  H  Ứ  P  I  C  Ố  Ư  H  S  G  P
Y  A  H  V  M  Q  Đ  G  Á  H  I  Ờ  U  O  M  H
H  U  N  Y  Ặ  B  G  Y  C  I  X  N  Y  N  Đ  Ư
B  N  Ò  R  T  G  N  Ò  V  Ề  Ứ  G  Ế  G  Ư  Ơ
G  Á  Ì  N  U  O  Ẳ  G  A  U  N  K  T  N  Ờ  N
V  O  K  B  L  Q  H  D  H  C  G  Í  U  Ợ  N  G
P  T  S  Ố  G  Y  T  U  T  A  Ú  N  U  Ư  G  T
K  H  G  H  I  N  B  I  Y  O  P  H  P  L  C  R
C  N  U  Q  P  Q  U  D  V  A  A  G  K  I  O  Ì
I  Í  K  B  I  R  V  R  Y  O  U  I  R  Ố  N  N
I  T  Q  H  R  N  L  L  T  A  K  O  N  H  G  H
G  Ó  C  Ớ  Ư  H  T  H  C  Í  K  M  Q  K  M  Q
```

GÓC
TÍNH TOÁN
VÒNG TRÒN
ĐƯỜNG CONG
ĐƯỜNG KÍNH
KÍCH THƯỚC
PHƯƠNG TRÌNH
CHIỀU CAO
HỢP LÝ
KHỐI LƯỢNG

TRUNG BÌNH
SỐ
SONG SONG
TỶ LỆ
KHÚC
BỀ MẶT
ĐỐI XỨNG
HỌC THUYẾT
TAM GIÁC
THẲNG ĐỨNG

12 - Les Médias

```
H  N  Ả  O  L  O  L  A  N  H  L  Y  T  T  N  Đ
C  Ì  L  V  P  I  K  V  K  P  Y  V  B  P  Y  Ị
Ô  B  N  V  T  À  Ê  T  B  A  A  Q  Á  M  K  A
N  D  O  H  G  Đ  T  N  Ế  I  K  Ý  O  N  G  P
G  P  O  Ẽ  Ả  I  L  Y  L  C  Á  N  H  Â  N  H
C  P  H  U  T  N  B  L  O  Ạ  R  O  H  R  Ế  Ư
Ộ  Ố  S  T  Ậ  U  H  T  Ỹ  K  C  T  R  U  Y  Ơ
N  T  N  Í  H  P  H  N  I  K  M  H  L  O  U  N
G  H  M  R  T  Ự  P  H  I  Ê  N  B  Ả  N  T  G
N  Á  P  T  Ự  O  Ơ  N  D  L  P  K  V  G  C  R
Ạ  I  I  C  S  Q  P  N  N  G  H  P  U  I  Ự  I
M  Đ  I  V  R  D  Y  Q  G  R  R  K  H  Á  R  D
T  Ộ  U  A  B  U  U  B  T  M  R  A  N  O  T  I
C  Ô  N  G  N  G  H  I  Ệ  P  Ạ  H  L  D  B  R
G  G  M  N  K  K  N  L  B  K  M  I  G  Ụ  D  C
K  H  V  V  M  D  T  T  V  L  C  B  N  C  V  C
```

THÁI ĐỘ	CÔNG NGHIỆP
THƯƠNG MẠI	TRÍ TUỆ
LIÊN LẠC	BÁO
TRỰC TUYẾN	ĐỊA PHƯƠNG
PHIÊN BẢN	KỸ THUẬT SỐ
GIÁO DỤC	Ý KIẾN
SỰ THẬT	ẢNH
KINH PHÍ	CÔNG CỘNG
HÌNH ẢNH	ĐÀI
CÁ NHÂN	MẠNG

13 - Philanthropie

```
T  C  B  B  T  U  G  D  C  Ạ  L  N  Ê  I  L  T
O  Ô  I  Ạ  O  L  N  Â  H  N  I  T  H  P  U  À
À  N  I  T  T  Y  Ồ  R  I  V  K  R  Y  Ó  C  I
N  G  Y  O  H  Y  Đ  T  D  O  Y  U  L  M  M  C
C  C  P  L  R  A  G  G  B  A  I  N  Ẫ  C  C  H
Ẳ  Ộ  T  U  H  R  N  D  N  I  U  G  G  H  H  Í
U  N  C  Ừ  N  R  Ộ  H  Q  P  U  T  U  B  Ư  N
O  G  C  R  T  O  C  P  N  Y  L  H  G  Y  Ơ  H
I  V  N  Ử  S  H  C  Ị  L  I  U  Ự  T  N  N  R
O  Q  P  U  T  N  I  T  I  Ờ  Ê  C  U  L  G  O
N  H  I  Ễ  M  V  Ụ  Ẽ  K  Ư  I  N  Y  K  T  B
Q  U  Ỹ  K  E  C  T  B  N  G  T  N  R  T  R  I
R  B  O  D  Ẻ  K  C  Q  Q  N  C  O  P  H  Ì  O
D  C  H  Q  R  H  I  K  Y  P  Ụ  P  R  Ế  N  D
I  B  B  N  T  Q  C  H  I  H  M  Q  L  H  H  U
N  I  M  B  P  I  V  V  N  R  T  N  B  Ẽ  K  C
```

CẦN
MỤC TIÊU
TỪ THIỆN
CỘNG ĐỒNG
LIÊN LẠC
TRẺ EM
TÀI CHÍNH
QUỸ
NGƯỜI
THẾ HỆ

TOÀN CẦU
NHÓM
LỊCH SỬ
TRUNG THỰC
NHÂN LOẠI
THANH NIÊN
NHIỆM VỤ
CHƯƠNG TRÌNH
CÔNG CỘNG

14 - Diplomatie

```
C  T  C  Á  T  P  Ợ  H  N  I  N  N  A  C  R  R
Ộ  O  H  I  H  C  R  I  A  A  L  A  X  Y  D  R
N  À  Í  M  H  I  T  M  R  G  C  D  U  Q  V  G
G  N  N  V  O  U  T  M  G  G  R  R  N  P  L  V
Đ  V  H  D  Q  C  Ố  U  Q  I  Ạ  O  G  N  N  Y
Ồ  Ẹ  T  Đ  Ạ  I  S  Ứ  Q  U  Á  N  Đ  B  G  D
N  N  R  S  Đ  B  R  A  D  U  P  I  Ộ  O  H  C
G  I  Ị  Ự  Đ  Ạ  A  O  T  L  K  R  T  H  Ị  N
N  D  R  C  C  Ạ  O  Ạ  Đ  N  Â  H  N  C  Q  G
C  Â  L  Ô  Ố  C  I  Đ  V  L  R  H  K  H  U  O
M  A  D  N  V  R  M  S  Ứ  K  K  U  O  Í  Y  Ạ
V  A  K  G  Ấ  O  N  O  Ứ  C  O  O  D  N  Ế  I
I  C  C  B  N  T  H  Ả  O  L  U  Ậ  N  H  T  G
G  N  N  Ằ  B  Ô  N  K  R  T  I  D  T  P  R  I
U  R  T  N  C  Y  C  Ớ  Ư  P  Ễ  I  H  H  T  A
C  V  U  G  G  I  Ả  I  P  H  Á  P  V  Ủ  P  O
```

ĐẠI SỨ QUÁN	NGOẠI QUỐC
ĐẠI SỨ	CHÍNH PHỦ
CÔNG DÂN	NHÂN ĐẠO
CỘNG ĐỒNG	TOÀN VẸN
XUNG ĐỘT	SỰ CÔNG BẰNG
CỐ VẤN	CHÍNH TRỊ
HỢP TÁC	NGHỊ QUYẾT
NGOẠI GIAO	AN NINH
THẢO LUẬN	GIẢI PHÁP
ĐẠO ĐỨC	HIỆP ƯỚC

15 - Électricité

```
S  V  I  V  O  C  P  H  O  V  A  N  G  Q  O  Đ
H  Ố  R  T  B  Á  N  A  M  C  H  Â  M  U  T  Ố
M  I  L  B  D  P  G  K  Ắ  O  L  H  N  Y  V  I
N  T  L  Ư  R  Y  L  R  C  M  D  H  T  V  R  T
B  D  Đ  V  Ợ  L  C  T  Ổ  P  R  M  V  Y  O  Ư
D  Â  T  È  P  N  A  B  T  H  Ợ  Đ  I  Ệ  N  Ợ
L  Y  I  R  N  U  G  S  A  M  T  H  I  Y  Ệ  N
Ư  V  Ê  O  A  R  N  V  E  K  H  K  C  G  I  G
U  R  U  M  M  T  Ạ  M  U  R  I  Y  A  U  Đ  T
T  A  C  U  H  G  M  O  P  U  Ế  G  C  P  T  U
R  R  Ự  Q  L  B  A  V  D  P  T  K  R  P  Á  O
Ữ  R  C  U  B  I  B  M  A  V  B  Q  D  Y  H  V
Đ  I  Ệ  N  T  H  O  Ạ  I  M  Ị  V  A  D  P  K
O  C  G  R  L  Q  M  L  I  U  Y  N  Y  O  Y  D
Đ  I  Ệ  N  P  I  N  T  Í  C  H  C  Ự  C  Á  Y
I  V  B  M  I  A  P  I  G  U  V  O  O  M  M  G
```

NAM CHÂM	LASER
PIN	TIÊU CỰC
CÁP	ĐỐI TƯỢNG
THỢ ĐIỆN	TÍCH CỰC
ĐIỆN	Ổ CẮM
THIẾT BỊ	SỐ LƯỢNG
DÂY	MẠNG
MÁY PHÁT ĐIỆN	LƯU TRỮ
ĐÈN	ĐIỆN THOẠI

16 - Astronomie

```
L Z O D I A C T N H B C T T Y T
B D H O Y G I Y N N Q Ứ T M A Á
B Ầ U T R Ờ I P Q I Ổ H C O A S
S V T O L D T H V T D U P X K N
G A I A M R Ê Â V H H B P M Ạ A
I I O K K N N N I N V C T V H U
V G A B N D L G I À H Ũ Q T L Q
M H S U Ă H Ử N N H Y U T P K I
R N M O K N A C Ự L G N Ọ R T À
V À Ò Y R I G N Ă R T T Ặ M Ụ Đ
I H H N I T N Â T U Ê I S K K T
V I C P G Ễ T H I Ê N H À K I T
K H C M K V T R Á I Đ Ấ T N R C
R P K R M M N C T I N H V Â N U
Q M Y Y O O I L D C D Y Y M G R
P O O L N H Ậ T T H Ự C L G R C
```

PHI HÀNH GIA
BẦU TRỜI
SAO CHỔI
CHÒM SAO
VŨ TRỤ
NHẬT THỰC
PHẦN
TÊN LỬA
THIÊN HÀ
TRỌNG LỰC

MẶT TRĂNG
SAO BĂNG
TINH VÂN
ĐÀI QUAN SÁT
HÀNH TINH
BỨC XẠ
VỆ TINH
SIÊU TÂN TINH
TRÁI ĐẤT
ZODIAC

17 - Physique

```
M  P  H  Ổ  N  P  T  Q  C  P  V  Đ  D  D  H  H
Ậ  T  D  Ơ  C  G  N  Ộ  Đ  R  H  I  A  Q  Ó  Ạ
T  G  K  H  Ố  I  L  Ư  Ợ  N  G  Ễ  B  R  A  T
Đ  D  Y  Ử  T  N  Â  H  P  Ạ  N  N  Q  B  C  G
Ộ  Q  D  T  A  G  U  N  C  O  Ộ  T  A  Í  H  K
C  H  A  Q  I  C  Y  Í  K  L  R  Ử  K  H  Ấ  G
Y  Ố  M  Ử  G  T  Y  T  P  N  Ở  R  P  K  T  Y
U  Y  S  T  T  O  Y  Ừ  K  Ỗ  M  N  U  Ơ  K  L
T  N  T  N  Â  H  N  T  Ạ  H  L  O  K  C  Q  P
D  V  H  Ê  Ầ  T  Ố  C  Đ  Ộ  K  H  D  Ứ  N  T
P  U  A  Y  D  T  M  U  P  G  L  L  T  H  B  M
U  V  R  U  A  G  M  M  O  G  C  L  Q  T  H  L
C  P  O  G  P  R  Y  D  L  L  B  B  M  G  V  C
T  R  Ọ  N  G  L  Ự  C  Y  H  I  M  G  N  K  G
Q  L  B  A  I  P  H  V  G  N  A  M  Y  Ô  V  M
U  A  D  A  U  Y  Q  L  O  Y  D  H  N  C  G  P
```

GIA TỐC   TRỌNG LỰC
NGUYÊN TỬ   TỪ TÍNH
HỖN LOẠN   KHỐI LƯỢNG
HÓA CHẤT   CƠ KHÍ
MẬT ĐỘ   PHÂN TỬ
MỞ RỘNG   ĐỘNG CƠ
ĐIỆN TỬ   HẠT NHÂN
CÔNG THỨC   HẠT
TẦN SỐ   PHỔ
KHÍ   TỐC ĐỘ

18 - Types de Cheveux

```
N N T M M D T S A G L C H D M K
G K Ở L I A I Á B M U B D Q H
L M Ắ N U M Q P U N Ă O X L O Ô
I M N G Y Q C G D Ắ G M M A C Y
O H G M O P P C G G H B U H K I
R O A C Y B I B K N O C Ó D N D
K U N Q H G Y R I D À Y O N V C
N C O Q G L U A I A Đ V I G N
R I M I L M A I Ó H C E C A A C
N M À B Ạ C R D M N U O N Ó O K
A U U À M Q C S I Ạ R U T V T V
K G X I B M M C P M L M A K U V
V L Á G A Q H Q M E S B L T U D
H V M G K C D A Ề Ở M A H A U À
M À U N Â U R O M H Q B Ẽ N A I
H K Q C U Q N Q C K O L V T L P
```

BẠC

TRẮNG

TÓC VÀNG

CURLS

SÁNG BÓNG

HÓI

MÀU

NGẮN

MỀM

DÀY

XOĂN

MÀU XÁM

DÀI

MÀU NÂU

MỎNG

ĐEN

KHỎE MẠNH

KHÔ

BRAIDS

BỆN

19 - Archéologie

```
A D Y Y Đ M B R V R V B P P C U
V R L O Ố V R Y N L I Đ Í P V V
L T M Y I Ộ Đ O Y K P Ồ L Ẩ T I
C R Ộ D T H O C N Q D G M C N N
Q K T G Ư U A R L U T Ố K H B T
D I K K Ợ Y M R Y Ê H M I Q R L
A M A P N I L U M N Ó X Ư Ơ N G
P R Õ R G N Ô H K L A L D G H P
H N I M N Ă V N Ề N T R B I C I
Â Ê H H Đ Q G B L Ề H G L Á Í Ổ
N Y D B Á P Q Y N Đ Ạ C K O T U
T U D U N D I V Ă I C D L S I A
Í G K R H B O A M Ô H D L Ư D U
C N L Y G M Ả N H G Y I H T Y T
H Ỷ T T I O A I G N Ê Y U H C B
A K U I Á T N O Q C V G P G M T
```

PHÂN TÍCH	KHÔNG RÕ
CỔ	BÍ ẨN
NĂM	ĐỐI TƯỢNG
NỀN VĂN MINH	XƯƠNG
CHUYÊN GIA	QUÊN
KỶ NGUYÊN	ĐỒ GỐM
ĐỘI	GIÁO SƯ
ĐÁNH GIÁ	DI TÍCH
HÓA THẠCH	NGÔI ĐỀN
MẢNH	MỘ

20 - Mammifères

```
Q  K  M  M  I  H  M  C  R  O  M  C  K  P  L  N
C  O  N  M  È  O  Ư  G  C  D  Q  Á  Y  R  H  L
B  E  T  O  Y  O  C  Ơ  C  R  Q  V  R  I  K  V
G  H  Y  O  H  M  V  N  U  Ừ  C  O  T  G  P  K
T  Á  T  H  Ỏ  Y  Q  Ử  L  C  G  I  D  Ấ  N  R
Y  C  K  H  Ỉ  Đ  Ộ  T  K  N  A  K  K  U  M  O
Y  N  C  D  H  Q  K  Ư  A  G  Ự  O  Q  P  P  K
O  U  D  V  P  L  O  S  N  Ự  G  V  C  T  I  C
C  O  B  O  H  V  B  D  G  A  N  Q  K  Ổ  H  Á
O  Y  A  N  P  H  Ò  A  A  V  N  T  R  U  C  O
C  O  I  U  B  Q  Đ  V  R  Ằ  C  O  N  V  O  I
U  H  K  C  R  P  Ự  N  O  N  L  V  O  V  L  H
M  B  Ó  H  Q  M  C  A  O  I  N  C  O  N  H  Ổ
B  V  B  A  Ỉ  A  Y  K  B  P  H  H  G  K  M  V
N  I  G  L  N  B  N  U  A  I  N  T  D  L  V  Y
G  H  R  Q  R  P  B  I  I  R  C  H  Ó  S  Ó  I
```

CÁ VOI	THỎ
CON MÈO	SƯ TỬ
NGỰA	CHÓ SÓI
CHÓ	CỪU
COYOTE	GẤU
CÁ HEO	CÁO
CON VOI	KHỈ
HƯƠU CAO CỔ	BÒ ĐỰC
KHỈ ĐỘT	CON HỔ
KANGAROO	NGỰA VẰN

21 - Chocolat

```
H  Đ  G  T  B  I  C  K  A  M  K  P  O  P  G  N
O  Y  Ắ  G  Ộ  C  O  T  T  D  N  U  C  B  O  H
A  B  D  N  T  K  N  C  N  C  P  K  C  P  A  K
G  N  M  T  G  Ỳ  T  R  Y  L  T  K  C  I  B  A
P  C  T  B  G  L  H  Ư  Ơ  N  G  V  Ị  H  U  N
V  A  R  I  D  Ạ  V  D  L  D  B  Q  M  V  L  M
K  C  U  Y  O  Ẹ  K  D  V  O  N  M  O  Y  U  I
D  A  T  C  L  X  K  C  H  Ấ  T  L  Ư  Ợ  N  G
Ừ  O  H  K  A  C  I  U  V  I  B  E  N  C  Ầ  N
A  L  Ơ  N  C  T  I  D  B  R  I  M  G  Ô  H  Ờ
V  N  M  L  A  P  L  O  A  G  G  A  Ọ  N  P  Ư
Đ  Ậ  U  P  H  Ộ  N  G  Q  N  Y  R  T  G  H  Đ
Y  Ê  U  T  H  Í  C  H  V  O  T  A  Q  T  N  R
A  U  I  G  N  V  I  N  C  G  R  C  R  H  À  D
T  Y  B  C  I  K  Ị  O  G  N  V  U  N  Ứ  H  R
T  L  D  G  G  M  V  Q  K  M  A  V  C  T  L
```

ĐẮNG   KỲ LẠ
ANTIOXIDANT   YÊU THÍCH
THƠM   VỊ
KẸO   THÀNH PHẦN
ĐẬU PHỘNG   DỪA
CACAO   BỘT
CALO   CHẤT LƯỢNG
CARAMEL   CÔNG THỨC
NGON   HƯƠNG VỊ
NGỌT   ĐƯỜNG

22 - Mathématiques

```
Y  N  D  P  T  O  S  Đ  C  C  Ọ  H  Ố  S  T  T
I  V  U  H  C  Ó  G  O  Ố  Á  D  A  H  V  T  Ổ
C  B  P  Ư  H  Q  N  G  N  I  K  K  G  N  B  N
D  Á  H  Ơ  K  I  Ợ  A  H  G  X  Q  G  T  G  G
Y  N  Â  N  B  K  Ư  H  Ì  M  S  Ứ  V  N  N  I
T  K  N  G  A  O  L  P  N  A  R  O  N  M  Ờ  T
H  Í  S  T  Đ  O  M  O  H  T  V  I  N  G  Ư  Ậ
Ậ  N  Ố  R  A  G  Â  K  H  O  K  V  G  G  R  H
P  H  C  Ì  G  C  Ầ  U  Ọ  A  P  C  A  N  T  N
P  T  B  N  I  M  M  T  C  H  Q  Ó  P  T  G  Ữ
H  K  V  H  Á  M  U  Đ  Ư  Ờ  N  G  K  Í  N  H
Â  O  V  N  C  N  Ũ  L  T  P  T  G  V  N  Ả  C
N  H  N  M  P  D  U  L  R  B  T  N  D  Q  U  H
C  O  D  U  G  M  O  G  I  Y  L  Ô  Q  H  Q  N
Y  R  O  V  B  Q  B  U  Y  L  N  U  Q  G  C  Ì
I  N  B  D  I  D  O  C  T  I  T  V  P  U  O  H
```

GÓC	VUÔNG GÓC
SỐ HỌC	CHU VI
QUẢNG TRƯỜNG	ĐA GIÁC
THẬP PHÂN	BÁN KÍNH
ĐƯỜNG KÍNH	HÌNH CHỮ NHẬT
MŨ	TỔNG
PHƯƠNG TRÌNH	CẦU
PHÂN SỐ	ĐỐI XỨNG
HÌNH HỌC	TAM GIÁC
SONG SONG	ÂM LƯỢNG

23 - Mythologie

```
K O N B Y M U V A Ọ H M Ả H T N
G Q U Á I V Ậ T N H À N H V I G
N V V Y H C O Q H A U E M Y T U
L Q B I B I O C H H Y H I T O Y
L N G I O P Ạ H Ù P G G H N N Ê
Q Ù H T Ả R T I N H B D Y A N N
V S C Q O C G Ế G V M I G Q I M
K Ă É L O V N N M C Ó C H Ế T Ã
D K N T K C Á B U P H V P Q M U
L T P H Q K S I Q C L B Y U Ề G
V K O D O H A N A G Ê O M N I T
I A R K K Á R H Y P N M Ấ S N I
S Ứ C M Ạ N H S Ự B Ấ T T Ử H R
H U Y Ề N D I Ệ U T B R Q G C D
B U M D C R B C H S I N H V Ậ T
G M D V T R U Y Ề N T H U Y Ế T
```

NGUYÊN MẪU

THẢM HỌA

HÀNH VI

SÁNG TẠO

SINH VẬT

NIỀM TIN

VĂN HOÁ

SÉT

SỨC MẠNH

CHIẾN BINH

ANH HÙNG

SỰ BẤT TỬ

GHEN

MÊ CUNG

TRUYỀN THUYẾT

HUYỀN DIỆU

QUÁI VẬT

CÓ CHẾT

SẤM

TRẢ THÙ

24 - Restaurant #2

```
T A O H Q Y P U U O A Q U R T P
R P L V K G A P P N K A Y D G H
Ứ N T P D R C B Ú G N D Â C A Ụ
N G M A D A L A S N Ư Ớ C D Y C
G O O U I U U Ì P D O N I M L V
K N V O Ố D N H V N V V Á C G Ụ
B Á N H B I N T L B L D R A O N
Đ B R L Ă P G I A V Ị H T A P A
B Ồ U T N R C Á B Ữ A T R Ự A M
M Ữ U B G B U C C Á I N Ĩ A P K
M T A Ố G Q O U U L G U U C R D
D O L T N G H Ế M Ì R A B D K A
N N H N Ố G Y G P U V D G C L U
T L A O N I A C C G D L K C O C
D N B A M H D H M L R M H Y U N
I T K U D Q V U B K P Y C U I Q
```

ĐỒ UỐNG   BÁNH
GHẾ   BĂNG
CÁI THÌA   RAU
BỮA TRƯA   MÌ
NGON   TRỨNG
BỮA TỐI   CÁ
NƯỚC   SALAD
GIA VỊ   MUỐI
CÁI NĨA   PHỤC VỤ NAM
TRÁI CÂY   SÚP

25 - Beauté

```
I  G  G  A  B  K  H  H  O  A  M  V  D  N  M  I
T  U  C  I  V  B  Ư  K  B  O  I  R  Ị  Q  T  I
V  P  I  R  G  G  Ơ  R  U  K  G  D  C  M  N  Y
G  G  D  Ầ  U  U  N  T  R  K  É  O  H  Ă  Ị  G
M  Ẩ  H  P  Ỹ  M  G  M  À  U  M  N  V  N  H  N
Q  L  C  H  Q  S  T  C  D  T  A  I  Ụ  Ả  D  M
V  I  Ị  Y  P  T  H  N  Q  T  O  U  H  N  O  L
S  R  L  D  G  Y  Ơ  K  U  C  Q  D  A  H  C  U
L  A  H  D  P  L  M  Ể  I  Đ  G  N  A  R  T  A
R  R  N  M  A  I  G  Y  L  I  I  B  A  H  P  M
U  A  A  G  D  S  C  L  Y  Ộ  S  O  N  M  Ô  I
C  C  H  I  T  T  O  C  V  G  H  Y  Q  L  N  H
C  S  T  U  Ữ  R  N  Ế  Y  U  Q  Â  K  I  Q  U
M  A  Y  H  O  P  Ọ  D  N  Ầ  I  N  T  C  G  L
K  M  I  K  N  Y  R  N  K  D  L  K  L  U  Y  P
B  H  Y  M  P  G  M  O  G  G  Ư  Ơ  N  G  C  H
```

CURLS	TRANG ĐIỂM
QUYẾN RŨ	MASCARA
KÉO	GƯƠNG
MỸ PHẨM	HƯƠNG THƠM
MÀU	DA
SANG TRỌNG	ĂN ẢNH
THANH LỊCH	SON MÔI
ÂN	DỊCH VỤ
DẦU	DẦU GỘI
MỊN	STYLIST

26 - Avions

```
L  Ị  C  H  S  Ử  C  Í  H  K  G  N  Ô  H  K  M
T  V  O  I  V  B  K  O  Ư  B  R  T  N  P  O  D
L  V  P  D  N  L  N  U  Ớ  Q  Ầ  Ạ  I  Q  L  D
O  R  D  Y  H  H  Q  R  N  Q  Y  U  Q  Q  K  G
A  Q  G  U  À  O  M  U  G  Đ  B  Q  T  Q  T  N
U  N  C  G  N  Ố  U  X  Ạ  H  Ộ  H  O  R  B  Ô
I  À  I  N  H  Đ  Ộ  C  A  O  I  N  M  Q  Ờ  C
O  O  A  Ó  K  T  T  A  P  B  Á  G  K  L  I
T  Đ  I  B  H  Đ  C  P  T  G  A  C  V  C  L  H
X  H  N  O  Á  Ổ  C  H  I  Ề  U  C  A  O  Ơ  P
Â  N  Ờ  C  C  B  N  H  I  Ê  N  L  I  Ệ  U  L
Y  À  P  I  H  Ộ  T  H  I  Ế  T  K  Ế  H  C  R
D  H  M  B  T  N  H  I  Ễ  U  L  O  Ạ  N  M  U
Ự  I  Q  K  U  I  Q  Y  B  L  P  T  D  G  L  H
N  H  H  U  P  L  Ế  N  A  P  A  D  C  G  L  R
G  P  Y  T  A  B  I  T  T  R  Y  B  Y  D  P  N
```

ĐỘ CAO
KHÔNG KHÍ
ĐỔ BỘ
BÓNG
NHIÊN LIỆU
BẦU TRỜI
XÂY DỰNG
HẠ XUỐNG
THIẾT KẾ
HƯỚNG

PHI HÀNH ĐOÀN
CHIỀU CAO
CÁNH QUẠT
LỊCH SỬ
HYDRO
THỜI TIẾT
ĐỘNG CƠ
HÀNH KHÁCH
PHI CÔNG
NHIỄU LOẠN

27 - Ingénierie

```
H  C  H  U  P  N  L  N  Đ  V  B  G  P  T  Đ  Đ
M  H  N  Ạ  M  C  Ứ  S  Ộ  I  M  C  H  A  Ư  Ộ
Y  Ấ  Á  U  H  N  L  E  S  E  I  D  Â  L  Ờ  N
R  T  O  M  T  B  C  V  Â  C  G  Q  N  P  N  G
V  L  T  Đ  Y  L  M  M  U  G  C  B  P  Y  G  C
L  Ổ  H  K  I  V  O  L  B  U  C  L  H  B  K  Ơ
G  N  N  A  P  O  U  Ấ  C  T  Ế  K  Ố  Á  Í  O
G  G  Í  V  B  R  N  P  H  R  P  M  I  N  N  B
R  N  T  K  I  D  Q  Q  V  Ụ  L  A  T  H  H  U
N  Ự  Ợ  Ổ  N  Đ  Ị  N  H  C  Y  D  O  R  O  V
O  D  Q  Ư  U  B  O  G  B  A  X  U  B  Ă  L  A
T  Y  Ẩ  Đ  L  P  P  Ó  D  T  B  O  N  N  S  U
G  Â  Y  U  M  G  O  C  V  M  Á  Y  A  G  Ơ  Q
D  X  K  P  B  Y  N  M  O  G  Q  Y  A  Y  Đ  H
M  D  V  N  C  C  D  Ă  K  Y  G  A  O  G  Ồ  U
U  P  L  K  V  K  O  O  N  Q  C  L  H  D  K  H
```

GÓC

TRỤC

TÍNH TOÁN

XÂY DỰNG

SƠ ĐỒ

ĐƯỜNG KÍNH

DIESEL

PHÂN PHỐI

BÁNH RĂNG

NĂNG LƯỢNG

SỨC MẠNH

CHẤT LỎNG

MÁY

ĐO

ĐỘNG CƠ

ĐỘ SÂU

ĐẨY

XOAY

ỔN ĐỊNH

KẾT CẤU

28 - Énergie

```
A H A O N K Y B M L O V N O E K
K A Y H D Q H I M L M Q U A N T
Q R V D V U U G O Đ Ễ G Ẽ Q T A
O K I Q R D G G C I U I D R Y
Ạ T D U U O Q L N B H Ệ L G O I
T U A B I N I P H T N T N N P N
I D I E S E L R I R Ô Q Ê Ờ Y O
Á C Ờ B H U H Y Ệ H C U I Ư Q T
T K R M Q G N O T I B C H R M O
H G T P H Q Ơ V U N Â H N T Ạ H
M D T A B T C Ô N G N G H I Ệ P
G H Ặ Q I K G G L O G V D Ô L V
I D M O Ử T N Ẽ I Đ B G Q M I K
Ó R B I O H Ộ Q O P Q R X Ă N G
U I R L U B Đ C R C H A A B P D
I L V M L O Q D L T A M O C G H
```

PIN	HYDRO
CARBON	CÔNG NGHIỆP
NHIÊN LIỆU	ĐỘNG CƠ
NHIỆT	HẠT NHÂN
DIESEL	PHOTON
ENTROPY	Ô NHIỄM
MÔI TRƯỜNG	TÁI TẠO
XĂNG	MẶT TRỜI
ĐIỆN	TUA-BIN
ĐIỆN TỬ	GIÓ

29 - Corps Humain

```
V Y A B R Q Ổ C Á L L Q B L D P
T A D A C R Y Ằ C G Y T M Y B K
K T I G Y Q I M T Ặ M I Ố Đ Q G
D N H C L Đ K Ũ Ắ D I I Q I R H
I Ó M D K Ầ H À M P T P C R D R
L G I B O U N Y B D L Q I P D U
I N M K Q Á I C I D M I R D R
D O B A H M L L N D L G U G B B
M H Q I Q Y R A R M Y I Q B P T
G I B R Y M Q V C L A T P Ụ C U
P B Ệ Y H B O C K Y M D O N H Y
B M Y N V Đ Ầ U G Ố I A T G B A
O K Y P G K H U Ỷ U T A Y V Y B
T D M L P H T G U L Ó Q I G D P
D D V P M H P Q D G C I O N H Y
Đ Ô I M Ô I T A Y P M T Q Q K N
```

MIỆNG	ĐÔI MÔI
ÓC	TAY
MẮT CÁ	HÀM
CỔ	CẰM
KHUỶU TAY	MŨI
TIM	TAI
NGÓN TAY	DA
BỤNG	MÁU
VAI	ĐẦU
ĐẦU GỐI	ĐỐI MẶT

30 - Biologie

```
L Q U B A U Q R N Ế I B T Ộ Đ T
N O U D G V P Ấ H Ô H Y M Q Q H
E P À A Ó H N Ế I T Ế B À O U Ẩ
G R K I H N T T Ễ A T C Y R A M
A I N L Y I N L M B Ự K B G N T
L A Ả B D K R L S B N Y L H G H
L H V I O N D U Ắ N H B M C H Ấ
O T A A P Ầ V B C L I M V Y Ợ U
C H G P O H D Y T L Ê U G O P H
A M N K D T Ã G H C N C I O B I
M Ầ M B Ệ N H U Ể H O R M O N E
V I K H U Ẩ N B H P R O T E I N
E N Z Y M E M Ò I Ọ P H Ô I R P
R N H T H O A S P I C T Q P N O
Q Y V M K A V Á M A I R O T A M
D U L M H C R T C Ộ N G S I N H
```

GIẢI PHẪU HỌC
VI KHUẨN
TẾ BÀO
NHIỄM SẮC THỂ
COLLAGEN
PHỔI
ENZYME
LOÀI
TIẾN HÓA
HORMONE

ĐỘT BIẾN
TỰ NHIÊN
THẦN KINH
THẨM THẤU
MẦM BỆNH
QUANG HỢP
PROTEIN
BÒ SÁT
HÔ HẤP
CỘNG SINH

31 - Épices

```
N  H  Ụ  C  Đ  Ậ  U  K  H  Ấ  U  T  G  R  M  C
O  H  T  V  D  R  A  U  M  Ù  I  H  L  U  Y  H
N  M  R  O  Y  K  O  H  I  N  Ố  Ì  V  B  A  U
Y  G  Q  C  M  C  U  Y  V  G  U  L  Q  I  H  A
H  N  U  N  V  I  I  I  D  H  M  À  K  H  P  B
V  À  C  A  M  T  H  Ả  O  Ễ  T  U  Y  D  O  O
Ớ  Y  N  U  V  I  Đ  I  Ở  T  P  H  A  G  I  T
L  T  M  H  N  P  Ắ  R  Y  Â  R  M  I  V  Q  N
Y  C  C  P  R  C  N  B  N  Y  V  A  N  I  D  V
Q  T  U  Ự  P  Ị  G  U  T  I  V  O  C  V  V  G
U  Ê  I  T  A  V  H  L  P  H  B  L  A  G  G  C
Ế  N  R  V  M  G  G  Ừ  N  G  Ả  K  T  D  V  Â
C  U  À  K  D  N  À  T  O  B  K  O  K  D  C  Y
M  Y  C  C  C  Ơ  O  P  Q  D  T  C  Q  R  T  H
B  I  I  Y  V  Ư  H  A  O  D  D  P  C  U  K  Ồ
A  P  I  N  M  H  C  Â  Y  T  H  Ì  L  À  Ả  I
```

CHUA	GỪNG
TỎI	NHỤC ĐẬU KHẤU
ĐẮNG	HÀNH
CÂY HỒI	ỚT CỰA GÀ
QUẾ	TIÊU
THẢO QUẢ	CAM THẢO
RAU MÙI	NGHỆ TÂY
CÂY THÌ LÀ	HƯƠNG VỊ
CÀ RI	MUỐI
THÌ LÀ	VANI

32 - Agronomie

```
H  G  L  V  A  B  N  R  I  H  M  B  R  P  C  N
Ạ  N  G  U  M  U  N  A  M  I  M  B  A  A  T  Ô
T  Ờ  Ệ  N  Ă  N  G  L  Ư  Ợ  N  G  U  Q  D  N
G  Ư  H  B  A  A  A  I  M  C  B  C  A  G  K  G
I  R  Ệ  Q  G  H  C  Đ  Ấ  T  H  Ọ  O  Y  P  N
Ố  T  T  Q  N  Ể  I  R  T  T  Á  H  P  Ự  S  G
N  I  H  K  Ó  Á  U  D  O  Ô  A  C  B  M  H
G  Ô  Ố  N  B  T  H  Ứ  C  Ă  N  N  V  Y  D  I
B  M  N  B  N  R  T  C  Ớ  Ọ  U  V  H  G  P  Ệ
M  V  G  U  Â  R  H  N  Ư  C  H  A  U  I  Y  P
D  O  I  C  H  A  N  Ê  N  Y  T  A  K  G  Ễ  O
D  Q  N  L  P  Y  I  I  K  G  M  D  O  C  U  M
X  Ó  I  M  Ò  N  S  H  L  B  R  A  O  H  U  R
Y  T  I  G  G  M  Y  G  C  D  C  O  A  U  K  G
N  K  A  G  L  B  L  N  S  Ả  N  X  U  Ấ  T  O
N  Ô  N  G  T  H  Ô  N  N  Y  O  C  M  T  M  H
```

NÔNG NGHIỆP	RAU
SỰ PHÁT TRIỂN	BỆNH
NƯỚC	THỨC ĂN
PHÂN BÓN	Ô NHIỄM
MÔI TRƯỜNG	SẢN XUẤT
SINH THÁI	NGHIÊN CỨU
NĂNG LƯỢNG	NÔNG THÔN
XÓI MÒN	KHOA HỌC
HỌC	ĐẤT
HẠT GIỐNG	HỆ THỐNG

33 - Science

```
K  Ý  L  T  Ậ  V  C  B  Y  C  T  R  Q  Q  T  L
T  P  A  Ó  H  N  Ế  I  T  M  H  N  U  N  H  I
Y  B  G  T  L  I  D  Ữ  L  I  Ệ  U  A  Ả  Í  H
T  H  Ự  C  T  Ế  Ê  C  O  G  H  N  N  S  N  P
R  Ế  O  P  O  P  M  N  D  P  P  M  S  G  G  H
B  K  Y  L  T  O  Q  D  N  Á  K  O  Á  N  H  Â
C  U  K  U  Ấ  M  N  H  B  H  N  H  T  Á  I  N
N  M  I  T  H  V  G  G  I  P  I  P  Í  O  Ệ  T
T  D  H  M  C  T  O  U  G  G  K  Ê  U  H  M  Ử
N  A  Ạ  B  A  I  Ả  O  T  N  T  Y  N  K  Ậ  Y
H  K  T  B  Ó  B  Q  I  M  Ơ  C  Â  Y  M  B  U
H  Ó  A  T  H  Ạ  C  H  G  Ư  Y  U  Y  L  C  T
T  R  Ọ  N  G  L  Ự  C  K  H  H  D  Q  G  I  Q
B  C  Q  A  H  N  H  B  T  P  N  C  N  L  N  D
B  T  T  I  Q  R  L  B  N  G  U  Y  Ê  N  T  Ử
N  H  À  K  H  O  A  H  Ọ  C  V  P  P  B  G  I
```

NGUYÊN TỬ

HÓA CHẤT

KHÍ HẬU

DỮ LIỆU

THÍ NGHIỆM

TIẾN HÓA

THỰC TẾ

HÓA THẠCH

TRỌNG LỰC

GIẢ THUYẾT

PHƯƠNG PHÁP

KHOÁNG SẢN

PHÂN TỬ

THIÊN NHIÊN

QUAN SÁT

HẠT

VẬT LÝ

CÂY

NHÀ KHOA HỌC

34 - Vêtements

```
V A Q K C B A Y A T G N Ă G K O
U Ò Á O S Ơ M I C R K Ă R A K C
B I N I C G O G N A R T I Ờ H T
I K H G D L C N E N V Ò N G C Ổ
O P V B T U L Ư L G R A P Q V K
Q O Y K G A V L O S O Q P D O H
D É P B O Y Y T Á Ứ L T M R I Ă
P A J A M A I Ắ K C H U R N Q N
U Y D I L Q R H N Á C O Á D A Q
I N M U N U P T A O Y A A U H U
N M Ũ U D Ầ Y K E H O I R K T À
T Ạ P D Ề N Q K J K K M C H N N
G R O L Y G I I N O A D N V K G
B G H M Q I A H Ầ Á C R G Q C C
B K B A G Y P D U G I À Y Á V Ổ
V R I M C C M I Q L C G A Q I B
```

TRANG SỨC   QUẦN JEAN
VÒNG TAY   VÁY
THẮT LƯNG   THỜI TRANG
MŨ   QUẦN
GIÀY   ÁO LEN
ÁO SƠ MI   PAJAMA
ÁO CÁNH   ĂN
VÒNG CỔ   DÉP
KHĂN QUÀNG CỔ   TẠP DỀ
GĂNG TAY   ÁO KHOÁC

35 - Arts Visuels

```
K  Q  P  U  V  H  K  A  C  G  K  H  A  R  B  T
N  I  M  M  H  U  K  H  N  I  I  H  K  Q  Ứ  Y
G  H  Ể  L  C  O  Ì  H  Q  Ấ  Ễ  R  I  K  C  V
H  Đ  I  Ê  U  K  H  Ắ  C  Y  T  U  Ế  V  T  C
Ễ  O  Đ  L  A  D  C  R  B  N  T  M  N  Ẽ  R  Á
S  T  N  R  P  P  T  C  Q  Ế  Á  Y  T  N  A  I
Ĩ  L  A  N  U  R  Ú  L  O  N  C  H  R  O  N  B
K  O  U  P  Ầ  A  B  Y  C  Q  K  A  Ú  P  H  Ú
U  G  Q  P  H  H  N  Ả  M  I  H  P  C  O  A  T
Đ  Ồ  G  Ố  M  Ấ  P  Ụ  H  C  H  N  Ả  K  G  T
D  B  O  V  O  O  N  H  C  H  Â  N  D  U  N  G
D  L  R  P  P  Á  S  Á  N  G  T  Ạ  O  M  I  H
A  K  K  H  T  D  Q  K  I  À  M  V  V  Q  M  H
T  P  R  Đ  Ấ  T  S  É  T  T  H  M  G  Y  R  Q
I  I  H  H  G  Y  O  T  R  P  B  T  B  M  O  L
D  G  V  M  M  I  H  T  D  B  U  K  K  G  O  D
```

KIẾN TRÚC	PHIM ẢNH
ĐẤT SÉT	BỨC TRANH
NGHỆ SĨ	QUAN ĐIỂM
KIỆT TÁC	ẢNH CHỤP
VẼ	GIẤY NẾN
SÁP	CHÂN DUNG
THÀNH PHẦN	ĐỒ GỐM
PHẤN	ĐIÊU KHẮC
BÚT CHÌ	CÁI BÚT
SÁNG TẠO	

36 - Méditation

```
T  I  V  R  Õ  R  À  N  G  T  Ố  T  G  N  Ò  L
D  U  G  C  H  Ú  Ý  N  D  V  Ư  U  Q  M  C  L
P  H  O  N  G  T  R  À  O  K  N  T  L  B  Ả  T
Q  G  N  N  U  U  N  E  U  Q  I  Ó  H  T  M  H
U  C  D  Q  O  C  Ê  H  P  V  U  R  N  Ế  X  Ở
A  G  I  N  M  Ể  I  Đ  N  A  U  Q  M  D  Ú  L
N  Y  L  H  C  V  H  T  Â  M  T  H  Ầ  N  C  Ò
S  C  A  K  O  C  N  R  C  I  I  L  C  R  L  N
Á  H  Ò  A  B  Ì  N  H  B  M  V  T  Ặ  A  A  G
T  K  Y  T  Y  H  Ê  H  V  L  N  I  O  N  H  B
Â  M  Q  C  U  T  I  C  Y  Ặ  L  H  Q  I  G  I
H  M  Q  L  U  T  H  C  H  N  Í  K  K  A  H  Ế
K  Q  N  I  B  P  T  M  V  G  T  G  N  M  V  T
G  I  Ạ  H  G  N  Ơ  Ư  H  T  R  R  Q  K  Q  Ơ
A  K  I  L  Ạ  O  A  M  I  Y  Í  K  R  P  D  N
V  L  Q  G  Q  C  C  H  Ấ  P  N  H  Ậ  N  A  H
```

CHẤP NHẬN	TÂM THẦN
CHÚ Ý	PHONG TRÀO
LẶNG	ÂM NHẠC
RÕ RÀNG	THIÊN NHIÊN
THƯƠNG HẠI	QUAN SÁT
LÍ TRÍ	HÒA BÌNH
CẢM XÚC	QUAN ĐIỂM
LÒNG TỐT	TƯ THẾ
LÒNG BIẾT ƠN	THỞ
THÓI QUEN	IM LẶNG

37 - Littérature

```
B  C  B  H  I  M  M  T  U  R  A  Ử  R  L  T  C
D  R  V  N  K  L  H  N  Á  S  O  S  T  V  O  B
H  C  D  G  Y  L  Ả  M  N  C  I  U  M  G  P  M
G  I  K  L  P  A  T  T  R  Ụ  G  Ể  H  I  H  T
N  K  U  U  B  K  U  Y  G  D  R  I  M  A  Ầ  C
O  N  H  P  H  À  Ê  V  Ầ  N  N  T  Ả  I  N  U
O  P  Ị  H  N  V  I  D  I  Ẩ  G  G  N  T  K  A
Y  K  Y  O  O  K  M  T  L  A  H  N  G  H  Ế  O
U  P  A  N  N  B  Ự  I  H  B  T  Ở  T  O  T  D
T  H  C  G  H  R  S  K  K  Ơ  C  Ư  H  Ạ  L  D
U  V  U  C  C  H  Ủ  Đ  Ề  P  Q  T  Ơ  I  U  L
V  H  U  Á  A  B  B  Ý  K  I  Ế  N  K  C  Ậ  P
O  I  T  C  T  Ư  Ơ  N  G  T  Ự  Ễ  R  R  N  R
I  Ạ  O  H  T  I  Ộ  H  C  Ị  K  I  B  N  O  M
P  H  Â  N  T  Í  C  H  I  O  A  V  L  K  U  V
H  R  O  K  T  I  Ể  U  T  H  U  Y  Ế  T  L  U
```

TƯƠNG TỰ	ẨN DỤ
PHÂN TÍCH	Ý KIẾN
GIAI THOẠI	BÀI THƠ
TÁC GIẢ	THƠ
TIỂU SỬ	VẦN
SO SÁNH	TIỂU THUYẾT
PHẦN KẾT LUẬN	NHỊP
SỰ MIÊU TẢ	PHONG CÁCH
HỘI THOẠI	CHỦ ĐỀ
VIỄN TƯỞNG	BI KỊCH

38 - Nourriture #1

```
B U P P Y Q C M D U L K O H A T
B Y P T V Y M Ủ Y M D I S Ú P H
M G D I U G L U C O M H B M I Ị
D Â U T Â Y C R C Ả C À P H Ê T
T L K V B C À A T L I Ỏ T O U U
Y Y A N O R R V D V C Đ Ư Ờ N G
M U Ố I C Q Ổ H I P H S A L A D
U Q K L N K T À L G A L Ữ Q G G
A P N D H Ừ G N Á C N I S V U A
N I L O V N U H P V H Q P V L Ế
I Ư P L H D T C M C I I V Y M U
B C Ớ B U C P Ạ L U M Q K K D Q
U D Y C A Q D M L V U A V Q M G
A V A I É V B A Ê T N M P D D N
R M I H V P D Ú C C C B M T G Ú
Q G U M B P H L O B C M Q I R H
```

TỎI	CỦ CẢI
HÚNG QUẾ	HÀNH
CÀ PHÊ	LÚA MẠCH
QUẾ	LÊ
CÀ RỐT	SALAD
CHANH	MUỐI
RAU BINA	SÚP
DÂU TÂY	ĐƯỜNG
NƯỚC ÉP	CÁ NGỪ
SỮA	THỊT

39 - Jours et Mois

```
P  T  B  A  C  Q  R  V  T  T  H  Á  N  G  V  Y
R  H  N  Y  Ư  N  U  V  O  U  T  H  Ứ  B  Ả  Y
H  Á  N  T  T  H  B  D  H  C  Ầ  D  Q  P  H  H
B  N  M  H  Ứ  H  C  Ị  L  N  L  N  H  L  H  O
9  G  N  Á  H  T  Á  O  B  T  H  Ứ  B  A  G  Q
O  M  A  N  T  2  I  N  C  H  Ủ  N  H  Ậ  T  P
D  Ộ  U  G  T  1  N  V  G  N  G  À  Y  A  Q  M
T  T  A  M  A  G  V  P  I  T  H  C  T  M  U  P
H  U  G  Ư  K  N  P  U  K  K  Ứ  Q  C  Q  O  V
Á  Y  U  Ờ  U  Á  S  Ứ  H  T  I  Q  R  D  P  R
N  Y  R  I  A  H  G  N  Á  H  T  A  P  N  H  N
G  L  H  I  A  T  H  Á  N  G  S  Á  U  O  V  K
B  Q  Y  V  C  H  N  Ă  M  Ă  N  Ứ  H  T  L  U
Ả  L  O  A  L  R  Ứ  B  N  L  C  Q  O  P  R  K
Y  T  Q  T  R  V  L  H  K  M  P  Q  P  P  I  T
Q  L  A  B  B  N  N  M  T  T  D  I  N  Q  R  Y
```

NĂM	THÁNG SÁU
NGÀY	THỨ HAI
THÁNG TƯ	THỨ BA
LỊCH	THỨ TƯ
THÁNG 12	THÁNG
CHỦ NHẬT	THÁNG MƯỜI
THÁNG HAI	THỨ BẢY
THÁNG MỘT	TUẦN
THỨ NĂM	THÁNG 9
THÁNG BẢY	THỨ SÁU

40 - Entreprise

```
U T T L D T H T N P N C V V I C
R T U H Ợ B D I R K Ê Ô Ă T B K
V T Y C À I M Ề O L I N N Á B O
U Q H Á Q N N N L C V G P T A N
O L K S A Â G H N D N T H I P G
P Ậ H N U H T H U C Â Y Ò Ề M H
N H Y Â P N A R Ó Ậ H G N N G Ề
P B L G Y Ủ Q G R A N O G T M N
O M L N Í H P I H C I C Ế Ẹ B G
A D L O P C L Y Y N Đ Ầ U T Ư H
G I A O D Ị C H V C Í D H B M I
N H À M Á Y T D C T D H T D T Ẹ
Q L P O C Ử A T I Ẹ M R C O D P
K I N H T Ế A L U L Y P C I T T
T C R V Y D O V G U O Y U A À N
Y B N D T Y V B D P O G H L A T
```

TIỀN	KINH TẾ
CỬA TIỆM	TÀI CHÍNH
NGÂN SÁCH	THUẾ
VĂN PHÒNG	ĐẦU TƯ
NGHỀ NGHIỆP	HÀNG HÓA
CHI PHÍ	LỢI NHUẬN
TIỀN TỆ	THU NHẬP
CHỦ NHÂN	GIAO DỊCH
NHÂN VIÊN	NHÀ MÁY
CÔNG TY	BÁN

41 - Activités

```
H  K  K  C  G  A  U  I  M  T  V  C  C  Ọ  Đ  G
N  O  N  M  R  A  D  A  L  Ậ  V  N  Â  T  R  I
A  K  Ạ  N  T  G  G  I  A  U  T  H  U  H  Á  Ả
R  N  Ỹ  T  Ậ  U  H  T  Ễ  H  G  N  Đ  H  C  I
T  U  K  N  Đ  Q  D  G  T  T  Y  Ả  Ố  K  U  T
C  T  Y  A  Ă  Ộ  C  G  C  A  L  P  L  U  Â  R
Ứ  H  L  Đ  P  N  N  T  L  M  G  Ế  B  I  C  Í
B  Ư  Đ  À  L  N  G  G  N  Ò  L  I  À  H  Ắ  T
T  G  Ồ  M  M  M  O  H  M  D  M  H  M  R  M  M
R  I  T  G  V  V  P  I  O  K  L  N  B  T  T  A
Ò  Ã  H  G  P  N  Ư  P  I  U  L  Ắ  U  B  R  Y
C  N  Ủ  I  D  K  V  Ờ  P  C  P  B  R  Ạ  O
H  Y  C  T  N  Y  P  P  N  I  H  N  B  I  I  H
Ơ  N  Ô  V  Q  C  I  C  Q  I  Y  Ă  K  M  D  H
I  P  N  U  Y  L  B  U  U  L  V  S  U  A  Q  O
Y  C  G  Q  H  U  Q  O  L  C  N  K  C  I  Q  Y
```

HOẠT ĐỘNG	GIẢI TRÍ
NGHỆ THUẬT	MA THUẬT
ĐỒ THỦ CÔNG	BỨC TRANH
CẮM TRẠI	CÂU CÁ
SĂN BẮN	NHIẾP ẢNH
KỸ NĂNG	HÀI LÒNG
MAY	CÂU ĐỐ
LÀM VƯỜN	THƯ GIÃN
TRÒ CHƠI	ĐAN
ĐỌC	

42 - Mode

```
P T L U K P H O N G C Á C H H H
I H I M A M R D V V O Y U P Y I
R N Ả N U Y T A Ả T H Ự C T Ế Ệ
Y C N I I I A H I T I N H V I N
L A T G C T T L A Ú D N U M I Đ
K K M R M H P Y G N À H A Ử C Ạ
V R M O G M Ă O R Đ H U B B U I
B C Q Y Ố Ã Q N B Ắ U L R E N V
M Q D P C U O Ả G T B P Ị P U D
X K Ế T C Ấ U I O I K U Q C Ê M
K U A I M D O G Q U Ầ N Á O H A
U R H Q N I C N Ả I G I Ố T T M
U K D Ư D D H Ơ P N B C V N Ề N
L I C N Ớ H D Đ Y K O U R A H U
K R R Y P N Ố T M Ê I H K C G V
K N V L D A G Y I M T T B U N P
```

PHẢI CHĂNG   MẪU
CỬA HÀNG   GỐC
NÚT   THỰC TẾ
NGHỀ THÊU   ĐƠN GIẢN
ĐẮT   TINH VI
REN   PHONG CÁCH
THANH LỊCH   XU HƯỚNG
TỐI GIẢN   KẾT CẤU
HIỆN ĐẠI   VẢI
KHIÊM TỐN   QUẦN ÁO

43 - Fleurs

```
P O P P Y D A I S Y N G H M H T
T Ử Đ I N H H Ư Ơ N G A Ư A O Q
H O A O Ả I H Ư Ơ N G R Ớ G A A
H O R P C P L M T M D D N N H D
H K N Ê Y U H K I Ờ L E G O Ồ Y
V P M B O N H O T H Y N D L N C
Q V B N T R B O N T C I Ư I G H
K D Â M B Ụ T O A G R A Ơ A R O
B Ó H O A P Y N I L L L N I Q A
C T P K R G G R R K O A G K H M
Á L A B Ổ C A L E H T A N T Y Ã
N L Y T H E N I M S A J K Q H U
H L B Q P N K K U D Y K B È O Đ
H D R K G I Q B L P G O K A N Ơ
O H C C Q G G K P R Q T G D R N
A B Ồ C Ô N G A N H R H Y H B T
```

BÓ HOA   POPPY
GARDENIA   CÁNH HOA
DÂM BỤT   BỒ CÔNG ANH
JASMINE   HOA MẪU ĐƠN
HOA OẢI HƯƠNG   PLUMERIA
TỬ ĐINH HƯƠNG   HOA HỒNG
HOA LOA KÈN   HƯỚNG DƯƠNG
MAGNOLIA   CỎ BA LÁ
DAISY   LỜI KHUYÊN
PHONG LAN

44 - Nourriture #2

```
K  Q  N  H  N  B  D  L  U  À  G  Q  A  B  M  C
A  U  H  N  Y  Ô  K  C  N  K  I  Ố  U  H  C  M
T  Ả  O  T  T  N  P  T  P  H  Ă  N  M  Y  P  D
R  K  D  U  G  G  V  R  Q  T  M  Ấ  Q  Â  O  Q
Á  I  N  N  C  G  A  M  T  B  M  Í  T  À  C
I  W  T  C  T  Ả  H  N  T  M  Ô  D  M  N  G  N
X  I  V  P  M  I  Q  Ạ  B  M  N  L  G  Ầ  H  T
O  O  B  B  R  X  N  U  N  D  G  U  N  C  N  C
À  N  Á  Ì  M  A  Ú  L  Ả  H  S  Ô  C  Ô  L  A
I  Y  N  Y  O  N  A  B  P  A  N  H  B  V  L  U
G  I  H  G  N  H  A  U  T  D  N  H  G  A  K  H
Q  N  M  T  L  C  I  D  O  R  V  H  Â  Y  T  C
I  T  Ì  R  C  C  U  T  G  Ạ  O  O  Đ  N  V  À
P  C  Q  Ứ  L  R  Y  Á  V  I  G  R  G  À  I  C
R  Y  I  N  B  Q  D  O  C  R  K  G  T  Q  O  M
Q  B  O  G  H  T  P  K  H  H  T  R  U  U  C  D
```

HẠNH NHÂN	QUẢ KIWI
CÀ TÍM	TRÁI XOÀI
CHUỐI	TRỨNG
LÚA MÌ	BÁNH MÌ
BÔNG CẢI XANH	CÁ
QUẢ ANH ĐÀO	TÁO
CẦN TÂY	GÀ
NẤM	NHO
SÔ CÔ LA	GẠO
GIĂM BÔNG	CÀ CHUA

45 - Algèbre

```
G D G A C A Y L N Ố S N Â H P P
Q H Y A B B L S O R G G N V U U
A L I H C B Y P A N C O K G K I
P G N Ợ Ư L Ố S K I Ứ Ặ U Q U R
P H Ư Ơ N G T R Ì N H C B O U K
D N Q C Ế G B L Ố Ạ T B G L L G
L Í Q V I N I R P H G R N K Q O
A T V I B Ổ U Ả G Ô N C Ô D U A
C N L Ấ N T P K I V Ô G H T L O
Q Ế Q C N Ồ M K A P C V K G A P
Y Y N O Ậ Đ N P B Q H S Ố D O N
B U H Q R Ơ Ề T B R Q Á S I M T
B T K B T S A R U B B C P V Q Q
I P L L A P H É P T R Ừ N K M T
U K H Ũ M Đ Ơ N G I Ả N H Ó A K
M Y H T L T P N P L N R I C D C
```

SƠ ĐỒ   SỐ
MŨ   NGOẶC
PHƯƠNG TRÌNH   VẤN ĐỀ
TỐ   SỐ LƯỢNG
SAI   ĐƠN GIẢN HÓA
CÔNG THỨC   GIẢI PHÁP
PHÂN SỐ   TỔNG
VÔ HẠN   PHÉP TRỪ
TUYẾN TÍNH   BIẾN
MA TRẬN   SỐ KHÔNG

46 - Océan

```
T G A C U H D C A I V S O A T B
T H O U M M N C O O A A Ứ S H Ọ
Q K Y A U Y O G M V E N Y L U T
R A G H Ố G L U D Á K H H B Y B
I A I K I C T I C C Ô Á T Ề I
A B K O A Á B Ã O T Á P C C N Ể
N R Ạ N G M T R Ả L Ạ I M D Ơ N
M B A C V Ậ S Ó N G I A P A Ư T
Y R U U H P L C M M N O R D L Ô
C Á N G Ừ T V Y H D A P D R A M
A K R Ù A C U I B L Q V N Q B G
V R Y U C A D Ộ I P N O A U T R
B H A U O I Q O C Y G T Q V M B
H H O B K H U O N U O Q Q Q V R
K À P U G C U R I V A V C H M N
P T U Ề I R T Y Ủ H T O T N H O
```

LƯƠN	SỨA
CÁ VOI	CÁ
THUYỀN	BẠCH TUỘC
SAN HÔ	CÁ MẬP
CUA	TRẢ LẠI
TÔM	MUỐI
CÁ HEO	BÃO TÁP
BỌT BIỂN	CÁ NGỪ
HÀU	RÙA
THỦY TRIỀU	SÓNG

47 - Antiquités

```
T D R M Ư P B H R M I L U T U P
R T Ậ H T Ậ H G I Á I G U Ấ Đ H
A H O D U T V Ụ G I L M X H Q O
N Ế U P Ầ U C M C M Y I G T T N
G K N U Đ Ư H P N H P K N I H G
S Ỷ A I Q S A G Ễ H Ồ Y Ồ Ộ C C
Ứ H R U B Ộ O Y I T A I Đ N K Á
C H U B K B M I K Á I H Q Ồ Đ C
D V G D R D B O U H T Í Q Đ I H
T G V V I L U K Ề D L R C H Ê C
M O H M T H L R I H Q T Ị P U C
M H G H D Q H P Đ N L G G R K Y
T H A N H L Ị C H C A N A Q H B
R B D C P B M I V H M A V T Ắ C
N G H Ệ T H U Ậ T D M R O V C C
M I H B C T G N Ợ Ư L T Ấ H C Ũ
```

NGHỆ THUẬT
THẬT
TRANG SỨC
THU
ĐIỀU KIỆN
TRANG TRÍ
ĐẤU GIÁ
THANH LỊCH
BỘ SƯU TẬP
ĐẦU TƯ

ĐỒ NỘI THẤT
ĐỒNG XU
GIÁ
CHẤT LƯỢNG
PHỤC HỒI
ĐIÊU KHẮC
THẾ KỶ
PHONG CÁCH
GIÁ TRỊ
CŨ

48 - Boxe

```
O K U Đ N U D U N T N R Y D M A
I H T Á C H U Ô N G I Ắ A C N B
R U K Y Ó N P T V N G R M Ể I Đ
Q Ỷ Ỹ Đ G Ạ H M Y Ừ R C G T B V
G U N Ấ C M Ụ Ể Ủ H T I Ố Đ A P
Ă T Ă U L C C I À T G N Ọ R T Y
N A N S L Ứ H Đ N Y T H I R A M
G Y G Ĩ A S Ồ U T Â C I C K U Q
T C Ơ T H Ể I Ê C D N H A N H C
A V Ứ N I U C I M U G D O L H B
Y K V S I D V T T T C H O D A O
T U L P T C H Ấ N T H Ư Ơ N G D
G I M B L Ệ G C Ằ M O P A K N L
B L D I A P I A D Q P N H V O L
D G G H V P M K R V R A Y G L B
M L T R R O O L M L P O A R C C
```

ĐỐI THỦ

TRỌNG TÀI

CHẤN THƯƠNG

CHUÔNG

GÓC

ĐẤU SĨ

KỸ NĂNG

TIÊU ĐIỂM

DÂY THỪNG

CƠ THỂ

KHUỶU TAY

ĐÁ

KIỆT SỨC

SỨC MẠNH

GĂNG TAY

CẰM

NẮM TAY

ĐIỂM

NHANH

PHỤC HỒI

49 - Réchauffement Climatique

```
K  U  R  I  B  T  P  Q  H  T  K  Y  V  K  A  U
C  H  Y  C  A  C  Ọ  H  A  O  H  K  À  H  N  Ẽ
Ô  C  Ủ  L  K  Y  G  G  Á  T  H  A  Y  Đ  Ổ  I
N  G  B  N  C  D  P  L  Y  P  D  B  G  D  U  L
G  D  Y  U  G  G  V  G  V  T  L  H  N  A  B  Ữ
N  D  K  R  Q  H  U  C  D  V  A  U  C  T  D  D
G  R  M  T  M  N  O  D  N  M  D  G  Ậ  N  M  G
H  B  Ắ  C  C  Ự  C  Ả  H  H  G  M  O  T  G  G
I  B  O  P  V  H  R  G  N  Ợ  Ư  L  G  N  Ă  N
Ẽ  D  Â  K  H  Í  H  Ậ  U  G  C  Q  G  I  I  Ờ
P  Â  T  Y  D  H  K  C  Á  C  T  H  Ế  H  Ệ  Ư
D  N  D  A  G  K  G  T  Q  U  Ố  C  T  Ế  G  R
C  H  Ú  Ý  Q  I  A  L  G  N  Ơ  Ư  T  G  Q  T
I  Q  K  C  H  B  Ờ  C  H  Í  N  H  P  H  Ủ  I
K  G  U  G  B  H  P  H  Á  T  T  R  I  Ể  N  Ô
O  Y  A  M  N  H  I  Ệ  T  Đ  Ộ  D  O  N  K  M
```

BẮC CỰC	KHÍ
CHÚ Ý	CÁC THẾ HỆ
THAY ĐỔI	CHÍNH PHỦ
KHÍ HẬU	CÔNG NGHIỆP
KHỦNG HOẢNG	QUỐC TẾ
PHÁT TRIỂN	PHÁP LUẬT
DỮ LIỆU	BÂY GIỜ
MÔI TRƯỜNG	DÂN
NĂNG LƯỢNG	NHÀ KHOA HỌC
TƯƠNG LAI	NHIỆT ĐỘ

50 - Fruit

```
C  M  Â  M  X  Ô  I  D  Ư  A  U  C  K  C  G  L
H  Q  U  Ả  M  Ọ  N  G  T  V  P  H  B  A  B  B
A  B  M  N  O  À  Đ  H  N  A  Ả  U  Q  M  Y  H
N  O  Y  U  D  I  I  N  H  L  N  Ố  K  K  O  K
H  I  Y  O  L  Ứ  U  Ì  V  Y  U  I  Q  I  R  T
R  P  Q  C  C  V  A  H  C  O  V  W  D  H  V  Á
N  H  O  Q  A  Â  L  I  À  O  X  I  Á  R  T  O
D  Y  M  P  C  B  Y  N  H  O  I  K  A  L  H  N
B  G  M  H  L  U  N  X  Đ  V  I  Ả  D  O  Y  R
Y  M  I  P  Y  C  Q  A  U  U  L  U  V  B  L  B
N  R  D  U  I  Q  Ổ  G  Y  Â  Đ  Q  L  Ê  P  K
L  U  M  G  Ơ  B  I  Á  R  T  N  Ủ  K  N  I  V
A  R  C  G  M  B  V  U  Y  M  H  Đ  R  H  L  L
M  Y  M  D  Ả  A  Y  C  O  L  K  O  À  A  A  C
U  H  K  V  U  N  H  Y  G  I  Q  B  N  O  À  Đ
Q  U  V  G  Q  U  A  P  H  N  I  P  D  R  U  C
```

QUẢ MƠ	QUẢ KIWI
DỨA	TRÁI XOÀI
TRÁI BƠ	DƯA
QUẢ MỌNG	CÂY XUÂN ĐÀO
CHUỐI	CAM
QUẢ ANH ĐÀO	ĐU ĐỦ
CHANH	ĐÀO
HÌNH	LÊ
MÂM XÔI	TÁO
ỔI	NHO

51 - Technologie

```
Y  G  Y  Y  P  N  U  Ố  S  T  Ậ  U  H  T  Ỹ  K
T  A  Y  H  Q  O  Y  M  C  Y  I  N  G  R  R  Y
P  Ễ  I  Đ  G  N  Ô  H  T  H  K  Ộ  L  Ư  N  P
H  N  Í  T  Y  Á  M  C  D  G  Ữ  I  C  N  G  D
Ầ  T  T  M  K  C  O  D  V  D  H  R  O  G  H  Ữ
N  V  R  Q  G  U  C  T  Ậ  P  T  I  N  B  I  L
M  I  V  Ì  H  G  N  Q  I  V  V  O  L  À  Ê  I
Ề  R  C  V  N  R  B  G  R  L  T  V  P  Y  N  Ễ
M  Ú  I  D  I  H  T  H  Ố  N  G  K  Ê  M  C  U
V  T  Y  N  N  D  K  T  M  O  Ả  U  R  Ứ  C
N  R  N  O  N  Ả  V  U  T  A  L  A  L  U  U  G
P  Q  K  R  A  Y  P  K  Y  V  B  B  Y  M  M  T
K  C  V  G  D  Á  Q  K  C  Ễ  U  G  H  I  Q  U
N  A  U  M  A  M  G  P  U  K  T  L  I  A  V  V
I  N  T  E  R  N  E  T  B  A  M  À  N  K  Q  A
G  L  D  C  O  N  T  R  Ỏ  Q  P  H  A  T  C  B
```

TRƯNG BÀY	TRÌNH DUYỆT
BLOG	KỸ THUẬT SỐ
MÁY ẢNH	NỘI
CON TRỎ	MÁY TÍNH
DỮ LIỆU	CHỮ
MÀN	NGHIÊN CỨU
TẬP TIN	AN NINH
INTERNET	THỐNG KÊ
PHẦN MỀM	ẢO
THÔNG ĐIỆP	VI RÚT

52 - Musique

```
I  B  M  I  C  R  O  P  H  O  N  E  O  O  Y  O
L  A  Q  U  P  H  U  N  Ứ  U  K  U  P  Y  D  N
Ĩ  R  N  U  B  A  Ĩ  H  P  N  I  U  E  A  D  P
S  Y  O  Ẽ  A  L  S  Ị  H  V  G  Q  R  G  V  Q
C  Ổ  Đ  I  Ể  N  A  P  G  H  Y  B  A  G  O  K
Ạ  G  N  Đ  K  I  C  Ạ  H  N  M  Â  I  H  H  T
H  Y  O  I  I  T  U  P  H  N  Â  H  T  Ế  G  T
N  G  D  A  D  Á  N  A  R  T  I  U  C  P  N  U
B  B  G  I  N  H  T  C  B  R  H  L  G  O  Ộ  R
D  P  P  G  A  G  T  D  A  Ữ  G  V  O  T  Đ  G
I  Ợ  Q  O  D  N  A  Q  L  T  C  B  O  R  N  O
P  H  B  T  U  Ọ  G  M  L  Ì  N  R  B  D  Ế  U
D  A  O  P  M  I  R  Q  A  N  V  R  G  M  I  R
O  Ò  I  Ụ  C  G  N  Ụ  D  H  V  L  Q  I  T  N
N  H  Ị  P  N  H  À  N  G  A  U  V  T  Á  H  P
H  K  H  B  G  Y  I  R  B  I  I  P  N  H  Ơ  Y
```

ALBUM	GIAI ĐIỆU
BALLAD	MICROPHONE
HÁT	ÂM NHẠC
CA SĨ	NHẠC SĨ
CỔ ĐIỂN	OPERA
GHI ÂM	THƠ
HÒA HỢP	NHỊP
ỨNG BIẾN	NHỊP NHÀNG
DỤNG CỤ	TIẾN ĐỘ
TRỮ TÌNH	GIỌNG HÁT

53 - Météo

```
K K B K T U O B N Ư Ớ C Đ Á V H
Ô H K Ã T D P N Ầ G I Ó M Ù A C
G Í A A O G N Ồ V U Ằ C Ự C A B
H H Y R Y T Q N N M T É S M Ấ S
A Ậ K Q B Ớ Á R H Y O R I O V Y
P U U M B Ư H P I V G Ù Ờ Ó V K
D V V D Y M G V Ễ C H M N I O L
L Ũ L Ụ T Ẩ U C T A Ơ G D G V L
N H I Ệ T Đ Ớ I Đ Í C N D A A D
L Ố C X O Á Y N Ộ H V Ơ B P Q Đ
C R M Y D L R B U K N Ư Y Ã N Á
A T C H G H Y R U G D S U T O M
M M K D B H R H Y N Y Y G B C M
C H T V G V B K I Ô V K D K N Â
L K R U A G H Ạ N H Á N U I T Y
L Q K D Y C Y G O K M Q B Y G Q
```

CẦU VỒNG	CƠN BÃO
KHÔNG KHÍ	CỰC
SƯƠNG MÙ	KHÔ
BẦU TRỜI	HẠN HÁN
KHÍ HẬU	NHIỆT ĐỘ
NƯỚC ĐÁ	BÃO TÁP
ẨM ƯỚT	SẤM SÉT
LŨ LỤT	LỐC XOÁY
GIÓ MÙA	NHIỆT ĐỚI
ĐÁM MÂY	GIÓ

54 - L'Entreprise

```
H  K  A  C  H  Ấ  T  L  Ư  Ợ  N  G  K  A  V  V
X  R  I  I  K  I  O  B  A  Ộ  B  N  Ế  I  T  I
U  U  R  N  P  Q  B  Y  V  M  A  Ế  S  T  M  Ẽ
D  V  H  U  H  T  H  N  A  O  D  I  Á  O  P  C
T  G  B  Ư  U  D  Đ  Ơ  N  V  Ị  T  N  À  K  L
L  V  B  Q  Ớ  O  O  R  G  H  T  H  G  N  Q  À
P  U  K  O  K  N  P  A  I  C  H  N  T  C  U  M
G  T  V  P  B  B  G  O  N  Y  S  A  Ạ  Ầ  R  T
Q  U  Y  Ế  T  Đ  Ị  N  H  H  Ả  D  O  U  Ử  R
C  Ô  N  G  N  G  H  I  Ệ  P  N  Y  K  N  I  Ì
B  Y  Y  R  N  T  T  V  C  K  P  D  L  D  R  N
Đ  Ầ  U  T  Ư  Ă  L  K  C  A  H  B  O  H  O  H
B  N  Ê  Y  U  G  N  I  À  T  Ẩ  Q  B  Q  C  B
K  Q  P  C  R  C  M  Ả  O  L  M  D  N  V  V  À
C  H  U  Y  Ê  N  N  G  H  I  Ệ  P  B  R  B  Y
T  I  Ề  N  L  Ư  Ơ  N  G  K  P  Q  K  A  U  M
```

KINH DOANH	CHUYÊN NGHIỆP
SÁNG TẠO	TIẾN BỘ
QUYẾT ĐỊNH	CHẤT LƯỢNG
VIỆC LÀM	TÀI NGUYÊN
TOÀN CẦU	DOANH THU
CÔNG NGHIỆP	DANH TIẾNG
ĐẦU TƯ	RỦI RO
KHẢ NĂNG	TIỀN LƯƠNG
TRÌNH BÀY	XU HƯỚNG
SẢN PHẨM	ĐƠN VỊ

55 - Gouvernement

```
I  L  U  Ậ  T  B  R  T  L  K  T  T  T  P  B  A
C  H  Í  N  H  T  R  Ị  Ư  O  R  Ự  T  H  Ì  H
G  N  U  Ậ  O  Q  P  U  U  P  V  D  Y  Á  N  D
R  Y  N  U  G  K  U  K  G  A  H  O  D  T  H  N
A  Q  Ậ  Q  Q  U  Q  Ố  G  O  O  Á  H  B  Đ  H
R  M  U  C  L  P  Ậ  L  C  Ộ  Đ  I  P  I  Ả  D
Q  V  L  Ố  B  H  G  R  D  T  P  V  H  Ể  N  Â
B  C  O  K  C  R  Q  L  Q  P  Ị  Q  M  U  G  N
G  C  Ả  O  L  G  N  C  U  Q  A  C  U  K  G  C
P  Á  H  P  N  Ế  I  H  Y  U  H  K  H  D  I  H
C  Y  T  A  G  U  M  A  Ề  R  N  Q  Ự  M  K  Ủ
T  I  Ể  U  B  A  N  G  N  C  Ì  Y  S  V  L  H
R  K  M  Y  S  Ự  C  Ô  N  G  B  Ằ  N  G  R  N
M  O  N  U  M  E  N  T  P  Q  A  K  Â  B  G  V
B  I  Ể  U  T  Ư  Ợ  N  G  G  Ò  M  D  R  K  N
U  H  T  O  A  L  R  Q  P  M  H  B  T  Y  R  R
```

QUỐC TỊCH	ĐỘC LẬP
DÂN SỰ	TƯ PHÁP
HIẾN PHÁP	SỰ CÔNG BẰNG
DÂN CHỦ	TỰ DO
PHÁT BIỂU	LUẬT
THẢO LUẬN	MONUMENT
QUẬN	QUỐC GIA
QUYỀN	HÒA BÌNH
BÌNH ĐẲNG	CHÍNH TRỊ
TIỂU BANG	BIỂU TƯỢNG

56 - Randonnée

```
G I K K L N Ẫ D G N Ớ Ư H S K G
I O B C Y R Ặ V Á C H Đ Á Ự Y I
Y M H P I K N N L Ớ A P L Đ N À
B P U G D T H Q G Ư D Q M Ị Q Y
H N P Y D Á H Í P N V I N N B Ố
D Ê B Ả N Đ Ồ U H I C Y A H H N
T I Ạ R T M Ắ C T Ậ I L M H Đ G
Ẽ H I A C A D Y G C U V C Ư Ộ C
M N Ờ N I U Q M T Y L T A Ớ N Ô
N N R I Ú N I I I Ã Ị Y C N G N
T Ê T Y T P C Q V D B U L G V G
L I T M Ể I H Y U G N I Ố M Ậ V
G H Ặ V T Q Ế O V N Ẩ M A P T I
U T M M Q I Q T D A U P M Q V Ê
K P M A P K A M I O H C M U P N
Y M O U A L O N P H C V V Y V M
```

ĐỘNG VẬT	NẶNG
GIÀY ỐNG	THỜI TIẾT
CẮM TRẠI	NÚI
BẢN ĐỒ	THIÊN NHIÊN
KHÍ HẬU	SỰ ĐỊNH HƯỚNG
MỐI NGUY HIỂM	CÔNG VIÊN
NƯỚC	ĐÁ
VÁCH ĐÁ	CHUẨN BỊ
MỆT	HOANG DÃ
HƯỚNG DẪN	MẶT TRỜI

57 - Nutrition

```
R  E  Ỏ  H  K  C  Ứ  S  N  L  B  N  Q  V  K  Ă
Ị  Q  Q  C  B  L  Â  L  Ị  V  G  N  Ơ  Ư  H  N
D  V  M  O  G  Q  K  N  I  E  T  O  R  P  Ỏ  K
E  T  A  R  D  Y  H  O  B  R  A  C  V  Y  E  I
V  C  N  I  M  A  T  I  V  Ằ  Q  P  Y  T  M  Ê
G  V  O  B  G  H  B  G  N  Ặ  N  N  Â  C  Ạ  N
C  U  N  B  I  K  G  A  O  U  E  G  D  H  N  G
A  U  D  M  H  O  I  G  G  D  M  N  R  G  H  N
T  I  Ê  U  H  Ó  A  C  N  A  Ắ  P  B  P  Ỏ
Ă  N  Đ  Ư  Ợ  C  C  A  A  M  Ê  Đ  M  Y  U  L
C  H  Ấ  T  L  Ư  Ợ  N  G  L  L  B  Y  M  N  T
N  M  A  N  Ư  Ớ  C  X  Ố  T  O  I  G  A  M  Ấ
A  C  N  C  T  A  G  K  V  K  Đ  Ộ  C  T  Ố  H
G  M  O  D  C  H  U  N  I  I  G  P  I  T  L  C
R  N  A  D  V  D  K  V  P  Q  U  K  U  T  H  T
A  C  O  I  U  C  R  P  C  G  G  A  R  T  Y  P
```

ĐẮNG
NGON
CALO
ĂN ĐƯỢC
ĂN KIÊNG
TIÊU HÓA
GIA VỊ
CÂN BẰNG
LÊN MEN
CARBOHYDRATE

CHẤT LỎNG
CÂN NẶNG
PROTEIN
CHẤT LƯỢNG
KHỎE MẠNH
SỨC KHỎE
NƯỚC XỐT
HƯƠNG VỊ
ĐỘC TỐ
VITAMIN

58 - Créativité

```
C N N G T U R Y O M B H U N K Q
Ả K L Y N R V T K M L B D G Ị B
M Ỹ V L P L Ự U O I N C M H C K
X N V H T Ỏ P C H L Y A B Ễ H D
Ú Ă L D L N O G G N Ợ Ư T N Ấ
C N V A A G R Y N I H D C H Ả T
R G N Ở Ư T Ý I Ì L Á Y Ả U K Ự
T Í N H X Á C T H Ự C C M Ậ S P
R H Ễ C P K D G N K O Y G T Á H
O B I C Ư T P I M A Q Q I O N Á
A Q H A Ả Ờ C K Ầ L R P Á R G T
I A U V L M N G T T N U C A T P
G Y Ể U T Q H G N À R Õ R M Ạ U
O B I U K N A Ứ Đ I R A Y L O T
K G B T P A H C N Ộ C R K Q L P
S Ứ C S Ố N G Q T G B T G A A Y
```

NGHỆ THUẬT

TÍNH XÁC THỰC

RÕ RÀNG

KỸ NĂNG

KỊCH

BIỂU HIỆN

CẢM XÚC

LỎNG

Ý TƯỞNG

ẢNH

ẤN TƯỢNG

CẢM HỨNG

CƯỜNG ĐỘ

TRỰC GIÁC

SÁNG TẠO

CẢM GIÁC

TỰ PHÁT

TẦM NHÌN

SỨC SỐNG

59 - Science Fiction

```
Y  K  H  G  Y  Q  V  M  T  N  I  A  B  L  L  M
C  Ự  C  G  O  Ử  T  N  Ê  Y  U  G  N  Í  O  D
Á  P  D  L  O  Ễ  H  G  N  G  N  Ô  C  M  Ẩ  G
I  P  L  V  X  N  I  N  A  Ử  L  R  T  D  U  N
G  M  M  A  A  R  Ê  A  I  P  O  T  U  I  K  Ợ
O  I  H  M  X  Ổ  N  H  P  T  C  R  A  L  U  Ư
Ả  Q  A  H  Ô  O  H  U  O  T  H  C  Á  S  I  T
H  P  G  R  I  B  À  R  T  G  H  N  R  R  Q  G
T  U  Y  Ễ  T  V  Ờ  I  S  T  H  Ế  À  R  Y  N
K  Ị  C  H  B  Ả  N  K  Y  Ư  C  A  G  H  Y  Ở
A  V  L  D  K  D  R  B  D  Ơ  K  G  T  I  L  Ư
M  M  H  G  T  M  I  V  H  N  B  O  G  L  Ớ  T
Q  H  C  Q  P  T  G  T  Y  G  N  K  P  L  U  I
T  P  B  T  H  Ự  C  T  Ế  L  N  N  O  B  H  V
Q  T  A  N  A  G  E  L  C  A  R  O  P  O  K  I
T  U  B  T  B  V  O  Y  U  I  I  T  K  R  I  D
```

NGUYÊN TỬ	SÁCH
DYSTOPIA	XA XÔI
NỔ	THẾ GIỚI
CỰC	BÍ ẨN
TUYỆT VỜI	ORACLE
LỬA	HÀNH TINH
TƯƠNG LAI	THỰC TẾ
THIÊN HÀ	KỊCH BẢN
ẢO GIÁC	CÔNG NGHỆ
TƯỞNG TƯỢNG	UTOPIA

60 - Vertus #1

```
K  T  G  C  N  G  H  Ệ  T  H  U  Ậ  T  Đ  N  D
H  H  N  Ị  Đ  T  Ế  Y  U  Q  H  U  M  A  L  Q
Ô  Ô  L  I  L  C  A  R  I  P  Q  M  Ò  M  Ò  T
N  N  Ẫ  H  N  N  Ê  I  K  N  V  R  Y  M  Y  P
N  G  N  Ợ  Ư  G  N  Ở  Ư  T  G  G  Ê  N  C
G  M  Đ  N  B  U  H  G  B  U  Ồ  N  C  Ư  Ờ  I
O  I  Á  Q  U  Y  Ế  N  R  Ũ  Đ  U  H  K  A  Y
A  N  N  C  G  Y  T  Ợ  K  H  V  Ộ  Q  I  H  T
N  H  G  H  Y  I  T  Ư  I  H  I  V  C  H  N  R
A  Ế  T  C  Ự  H  T  L  R  C  I  Ễ  Y  L  D  M
N  M  I  Í  D  Q  Y  G  V  D  A  Ê  U  P  Ậ  V
Y  L  N  U  P  Ẹ  D  N  Ọ  D  O  C  M  Q  I  P
D  Y  C  Ữ  K  A  T  Ộ  M  B  N  D  T  T  U  K
P  T  Ậ  H  N  T  U  R  H  K  Y  B  D  P  Ố  Ả
H  K  Y  I  M  O  U  U  K  Y  Y  Y  Q  H  I  N
A  O  L  Q  T  Ố  T  I  N  H  P  R  B  L  V  D
```

NGHỆ THUẬT

TỐT

QUYẾN RŨ

TÒ MÒ

QUYẾT ĐỊNH

BUỒN CƯỜI

HIỆU QUẢ

ĐÁNG TIN CẬY

RỘNG LƯỢNG

TƯỞNG TƯỢNG

ĐỘC LẬP

THÔNG MINH

KHIÊM TỐN

ĐAM MÊ

KIÊN NHẪN

THỰC TẾ

DỌN DẸP

KHÔN NGOAN

HỮU ÍCH

61 - Professions #1

```
N G H Ẽ S Ĩ U L N K L V L U Q B
I G U D N D U G G U L N U K Q Á
P T T P G B Q U Â A G N Ậ B G C
L N Ê I V P Ậ T N Ê I B T A U S
U Í O L Y A M Ợ H T N C S U Q Ĩ
O P N Ử T O Y C À D N H Ư R B T
N H Á H Á Q K P N B U P Ạ R K H
A V O T C I P V G Á R V H C M Ú
I H T Y Q Ứ Y Q B C K H P Y S Y
P Q Ế Ủ H S U O G S V K U U P Ĩ
Ĩ L K H D I G H B Ĩ T H Ợ S Ă N
S P U T L Ạ Q N Ỏ V Ũ C Ô N G H
Ẽ I G M R Đ C Ọ H A O H K À H N
H Q V G B B H U G A G I Q K Y V Y
G V P C C E N H À Đ Ị A C H Ấ T
N Q Y M H K R E L E W E J P A L
```

ĐẠI SỨ

NGHỆ SĨ

LUẬT SƯ

NGÂN HÀNG

JEWELER

THỢ SĂN

KẾ TOÁN

VŨ CÔNG

BIÊN TẬP VIÊN

NHÀ ĐỊA CHẤT

Y TÁ

THỦY THỦ

BÁC SĨ

NHẠC SĨ

NGHỆ SĨ PIANO

PLUMBER

LÍNH CỨU HỎA

NHÀ KHOA HỌC

THỢ MAY

BÁC SĨ THÚ Y

62 - Géologie

```
C  X  T  G  B  Q  A  Y  Y  C  Q  P  N  R  H  N
A  Ó  H  A  N  G  Đ  Ộ  N  G  A  Ớ  H  M  A  Ú
O  I  M  Y  K  N  P  G  K  V  Ị  L  M  N  R  I
N  M  Y  G  L  Ù  V  Q  C  Y  Đ  C  C  Q  C  L
G  Ò  C  Y  Á  V  V  D  R  Q  C  Y  N  I  R  Ử
U  N  B  C  Đ  T  L  K  M  T  Ụ  B  V  G  U  A
Y  V  R  Ể  Ũ  A  O  C  O  U  L  C  M  Q  P  M
Ê  K  D  T  H  Ạ  C  H  A  N  H  O  H  K  I  M
N  C  D  I  N  T  K  H  O  Á  N  G  S  Ả  N  U
K  C  V  X  R  Y  H  I  T  D  V  N  G  A  V  Ố
Ô  C  M  A  H  N  G  N  U  D  O  M  Y  K  A  I
H  Ó  A  T  H  Ạ  C  H  I  C  B  A  B  U  G  U
N  Ó  N  G  C  H  Ả  Y  N  T  U  O  V  Q  Y  A
A  Y  T  Y  H  Q  P  L  N  C  Q  T  O  N  C  G
S  L  B  T  H  Đ  Á  Đ  G  N  Ă  M  L  H  H  L
U  H  N  R  G  U  B  Q  N  M  H  L  T  T  M  Q
```

AXIT
CALCIUM
HANG ĐỘNG
LỤC ĐỊA
SAN HÔ
LỚP
TINH THỂ
XÓI MÒN
NÓNG CHẢY
HÓA THẠCH

DUNG NHAM
KHOÁNG SẢN
ĐÁ
CAO NGUYÊN
THẠCH ANH
MUỐI
NHŨ ĐÁ
MĂNG ĐÁ
NÚI LỬA
VÙNG

63 - Jardin

```
W E E D S G B Q D G Q R G T L L
V B K G D T D O C G Q D H Ấ T L
Y D D Y A C V D R Ỏ K T G M A Q
B Ă N G G H Ế Ư P Q H L N B K R
C R V P N C D A Ờ D C I D Ạ B G
V C A K Ợ Â G I I N Ê I H T R P
V Õ N G Ư Y N N M Q Y N Y T N C
U K B R H Â K T P N H U K Q D R
H G L H T C I A H O A G D T K O
G G P A N I L A T À G K N D P Y
C R M G Â Ụ I P R R X Ẻ N G G I
Q Q B K S B P L M G H A T T H Ẻ
R N C C P Q R R B N M B G Ấ G C
M B B O K H C G T À V Ò I A Đ A
C Y T T Y K P K M H G A R A Á R
B V H K M P O T H C À O A U N D
```

CÂY	WEEDS
BĂNG GHẾ	XẺNG
BỤI CÂY	HIÊN
HÀNG RÀO	CÀO
AO	ĐÁ
HOA	ĐẤT
GA-RA	SÂN THƯỢNG
VÕNG	TẤM BẠT
CỎ	VÒI
VƯỜN	THẺ

64 - Santé et Bien Être #1

```
T  T  Q  L  P  B  H  T  H  Ó  I  Q  U  E  N  H
L  Y  I  I  M  P  Á  O  T  N  D  D  Y  U  O  V
C  M  D  P  Ắ  B  Ơ  C  Ạ  Đ  I  Ề  U  T  R  Ị
G  Ã  Y  X  Ư  Ơ  N  G  S  T  P  V  O  Ú  K  G
T  H  Ư  G  I  Ã  N  N  C  Ĩ  Đ  V  Ạ  R  Í  D
L  I  N  V  C  H  D  Ơ  H  H  C  Ộ  X  I  C  T
Q  R  G  M  Ố  I  N  Ư  Ấ  I  B  I  N  V  H  H
V  I  K  H  U  Ẩ  N  X  N  L  V  I  Ả  G  T  U
G  C  L  C  H  U  Q  D  T  R  O  H  H  A  H  Ố
D  H  N  D  T  Q  T  Ế  H  T  Ư  T  P  G  Í  C
T  I  B  I  M  Y  N  P  Ư  G  R  P  N  C  C  N
N  R  L  T  Ệ  U  M  A  Ơ  Y  O  Ị  O  H  H  L
G  Q  V  I  I  C  C  R  N  I  V  N  L  U  T  N
D  A  R  K  T  R  M  O  G  Đ  V  O  P  I  Ố  A
C  H  I  Ề  U  C  A  O  R  Ó  O  Y  V  I  Ệ  N
G  N  H  R  H  N  D  Q  U  I  I  Y  U  D  A  U
```

HOẠT ĐỘNG	CƠ BẮP
VI KHUẨN	XƯƠNG
CHẤN THƯƠNG	DA
ĐÓI	TIỆM THUỐC
GÃY XƯƠNG	TƯ THẾ
THÓI QUEN	THƯ GIÃN
CHIỀU CAO	PHẢN XẠ
KÍCH THÍCH TỐ	TRỊ LIỆU
BÁC SĨ	ĐIỀU TRỊ
THUỐC	VI RÚT

65 - Barbecues

```
M  E  Ẻ  R  T  Â  B  Ữ  A  T  Ố  I  Ó  Đ  O  T
U  Ù  O  Q  Y  M  G  I  A  Đ  Ì  N  H  G  Y  R
V  T  A  O  G  N  Ó  N  K  Q  P  D  N  M  U  Á
S  L  P  H  M  H  A  O  K  G  H  À  N  H  B  I
H  A  T  L  È  Ạ  I  Ơ  H  C  Ò  R  T  Y  M  C
U  U  L  Q  O  C  U  K  Q  M  V  K  Ố  I  O  Â
R  H  I  A  D  T  T  D  T  P  Q  H  X  Ố  Ê  Y
N  C  A  A  D  U  R  Q  O  A  G  P  C  U  O  U
G  À  L  A  K  S  U  P  D  A  O  M  Ớ  M  G  N
Q  C  Q  N  D  Q  R  C  M  T  Q  Y  Ư  C  B  Y
T  D  T  U  T  K  P  K  M  L  Q  T  N  A  Q  V
B  Ữ  A  T  R  Ư  A  U  Y  A  V  D  H  G  L  O
V  H  L  B  B  C  Q  A  U  B  L  D  R  R  M  N
B  M  K  V  K  D  A  V  M  D  U  H  A  O  L  Q
P  P  O  O  Q  O  P  G  N  Ớ  Ư  N  U  N  A  H
B  N  V  O  C  P  N  À  V  V  P  I  U  L  T  C
```

NÓNG	TRÒ CHƠI
DAO	RAU
BỮA TRƯA	ÂM NHẠC
BỮA TỐI	HÀNH
TRẺ EM	TIÊU
MÙA HÈ	GÀ
ĐÓI	SALADS
GIA ĐÌNH	NƯỚC XỐT
TRÁI CÂY	MUỐI
NƯỚNG	CÀ CHUA

66 - Ferme #1

```
B  I  L  A  Q  M  P  B  B  N  G  G  T  H  H  O
Ắ  D  B  P  Ễ  I  H  G  N  G  N  Ô  N  U  À  G
P  I  V  D  T  C  Â  U  A  G  T  Y  V  N  N  O
C  C  T  C  I  Q  N  C  O  N  O  N  G  G  G  K
H  V  Y  V  L  N  B  À  K  Ừ  R  È  C  Ự  R  H
Â  H  H  Y  G  L  Ó  U  Đ  R  K  B  M  A  À  Ê
N  G  R  T  A  A  N  P  B  Ò  Y  E  K  N  O  D
A  L  H  D  V  I  H  Y  D  B  T  U  K  P  O  O
P  G  T  M  N  Ư  Ớ  C  P  C  U  Ô  H  K  Ỏ  C
A  G  B  Y  K  D  I  O  O  P  L  D  H  D  Q  N
D  D  P  Q  O  G  D  L  N  G  N  O  T  Ậ  M  B
R  P  Q  C  D  Q  U  M  H  N  Ạ  U  Q  N  O  C
I  C  P  T  L  V  A  B  C  Ờ  Y  O  B  A  M  P
O  M  U  Q  C  I  V  I  H  Ư  B  A  R  U  T  D
T  L  G  B  D  U  P  Y  L  R  G  R  G  K  K  D
I  P  O  Q  Y  Y  G  H  G  T  P  R  C  H  Ó  Q
```

CON ONG   CON QUẠ
NÔNG NGHIỆP   NƯỚC
DONKEY   PHÂN BÓN
BÒ RỪNG   CỎ KHÔ
TRƯỜNG   MẬT ONG
CON MÈO   GÀ
NGỰA   GẠO
DÊ   ĐÀN
CHÓ   BÒ
HÀNG RÀO   BẮP CHÂN

67 - Café

```
Đ  U  Y  D  D  R  B  A  I  N  K  H  G  N  A  R
Ồ  R  Ố  G  B  T  T  H  V  M  U  T  Ố  K  M  H
U  R  R  N  E  Đ  B  B  D  L  M  H  C  Ớ  Ư  N
Ố  N  I  M  G  N  M  H  D  Q  U  Ơ  Ố  Đ  I  R
N  L  O  C  A  F  F  E  I  N  E  M  C  Ư  U  C
G  N  Ổ  L  T  Ấ  H  C  K  A  X  A  Y  Ờ  H  U
N  Y  P  R  H  N  T  D  C  H  Y  M  H  N  R  L
Á  H  H  A  A  C  V  O  O  B  M  T  Ư  G  I  T
S  I  Y  P  I  D  B  V  M  T  A  Y  Ơ  G  M  H
I  C  G  N  Ắ  Đ  U  P  Q  A  L  N  N  A  R  L
Ổ  G  D  Q  G  Q  K  N  K  C  V  O  G  G  Y  P
U  G  N  D  H  K  G  T  V  K  C  S  V  C  K  G
B  B  Ộ  L  Ọ  C  B  U  K  G  M  Ữ  Ị  U  G  G
H  D  M  R  L  V  R  Q  D  Q  O  A  L  H  D  V
P  N  C  T  U  L  G  B  Q  I  G  I  Q  A  M  B
L  B  V  N  I  R  L  A  V  B  L  D  M  N  P  G
```

ĐẮNG	BUỔI SÁNG
THƠM	XAY
UỐNG	ĐEN
ĐỒ UỐNG	GỐC
CAFFEINE	GIÁ
KEM	RANG
NƯỚC	HƯƠNG VỊ
BỘ LỌC	ĐƯỜNG
SỮA	CỐC
CHẤT LỎNG	

68 - Antarctique

```
V U H L R R T Q B V T C T L M K
T Ị D I O B M B N B B T Q Ụ Ô H
B M N N G À K Á Y K V G P C N O
Ă Q L H C I I N Ồ T O Ả B Đ Đ Á
N H D V G K O Đ A K P V Q Ị Ị N
G P N D R B V Ả H M D R I A A G
R G P T Y N Á O Đ K T R D C L S
N M I M A C C R Q D Q G I Y Ý Ả
H M Ô I T R Ư Ờ N G V O C D N N
I C Ọ H A O H K M N M T Ư O Y N
Ẹ R O C K Y N K N Ă C P O A Y I
T C C C R Â Ì K C B L I M K H B
Đ C M N U M H I A G M I L A U H
Ộ I G Ư G M A D T N T Q N V O C
B Y V Ớ G Á Ị U I Ô K Y Q L O N
P T L C A Đ Đ H D S M G L B G P
```

VỊNH	ĐẢO
CÁ VOI	DI CƯ
BẢO TỒN	KHOÁNG SẢN
LỤC ĐỊA	ĐÁM MÂY
NƯỚC	CHIM
MÔI TRƯỜNG	BÁN ĐẢO
LOÀI	ROCKY
MÔN ĐỊA LÝ	KHOA HỌC
BĂNG	NHIỆT ĐỘ
SÔNG BĂNG	ĐỊA HÌNH

69 - Professions #2

```
V L U K Ỹ S Ư S O Á I G V N U C
M O M D H Y C P O Ư H T Ủ H T O
C N H À H Ó A H Ọ C D O H A D R
U H I L A N L I V O L C Ạ S D O
U M Í N H À X U Ấ T B Ả N Ĩ H K
A N K N Â D G N Ô N K R D V A Y
I H A T H Ử P P H I C Ô N G I Y
G A Y V D T N H À N G Ô N N G Ữ
H I Y N N M R T H B I P P B H Q
N G Á L K Á G Ị P O Á B À H N B
À T U O O H U U G K Ĩ Á C H Ả A
H Ế A B V T D M K I S C V B P N
I I H K P I Y M N H A S A D Ế L
H R L L D Y Ê I D Q Ọ Ĩ R M I P
P T R H C V T N R C H M Q O H M
G H A V H R Q R M O D A A V N M
```

NÔNG DÂN	NHÀ BÁO
PHI HÀNH GIA	NHÀ NGÔN NGỮ
THỦ THƯ	BÁC SĨ
NHÀ HÓA HỌC	HỌA SĨ
NHA SĨ	TRIẾT GIA
THÁM TỬ	NHIẾP ẢNH GIA
GIÁO VIÊN	PHI CÔNG
NHÀ XUẤT BẢN	CHÍNH TRỊ GIA
HOẠ	GIÁO SƯ
KỸ SƯ	

70 - Les Abeilles

```
O N R Y Â C M I B I Q A S V O H
I Ữ K M Q A Ó B P M H H N Á C Ệ
M H G K A H T L K H R Q Ă T P S
U O A K A I Q Q Ợ Q Ấ G C G H I
C À T R T V K U Q I O N Ứ Q I N
Ô N Ấ H P Ụ H T C Ạ B Ạ H O V H
N G Y A L D T D C L M D T O E T
T N T R Á I C Â Y P N A O H A H
R O M Q M I A G A Ọ K Đ U V H Á
Ù T Ặ R H A I G V H H N V Q V I
N Ậ T G O O K O G O Ó L Q A Ư O
G M T C N L L H T H I L A C Ờ D
R I R Y Y B C I V O U U A H N C
T I Ờ C N D U A D K D N M N R O
U U I A B K B V U N U A G R D K
D R V M Y B D I H B Y V Q N B M
```

CÁNH
CÓ LỢI
SÁP
ĐA DẠNG
HỌP LẠI
HỆ SINH THÁI
HOA
TRÁI CÂY
KHÓI
CÔN TRÙNG

VƯỜN
MẬT ONG
THỨC ĂN
CÂY
PHẤN HOA
THỤ PHẤN
NỮ HOÀNG
HIVE
MẶT TRỜI

71 - Santé et Bien Être #2

```
D  G  N  Õ  Ư  D  H  N  I  D  B  N  L  O  M  H
B  C  Ọ  H  U  Ã  H  P  I  Ả  I  G  I  L  N  P
Q  T  U  N  I  L  U  K  I  N  P  Ó  B  A  O  X
R  C  O  Ẽ  N  Ễ  Á  P  O  G  I  V  Ẽ  C  D  K
H  L  Q  B  I  G  M  U  Q  N  K  M  N  Y  I  H
I  L  C  C  U  N  O  T  Q  G  I  L  H  P  T  Ỏ
C  Ơ  T  H  Ể  Ẳ  G  N  R  I  C  H  V  H  R  E
N  D  C  R  T  H  P  O  K  Ù  I  B  I  Ụ  U  M
Ă  Ị  I  B  O  T  N  C  M  B  N  H  Ệ  C  Y  Ạ
N  Ứ  V  L  Y  G  M  I  A  V  G  G  N  H  Ề  N
G  N  I  D  H  N  Ấ  D  S  Y  O  N  B  Ồ  N  H
L  G  T  O  V  Ă  T  L  U  Ệ  N  Ặ  T  I  D  V
Ư  B  A  H  R  C  N  T  O  H  V  N  P  G  Q  Q
Ợ  G  M  Q  N  G  Ư  N  A  D  I  N  A  H  C  G
N  V  I  G  D  M  Ớ  R  A  H  Y  Â  K  Y  U  B
G  H  N  Q  G  A  C  B  V  R  U  C  O  A  L  T
```

DỊ ỨNG   NHIỄM TRÙNG
GIẢI PHẪU HỌC   BỆNH
NGON   XOA BÓP
CALO   DINH DƯỠNG
CƠ THỂ   CÂN NẶNG
MẤT NƯỚC   PHỤC HỒI
NĂNG LƯỢNG   KHỎE MẠNH
DI TRUYỀN   MÁU
BỆNH VIỆN   CĂNG THẲNG
VỆ SINH   VITAMIN

72 - Conduite

```
G I A O T H Ô N G Y K K Đ L T N
P Đ I B Ộ N Q M I D H M Ộ C V H
I H R Q K G N Ờ Ư Đ Í A N Q M I
A T A T I U À N O G O N G U D Ê
A Y H N Ơ Y O O K O A C C Q P N
M U D Ể H H T V N P N R Ơ N M L
D H G Y E I N Ạ N I A T A K N I
O V Q U X Ể A I B Ả D R V Q I Ễ
U V A H M M G O M T T Q V I R U
V G Q C G Ầ Q Y B E R T U U M D
Y X I N K H L U G X K Á Ố D U C
H E V Ậ H G A Y G R P S G C Ồ P
B M B V H N G I Ấ Y P H É P Đ B
I Á I D K Ờ P V Y H C N H I N Ộ
D Y U B U Ư B T B P C Ả G M Ả G
N Q K Q L Đ C K O G I C A N B T
```

TAI NẠN	XE MÁY
XE TẢI	ĐI BỘ
NHIÊN LIỆU	CẢNH SÁT
BẢN ĐỒ	ĐƯỜNG
NGUY HIỂM	AN TOÀN
PHANH	GIAO THÔNG
GA-RA	VẬN CHUYỂN
KHÍ	ĐƯỜNG HẦM
GIẤY PHÉP	TỐC ĐỘ
ĐỘNG CƠ	XE HƠI

73 - Plantes

```
Q  F  I  H  R  T  H  Ự  C  V  Ậ  T  H  Ọ  C  K
T  U  L  A  A  M  L  Ổ  L  Q  V  R  N  M  M  C
G  Ê  Ả  O  B  Ụ  I  C  Â  Y  M  G  B  Y  O  K
O  R  H  M  R  I  V  Y  Â  B  C  Y  A  V  O  M
D  G  I  H  Ọ  A  C  N  C  T  H  Ự  C  V  Ậ  T
D  Q  P  Ạ  K  N  Ố  L  Â  G  A  N  U  N  D  D
U  I  C  T  Q  H  G  Á  Y  Y  U  Q  P  I  O  Q
O  H  B  Đ  P  G  N  Ồ  R  G  N  Ơ  Ư  X  M  U
H  O  A  Ậ  O  R  Ồ  V  Ư  Ờ  N  P  O  Y  O  I
R  M  N  U  L  G  U  M  K  A  H  H  Q  B  K  U
L  H  I  G  C  U  G  D  L  Q  A  Â  K  U  Q  A
H  T  M  B  C  Á  N  H  H  O  A  N  L  M  A  U
B  D  P  B  K  Y  C  Y  T  C  N  B  C  B  K  L
T  N  A  M  M  D  I  U  L  T  G  Ó  U  I  B  L
C  R  L  Ớ  N  L  Ê  N  O  N  B  N  O  M  B  M
U  H  E  A  R  H  L  G  R  Ừ  N  G  M  L  T  U
```

CÂY	RỪNG
QUẢ MỌNG	LỚN LÊN
TRE	HẠT ĐẬU
THỰC VẬT HỌC	CỎ
BỤI CÂY	VƯỜN
XƯƠNG RỒNG	IVY
PHÂN BÓN	RÊU
LÁ	CÁNH HOA
HOA	NGUỒN GỐC
FLORA	THỰC VẬT

74 - Ferme #2

```
A  U  O  K  A  Y  R  Y  N  Ă  C  Ứ  H  T  Y  U
D  U  C  K  Q  M  G  R  Ô  G  N  T  V  T  P  G
U  L  D  C  M  H  G  O  N  U  U  Ủ  A  L  A  A
L  D  M  H  U  O  B  Y  G  N  O  Ổ  T  Ị  V  M
K  Ú  C  Í  T  C  C  Q  D  T  V  N  M  G  Q  Y
C  U  A  N  A  O  U  R  Â  H  C  Ạ  M  A  Ú  L
Ỏ  B  P  M  H  G  H  K  N  Ủ  A  T  K  K  H  V
C  U  R  Q  Ì  Y  H  R  V  Y  Â  C  I  Á  R  T
G  Ố  H  D  G  I  R  G  M  L  A  B  U  C  Q  Đ
N  G  I  Q  B  Q  O  C  C  Ợ  C  L  K  N  K  Ộ
Ồ  T  T  X  B  B  U  Q  M  I  U  I  I  U  V  N
Đ  I  R  L  A  Ữ  S  Q  L  R  L  T  U  G  K  G
D  V  A  I  Ự  Y  P  L  D  T  A  Q  K  V  D  V
M  G  K  V  V  G  G  D  G  T  D  U  U  D  R  Ậ
O  N  G  Ỗ  N  G  U  I  L  H  L  Ừ  C  V  Q  T
M  Á  Y  K  É  O  R  V  Ó  Ẻ  C  C  V  M  O  P
```

NÔNG DÂN
ĐỘNG VẬT
LÚA MÌ
VỊT
TRÁI CÂY
VỰA
THỦY LỢI
SỮA
RAU
NGÔ

CỐI XAY GIÓ
CỪU
CHÍN
THỨC ĂN
NGỖNG
LÚA MẠCH
ĐỒNG CỎ
TỔ ONG
MÁY KÉO
THẺ

75 - Vacances #2

```
H  Y  K  A  I  V  O  N  P  L  Q  O  N  K  V  N
À  S  U  X  N  G  À  Y  L  Ễ  T  Y  D  D  Ậ  G
N  Â  G  E  L  K  U  B  P  U  D  Q  O  B  N  O
H  N  Y  L  A  C  Y  M  H  K  P  A  O  I  C  Ạ
T  B  T  Ử  I  P  G  A  I  Q  O  L  Q  O  H  I
R  A  K  A  Q  Y  T  I  X  C  Ắ  T  E  X  U  Q
Ì  Y  N  H  M  A  Q  Y  A  Ự  N  Ể  I  B  Y  U
N  B  T  T  Á  N  B  N  A  H  Ể  Ú  C  T  Ể  Ố
H  Ả  K  L  Đ  C  H  Í  R  T  I  Ả  I  G  N  C
Q  N  L  D  K  Ả  H  O  B  Ị  B  L  Ạ  I  H  O
D  Đ  P  R  D  P  O  S  P  H  I  Ề  R  M  A  N
L  Ồ  L  Y  Y  C  M  H  Ạ  T  Ã  U  T  C  T  O
H  N  P  U  Ả  H  Y  T  C  N  B  N  M  V  O  L
M  Y  A  H  N  Ế  Đ  M  Ể  I  Đ  G  Ắ  B  R  P
C  K  K  Y  H  P  Q  T  U  Ế  I  H  C  Ộ  H  O
M  I  I  A  U  R  H  Y  Y  C  R  A  B  U  N  N
```

SÂN BAY	HỘ CHIẾU
CẮM TRẠI	ẢNH
BẢN ĐỒ	BÃI BIỂN
ĐIỂM ĐẾN	XE TẮC XI
NGOẠI QUỐC	LỀU
KHÁCH SẠN	XE LỬA
ĐẢO	VẬN CHUYỂN
GIẢI TRÍ	NGÀY LỄ
BIỂN	THỊ THỰC
NÚI	HÀNH TRÌNH

76 - Temps

```
L Y B B H B Â Y G I Ờ Y Y G H H
V Y U U Y G L N N G G A R T A Đ
D R R L U Đ Ê M Ă N Q G U T P Ồ
L V H C L K T Ớ T Á T R R K Y N
H Ô M Q U A R S T S N G K R Y G
N T C G A G Ư A Y I Y L K G B H
H H A H S A Ớ B U Ổ I T R Ư A Ồ
L Á P M G M C U L U P G O B L T
H N B C P G G I O B V H I C Ị Ư
Y G R A V R A T R Q H Y Ú Ờ C Ơ
H À N G N Ă M T H Ậ P K Ỷ T H N
I M G U T T K T I C P C O M K G
N U N N U H O V O R G A V I K L
L Q O I Ầ Ế U O Q U L N G L N A
A D D Q N K U A U Y P L O N B I
K C V D O Ỷ A Y H A T R A M N T
```

NĂM	ĐỒNG HỒ
HÀNG NĂM	NGÀY
SAU	BÂY GIỜ
TRƯỚC	BUỔI SÁNG
SỚM	BUỔI TRƯA
LỊCH	PHÚT
THẬP KỶ	THÁNG
TƯƠNG LAI	ĐÊM
GIỜ	TUẦN
HÔM QUA	THẾ KỶ

77 - Maison

```
G G B I B M C T I M Y V H M I N
Y L P A L V R I Ở Ư S Ò L T H O
T R D C T O Q Q N P K I N Ờ Ư V
C G B N R I C C N H M H H L G O
Ử T Á R Ằ A G N Ờ Ư T O À O U C
A D C C N D C A P O O A B L M U
S Q H U X A M M R Y À S Ế P I Y
Ổ C Ì K B É N V U A R E P K U C
H Ử A I D H P Q Q Q G N Ơ Ư G H
G A K R È M C Ử A K N Ẽ È B G Ổ
I U H P H Ò N G L V À I K Đ O I
B M Ó L N Q C C G L H V K C R M
B G A C D A L P M V Q Ư U V P L
B I P C P T H Ả M N À H N I Á M
O P N P M O T K A M K T L A T H
H N A A Q V B T M O V T L U A D
```

CHỔI
THƯ VIỆN
PHÒNG
LÒ SƯỞI
CHÌA KHÓA
HÀNG RÀO
NHÀ BẾP
VÒI HOA SEN
CỬA SỔ
GA-RA

GÁC XÉP
VƯỜN
ĐÈN
GƯƠNG
TƯỜNG
TRẦN
CỬA
RÈM CỬA
THẢM
MÁI NHÀ

78 - Légumes

```
G  A  A  U  D  M  O  D  I  Đ  K  I  M  G  Y  I
O  Ừ  T  S  A  L  A  D  M  L  Ậ  I  Ù  V  G  D
O  R  N  Ở  D  H  U  N  P  L  C  U  I  L  N  Y
T  D  L  G  I  U  H  G  C  H  M  Í  T  À  C  R
R  N  C  V  P  L  C  O  C  R  T  U  Â  G  M  I
T  T  Ủ  V  A  R  À  H  U  U  I  R  Y  K  A  C
K  T  H  N  T  A  C  K  T  R  R  N  N  Ấ  M  P
V  I  Ẹ  U  I  B  Ô  N  G  C  Ả  I  X  A  N  H
T  Y  Y  K  S  Ô  L  I  U  R  A  U  B  I  N  A
U  B  R  A  Ô  K  H  C  À  R  Ố  T  V  H  T  N
D  K  Q  Q  L  A  V  N  C  Q  T  U  V  C  I  P
Q  G  G  U  N  P  Y  V  Ủ  L  Y  P  A  Ầ  R  K
D  Ư  A  C  H  U  Ộ  T  C  Q  O  U  H  N  À  H
D  R  Y  V  Y  N  Y  Q  Ả  V  Q  Q  Q  T  D  Y
R  O  N  G  B  I  Ể  N  I  Y  G  U  P  Â  G  D
O  Q  U  Ả  B  Í  N  G  Ô  P  C  C  T  Y  A  H
```

TỎI	CỦ HẸ
RONG BIỂN	RAU BINA
ATISÔ	GỪNG
CÀ TÍM	CỦ CẢI
BÔNG CẢI XANH	HÀNH
CÀ RỐT	Ô LIU
CẦN TÂY	MÙI TÂY
NẤM	ĐẬU
QUẢ BÍ NGÔ	SALAD
DƯA CHUỘT	CÀ CHUA

79 - Plage

```
T  H  U  Y  Ề  N  B  U  Ồ  M  I  T  Á  C  U  K
K  N  P  H  Q  P  M  G  Ỉ  O  Q  R  K  R  B  I
L  T  D  G  N  H  Y  K  H  Ă  N  Ả  N  Q  Y  V
O  B  L  L  T  C  Y  C  G  C  Ể  L  P  V  G  O
B  Ờ  B  I  Ể  N  D  O  N  T  I  Ạ  A  V  G  H
K  O  C  U  C  Ề  R  D  Ỳ  Đ  B  I  Ô  M  V  Ỏ
N  C  M  G  U  Y  K  V  K  M  Ả  G  Y  D  R  P
N  B  U  Y  A  U  B  U  M  Ầ  Đ  O  O  A  É  A
R  M  H  Q  O  H  R  R  L  Ặ  T  I  P  M  K  P
C  À  C  I  P  T  Q  B  D  C  T  G  H  T  R  C
V  U  Y  L  O  A  U  G  D  U  Y  T  N  C  C  A
T  X  Y  G  D  O  H  M  P  R  T  O  R  D  A  C
K  A  V  R  P  V  D  A  K  Q  H  L  C  Ờ  T  D
G  N  Ơ  Ư  D  I  Ạ  Đ  D  M  C  V  L  P  I  L
R  H  H  G  O  M  Y  B  K  U  H  O  B  Y  G  Q
U  C  L  K  H  V  Y  G  T  D  Y  V  T  H  A  I
```

THUYỀN	ĐẠI DƯƠNG
MÀU XANH	TRẢ LẠI
VỎ	CÁT
BỜ BIỂN	DÉP
CUA	KHĂN
DOCK	MẶT TRỜI
ĐẢO	KỶ NGHỈ
ĐẦM	THUYỀN BUỒM
BIỂN	

80 - Famille

```
C  Ọ  O  I  T  T  T  U  V  T  V  Y  O  Y  N  A
Ú  H  C  B  C  L  L  O  R  N  T  P  K  C  I  N
Ẹ  M  Á  O  D  Q  A  U  D  Ì  T  D  C  O  B  H
C  E  C  U  Á  H  C  Ấ  D  P  L  R  Q  D  M  T
A  H  C  B  T  V  Ợ  Ơ  O  B  T  B  T  O  I  R
U  P  Ồ  H  Q  R  R  H  T  N  Y  P  B  O  A  A
V  C  I  N  T  D  A  T  R  P  K  I  U  D  H  I
B  I  R  O  G  N  Ô  I  Ẻ  D  T  I  V  C  R  Á
V  Y  M  C  V  Y  C  Ờ  Ẻ  O  C  T  B  À  A  G
T  Ổ  T  I  Ê  N  H  H  M  Q  C  T  N  H  C  N
Q  Y  C  N  B  K  E  T  B  K  T  U  U  L  O  O
C  H  Á  U  G  Á  I  M  K  G  R  L  N  L  Y  C
A  N  K  A  N  C  D  B  G  H  R  C  G  B  P  K
B  H  N  Y  I  L  O  D  B  Á  K  L  H  C  A  V
V  Q  U  T  I  D  I  I  Q  R  I  D  Q  K  B  C
M  Q  N  H  U  M  K  C  N  C  D  I  D  M  U  C
```

TỔ TIÊN	CHỒNG
EM HỌ	MẸ
THỜI THƠ ẤU	CHÁU
CON	CHÁU GÁI
TRẺ EM	CHÚ
VỢ	CHÁU TRAI
CON GÁI	CHA
ANH TRAI	EM GÁI
BÀ	DÌ
ÔNG	

81 - Oiseaux

```
T O U C A N D U M M L Q Q R D H
B Đ H L V U Y L K R B A H M G R
O Ạ R K Q C A T D K U M A D G A
P I G L B Ò I Ẹ K M V H L H B H
B B L M V D G V O Ạ Y U V I R Y
C À G N I C A N D U B A Ẻ L T H
A N T U A Y A O O Q B K S C A O
M G N Ứ R T Ụ C H N Á C M I H C
P Ò N V Ị T D N G O D O I U N P
C L N N G M I G U C M I H C K N
N T B G Ê P Ẹ Ỗ C H N H C K C B
K N R T B I C N C T K P Y Q T Ồ
T G C G U I H G Ô D G K Q Ê M N
K A D O L D Ể T N L M P N G U Ô
V H R Q C P T N G H D D D C N N
C H I M B Ồ C Â U Ể I Đ À Đ R G
```

ĐẠI BÀNG	CHIM SẺ
ĐÀ ĐIỂU	MÒNG BIỂN
VỊT	TRỨNG
CÒ	NGỖNG
YÊU	CÔNG
CON QUẠ	CON VẸT
CHIM CU	BỒ NÔNG
THIÊN NGA	CHIM BỒ CÂU
DIỆC	GÀ
CHIM CÁNH CỤT	TOUCAN

82 - Disciplines Scientifiques

```
B  M  Q  M  H  T  Đ  A  T  S  I  N  H  H  Ọ  C
O  G  U  L  O  P  Ị  A  H  C  Ị  D  N  Ễ  I  M
K  A  Ý  V  Q  D  A  D  Ầ  Q  T  R  N  L  G  Q
K  O  K  L  O  K  C  C  N  R  U  I  O  O  N  O
B  Y  H  T  M  Q  H  C  K  U  R  K  T  H  M  T
U  T  Í  H  P  Â  Ấ  H  I  P  V  Y  A  B  C  A
T  C  T  I  H  T  T  O  N  M  L  M  M  I  Ọ  B
I  C  Ư  Ê  Y  O  H  P  H  H  A  A  D  T  H  O
K  Ơ  Ợ  N  Y  C  Ọ  H  U  Ẫ  H  P  I  Ả  I  G
H  K  N  V  N  S  C  I  T  O  B  O  R  H  Ộ  N
O  H  G  Ă  K  H  Ả  O  C  Ổ  H  Ọ  C  Ó  H  G
Á  Í  H  N  S  I  N  H  L  Ý  H  Ọ  C  A  Ã  Ô
N  C  Ọ  H  A  Ó  H  Y  K  R  R  R  B  S  X  N
G  A  C  Ọ  T  S  I  N  H  T  H  Á  I  I  C  N
K  C  V  C  Ọ  H  T  Ậ  V  G  N  Ộ  Đ  N  V  G
T  H  Ự  C  V  Ậ  T  H  Ọ  C  Q  T  K  H  H  Ữ
```

GIẢI PHẪU HỌC   NGÔN NGỮ
KHẢO CỔ HỌC   CƠ KHÍ
THIÊN VĂN HỌC   KHÍ TƯỢNG HỌC
HÓA SINH   KHOÁNG
SINH HỌC   THẦN KINH
THỰC VẬT HỌC   SINH LÝ HỌC
HÓA HỌC   TÂM LÝ
SINH THÁI   ROBOTICS
ĐỊA CHẤT HỌC   XÃ HỘI HỌC
MIỄN DỊCH   ĐỘNG VẬT HỌC

83 - Maladie

```
V K P H G S R M A A C M A G G O
I I T K T Ứ H Ễ I K R D Ị Ứ N G
D Ổ Ê H I C A I U Ễ R K L O Ơ N
I H Y M M K O H Q G N Ụ B P Ư A
T P Ấ H Ô H H N P N T D R R X O
R I P L D Ỏ V Y O Y B Q Ị I G X
U T G N L E M Â G D Q V H C T H
Y Ế R M N I Ã L D P R C Y H Ộ
Ề Q Y O D G N Ư L T Ắ H T O N I
N T A V R B T V L C Ơ T H Ể Ệ C
U G P D A D Í V I K H U Ẩ N B H
G A T G K M N T R Ị L I Ệ U A Ứ
G O U K M A H G U I H I G O Ữ N
I T K R T U P I I A T C L Y H G
O T I D A I B K Q V C C V K C H
G K D V B R V D I H L V Y A G I
```

BỤNG   MIỄN DỊCH
DỊ ỨNG   VIÊM
VI KHUẨN   THẮT LƯNG
MÃN TÍNH   XƯƠNG
LÂY NHIỄM   PHỔI
CƠ THỂ   HÔ HẤP
TIM   SỨC KHỎE
YẾU   XOANG
CHỮA BỆNH   HỘI CHỨNG
DI TRUYỀN   TRỊ LIỆU

84 - Géographie

```
T  P  T  N  Ế  Y  U  T  H  N  I  K  A  T  L  T
D  H  H  Q  Y  Â  Ộ  Đ  Ĩ  V  O  R  T  H  Ã  H
O  I  Ế  Í  T  T  N  K  Ả  P  Q  A  L  Q  N  À
V  U  U  G  A  G  P  T  A  O  D  B  A  M  H  N
B  N  M  N  I  N  P  L  G  H  M  Q  S  H  T  H
T  Ú  V  Ô  I  Ớ  A  K  C  Ự  V  U  H  K  H  P
T  I  G  S  P  Ư  I  M  Ắ  V  K  Ố  L  B  Ổ  H
B  Ả  N  Đ  Ồ  H  B  D  B  G  L  C  A  I  L  Ố
Đ  Ạ  I  D  Ư  Ơ  N  G  T  K  Q  G  I  Ể  N  Q
B  Á  N  C  Ầ  U  C  H  G  V  M  I  H  N  T  R
N  O  P  K  D  M  M  I  K  C  B  A  G  L  N  H
Q  O  O  U  N  U  B  O  P  A  T  Ị  M  I  C  U
P  A  K  T  I  L  P  D  Y  K  M  Đ  L  H  B  B
Q  M  T  Q  C  K  C  K  Y  P  I  C  H  H  B  V
Q  Y  N  Y  R  P  B  U  B  R  O  Ụ  M  T  H  P
Đ  Ộ  C  A  O  P  B  M  T  A  A  L  N  K  Q  O
```

ĐỘ CAO	THẾ GIỚI
ATLAS	NÚI
BẢN ĐỒ	BẮC
LỤC ĐỊA	ĐẠI DƯƠNG
SÔNG	HƯỚNG TÂY
BÁN CẦU	QUỐC GIA
ĐẢO	KHU VỰC
VĨ ĐỘ	PHÍA NAM
BIỂN	LÃNH THỔ
KINH TUYẾN	THÀNH PHỐ

85 - Danse

```
B Y H P A R G O E R O H C B I K
T K Ọ Â Ó N L G U R O R G I B K
M N C M H I T O M R Q L H Q Q N
R G V N N C I L T T D P H A T M
C N I H Ă Ả V L D L V B Ị Ể H U
N Ố Ẽ Ạ V M D M I D T Ư T H Ế N
Â H N C C X L R H Đ U K Ậ T N K
G T Ả L H Ú N Y I Ố C T U Ơ Ể V
L N L Y B C N A T I U R H C I Ă
V Ề D M Y Q V I G T P Q T L Đ N
I Y A K R Q G U L Á P O Ẽ Y Ổ H
L U U B N R Y Y I C O L H G C O
Y R O D G A C N U V K A G I T Á
N T T R Ự C Q U A N Ẻ G N Q K V
P H O N G T R À O G B I U Q H V
D H H N K O U N G D D R O C V B
```

HỌC VIỆN   VUI VẺ
NGHỆ THUẬT   PHONG TRÀO
CHOREOGRAPHY   ÂM NHẠC
CỔ ĐIỂN   ĐỐI TÁC
CƠ THỂ   TƯ THẾ
VĂN HOÁ   NHỊP
VĂN HÓA   NHẢY
CẢM XÚC   TRUYỀN THỐNG
ÂN   TRỰC QUAN

86 - Bâtiments

```
Y  V  C  U  V  L  X  D  D  M  T  T  Đ  M  L  G
C  Ă  N  Ộ  V  Ự  N  V  I  M  H  À  A  T  Q
I  Q  Y  I  Q  H  Ở  U  C  O  I  Á  I  M  R  P
V  A  D  L  B  A  N  I  I  N  H  P  Q  Y  Ự  P
D  A  D  L  G  A  G  B  P  H  V  Q  U  R  Ờ  U
U  O  Q  L  M  U  C  H  R  L  Ự  M  A  H  N  C
S  Â  N  V  Ậ  N  Đ  Ộ  N  G  A  B  N  A  G  K
Y  R  Ờ  I  T  Q  N  D  Ạ  N  R  H  S  V  H  U
B  Ệ  N  H  V  I  Ệ  N  S  À  A  G  Á  O  Ọ  Ề
N  M  M  T  T  U  G  I  H  T  G  M  T  K  C  L
O  C  L  U  B  À  T  T  C  O  Y  T  L  G  Ọ  Â
U  B  U  Ê  O  P  H  B  Á  Ả  A  K  P  H  H  U
N  D  K  I  K  D  V  N  H  B  T  G  B  P  I  Đ
I  Y  B  S  D  L  U  A  K  N  G  H  H  O  Ạ  À
R  Ạ  P  H  Á  T  N  Á  U  Q  Ứ  S  I  Ạ  Đ  I
T  D  H  K  K  N  H  À  M  Á  Y  T  K  L  B  D
```

ĐẠI SỨ QUÁN
CĂN HỘ
XƯỞNG
CABIN
NHÀ THỜ
LÂU ĐÀI
TRƯỜNG HỌC
GA-RA
VỰA
BỆNH VIỆN

KHÁCH SẠN
BẢO TÀNG
ĐÀI QUAN SÁT
SÂN VẬN ĐỘNG
SIÊU THỊ
LỀU
RẠP HÁT
THÁP
ĐẠI HỌC
NHÀ MÁY

87 - Activités et Loisirs

```
Q  L  S  V  V  P  T  P  T  K  Y  M  A  Q  Y  U
D  A  Ở  N  Y  K  G  T  I  I  B  O  I  R  T  P
A  B  T  K  Y  M  K  Y  N  Ờ  Ư  V  M  À  L  H
C  K  H  M  O  T  A  G  Ề  C  Â  U  C  Á  B  M
I  N  Í  D  Y  V  M  O  Y  À  H  C  G  N  Ó  B
B  G  C  P  H  C  Ị  L  U  D  H  A  G  N  Y  D
L  Ó  H  I  Q  L  T  F  H  N  A  N  Ề  Y  U  Q
H  V  N  Ặ  L  C  H  V  C  Ắ  M  T  R  Ạ  I  H
N  A  Ã  G  D  P  I  T  G  T  Ắ  Ậ  H  L  B  R
A  L  I  C  Đ  V  G  G  N  Q  S  U  I  K  L  P
R  K  G  C  D  Á  T  U  Ó  U  A  H  A  B  P  T
T  I  Ư  L  T  H  L  I  B  Ầ  U  T  U  Ó  B  O
C  P  H  I  A  B  Ư  Y  A  N  M  Ẽ  V  N  I  U
Ứ  T  T  R  P  D  Ớ  R  L  V  T  H  L  G  T  T
B  Ơ  I  L  Ộ  I  T  D  O  Ợ  L  G  M  R  V  C
H  U  Q  V  M  N  B  P  T  T  R  N  H  Ổ  L  Y
```

MUA SẮM	SỞ THÍCH
NGHỆ THUẬT	BỨC TRANH
BÓNG CHÀY	CÂU CÁ
BÓNG RỔ	LẶN
QUYỀN ANH	THƯ GIÃN
CẮM TRẠI	LƯỚT
BÓNG ĐÁ	QUẦN VỢT
GOLF	BÓNG CHUYỀN
LÀM VƯỜN	DU LỊCH
BƠI LỘI	

88 - Livres

```
R R S O O G K H Y G N P T P T H
C C Á B T I Ể U T H U Y Ế T Ừ Y
Â T N À D T L C G Y V O O T Y L
U B G I À D O É K V T Ă C H G M
C I T T Ạ O L M Q I G C N Ơ N R
H O Ạ H M A K K Y Ế T Ọ M H C P
U M O Ơ N O A L H T Q Đ N N Ọ T
Y I Â Q H M A C A Y Q I K Ả B C
Ễ Ả I G C Á T U O H D Ờ B C B D
N A U Q N Ê I L Ó C Ớ Ư H I À H
A A D Q Q T R A N G B G V Ố D U
H I B I K Ị C H U M I N T B A A
N R D K U L U Q V V B A N M T Q
G T R M I H C B O D D K R T G I
B Ộ S Ư U T Ậ P G G U M Q C C T
L Ị C H S Ử G H M T Y Q R B M V
```

TÁC GIẢ	NGƯỜI ĐỌC
BỘ SƯU TẬP	VĂN HỌC
BỐI CẢNH	TỪ
KÉO DÀI	TRANG
VIẾT	CÓ LIÊN QUAN
CÂU CHUYỆN	BÀI THƠ
LỊCH SỬ	THƠ
HÀI HƯỚC	TIỂU THUYẾT
NGÂM	LOẠT
SÁNG TẠO	BI KỊCH

89 - Pays #2

```
L A G R K P O P U R Y O D L Đ A
H E Q H L A L U H Q C H B P A L
B L B B H A I T I Á G Q O B N B
L U B A D N A G U H P M R B M A
Y V K I N P Q S O M A L I A Ạ N
R R Q R A O D K À I D N D T C I
H H D Y D C N C L N A G K R H A
K U D S U I A C I A M A J U P I
G E R M S X L I A M O O C N A S
Q B N C T E E D Q K I H M G K E
I B Ả Y T M R G K N H B Y Q I N
C K B G A P I A Q L G T I U S O
T O T M Y U K R A I N A N Ố T D
K O Ậ K Y G D D D D N T H C A N
O T H P G A L N A A D A I N N I
O D N M H P G T A Q D R L T I T
```

ALBANIA
TRUNG QUỐC
ĐAN MẠCH
PHÁP
HAITI
INDONESIA
IRELAND
JAMAICA
NHẬT BẢN
KENYA

LÀO
LEBANON
MEXICO
UGANDA
PAKISTAN
NGA
SOMALIA
SUDAN
SYRIA
UKRAINA

90 - Fournitures d'Art

```
Q  K  S  Á  N  G  T  Ạ  O  A  T  V  B  H  H  P
B  C  M  Y  N  T  O  V  H  T  C  O  D  U  R  I
G  K  Á  K  E  O  C  K  N  G  Ớ  R  Q  H  O  O
U  A  Y  Ấ  I  G  A  I  Y  Y  Ư  I  Y  L  I  N
B  M  Ả  O  Ì  H  U  U  P  D  N  À  B  L  U  M
À  C  N  A  H  T  I  A  A  A  L  K  C  E  I  V
N  Ế  H  G  C  M  M  G  P  D  S  Y  B  S  N  C
C  A  L  M  T  À  G  G  N  Ở  Ư  T  Ý  A  T  Ớ
H  T  G  V  Ú  U  Đ  O  T  G  T  T  E  E  I  Ư
Ả  B  Y  R  B  S  B  Ấ  T  Ẩ  Y  L  B  L  L  N
I  C  B  T  M  Ắ  N  C  T  V  G  A  B  C  S  U
L  P  N  Y  G  C  U  R  N  S  H  P  B  B  I  À
R  T  N  V  D  M  I  H  G  M  É  Q  U  U  Y  M
N  Y  Q  P  Ầ  L  R  C  R  Ự  Y  T  I  C  C  A
L  P  C  I  U  L  A  V  H  C  L  Y  H  T  H  P
M  L  H  L  M  L  Q  H  V  I  M  R  I  I  C  U
```

ACRYLIC
MÀU NƯỚC
ĐẤT SÉT
BÀN CHẢI
MÁY ẢNH
GHẾ
THAN
EASEL
KEO
MÀU SẮC

BÚT CHÌ
SÁNG TẠO
NƯỚC
MỰC
TẨY
DẦU
Ý TƯỞNG
GIẤY
PASTELS
BÀN

91 - Eau

```
C  Ớ  Ư  N  I  Ơ  H  G  B  Y  K  B  G  R  K  S
Ơ  M  V  L  D  L  R  T  K  H  H  Ê  M  A  C  Ư
N  M  U  R  Đ  Ạ  I  D  Ư  Ơ  N  G  N  T  V  Ơ
B  L  A  G  E  G  Q  U  O  K  A  R  U  H  T  N
Ã  L  B  R  G  S  Ô  N  G  N  Ư  Ớ  C  Đ  Á  G
O  U  Q  I  Ợ  L  Y  Ủ  H  T  M  Ẩ  Ộ  Đ  B  G
V  N  Ố  G  V  P  N  E  Ồ  L  Ũ  L  Ụ  T  A  I
Ò  H  R  N  L  L  M  Q  G  M  R  M  M  B  Y  Á
I  U  M  O  G  I  G  I  Ó  M  Ù  A  T  G  H  M
H  H  V  C  G  A  Q  S  Ó  N  G  A  C  V  Ơ  O
O  A  T  O  Y  G  R  L  R  V  V  V  U  B  I  T
A  H  G  I  T  R  M  A  P  Y  P  V  T  C  Y  A
S  U  B  P  H  R  C  U  G  C  D  C  U  Y  I  H
E  U  L  D  I  P  N  N  V  K  L  Y  Y  C  C  Q
N  N  N  M  Q  I  P  P  Y  B  V  N  Ế  I  U  A
Q  B  A  I  Y  D  C  C  T  T  R  D  T  V  Q  N
```

KÊNH	HỒ
VÒI HOA SEN	GIÓ MÙA
BAY HƠI	TUYẾT
SÔNG	ĐẠI DƯƠNG
SƯƠNG GIÁ	CƠN BÃO
GEYSER	MƯA
NƯỚC ĐÁ	UỐNG
ĐỘ ẨM	SÓNG
LŨ LỤT	HƠI NƯỚC
THỦY LỢI	

92 - Jazz

```
N Q T Y M B A N T G O I N G O Y
H K M ớ I K N H Ị P O G Ầ Y Ũ P
Ấ P Ỹ Q B U Ổ I H Ò A N H Ạ C T
N H B T H Ứ N G N K I B P R Ạ R
M O D Y H I A G P M U R H Q H Ố
Ạ N À U A U K P Â C P Ĩ N I N
N G N A B N Ậ P V M H S À U N G
H C N T M À Y T B A N Ễ H Y Ạ C
D Á H V K V I Ạ O L Ể H T C O Y
B C Ạ M Q N O H L B Q G Ạ Q S C
D H C O V O C R Á M A N U C À T
Y Ê U T H Í C H R T L M M I H M
N Ổ I D A N H N U L B O N Y N C
P U R T O A Q A Y M U U N O N V
N A H R C Q I Y U R M Y L H K Q
T À I N Ă N G V D O Q P K G Y N
```

NHẤN MẠNH
ALBUM
NGHỆ SĨ
NỔI DANH
BÀI HÁT
NHÀ SOẠN NHẠC
THÀNH PHẦN
BUỔI HÒA NHẠC
YÊU THÍCH
THỂ LOẠI

HỨNG
ÂM NHẠC
MỚI
DÀN NHẠC
NHỊP
PHONG CÁCH
TÀI NĂNG
TRỐNG
KỸ THUẬT
CŨ

93 - Paysages

```
P  B  G  I  L  K  B  C  Y  H  T  G  R  V  N  Q
P  B  C  I  M  I  H  V  I  B  L  N  L  L  Ú  V
B  M  Y  G  M  Đ  Ả  O  Ả  Đ  C  Ố  M  O  I  Q
S  D  Ầ  I  B  D  G  Ả  C  Ử  A  S  Ô  N  G  G
L  A  L  G  I  Y  L  Đ  T  H  Á  C  N  Ư  Ớ  C
Ã  Ử  M  M  Ể  S  Ô  N  G  P  V  Ị  N  H  S  T
N  L  Ầ  Ạ  N  H  C  Á  P  U  G  D  G  P  Ô  T
H  I  Đ  D  C  D  Q  B  M  O  L  M  C  A  N  Q
N  Ú  O  C  P  P  H  Y  P  L  O  N  A  B  G  A
G  N  M  A  O  V  R  Ồ  D  N  T  Đ  K  N  B  T
U  Đ  Ạ  I  D  Ư  Ơ  N  G  K  Q  G  Ồ  Ể  Ă  H
Y  I  I  N  V  P  L  P  R  A  A  T  R  I  N  Y
Ê  B  U  L  H  H  I  Q  R  N  C  I  G  B  G  U
N  T  L  I  Q  A  Y  L  Y  R  G  P  V  I  Y  O
Q  Q  H  G  K  Q  A  I  U  A  O  I  U  Ã  C  V
C  H  A  N  G  N  Ũ  L  G  N  U  H  T  B  N  D
```

THÁC NƯỚC   ĐẦM LẦY
ĐỒI   BIỂN
SA MẠC   NÚI
CỬA SÔNG   ỐC ĐẢO
SÔNG   ĐẠI DƯƠNG
SÔNG BĂNG   BÁN ĐẢO
VỊNH   BÃI BIỂN
HANG   LÃNH NGUYÊN
ĐẢO   THUNG LŨNG
HỒ   NÚI LỬA

94 - Pays #1

```
P Y C B C C H I Q V R P B R T K
H G P A L R H R H Q A H R O Â O
I Ấ K T M O R O C C O Ầ A M Y L
L U N T G D R V T Y R N Z A B R
I B A Đ L A Y B I L U L I N A D
P O L Q Ộ U C I U D G A L I N V
P H A Y G C L K R U A N N A N A
I P B M L E U H I N M O D T H N
N A F G H A N I S T A N A Đ A I
E M I O M K D H T U N N O Ứ V T
S A S O O U R A U G A R A C I N
H L R P P O B M N K P D Q H C E
O I A D T L C P Y A U C D B P G
O H E A L I R D K D C D G U T R
U O L V E N E Z U E L A M I L A
O T C G Q R I U D D T U G L M H
```

AFGHANISTAN   LIBYA
ĐỨC   MALI
ARGENTINA   MOROCCO
BRAZIL   NICARAGUA
CANADA   NA UY
TÂY BAN NHA   PANAMA
ECUADOR   PHILIPPINES
PHẦN LAN   BA LAN
ẤN ĐỘ   ROMANIA
ISRAEL   VENEZUELA

95 - Nombres

```
A  L  A  L  D  B  S  R  N  A  N  T  O  T  Q  T
U  U  L  H  D  A  Ố  M  Ă  N  Ố  B  N  B  H  D
D  Q  D  A  I  C  K  Ư  N  Í  H  C  I  Ờ  Ư  M
T  P  O  I  N  V  H  Ờ  G  H  I  L  B  Y  O  V
H  H  V  B  H  H  Ô  I  R  C  B  C  H  P  V  V
V  O  Ậ  T  T  L  N  H  O  P  A  Q  Y  P  Q  O
Y  K  P  P  K  K  G  A  B  I  Ờ  Ư  M  P  V  U
T  U  T  A  P  V  Q  I  M  Ư  Ờ  I  Q  Y  D  R
B  Á  G  I  R  H  I  G  K  V  K  T  C  Ả  Q  L
A  S  M  O  C  L  Â  O  D  M  Ư  Ờ  I  B  Ố  N
D  I  Á  Y  O  P  A  N  D  U  Ă  Q  H  H  I  G
U  Ờ  T  N  L  C  K  U  U  K  R  L  B  U  M  Q
D  Ư  I  Ơ  Ư  M  I  A  H  Y  Ả  B  I  Ờ  Ư  M
G  M  Ờ  K  N  U  G  K  D  P  N  H  B  Ờ  K  I
L  P  Ư  I  G  K  T  C  U  T  S  Á  U  M  Ư  M
U  D  M  T  V  M  H  R  B  Y  O  U  O  D  K  M
```

NĂM	MƯỜI BỐN
HAI	BỐN
THẬP PHÂN	MƯỜI LĂM
MƯỜI	MƯỜI SÁU
MƯỜI TÁM	BẢY
MƯỜI CHÍN	SÁU
MƯỜI BẢY	MƯỜI BA
MƯỜI HAI	BA
TÁM	HAI MƯƠI
CHÍN	SỐ KHÔNG

96 - Psychologie

```
Y  C  R  B  I  G  N  Ở  Ư  T  Ý  L  A  M  N  C
T  Ú  U  P  R  U  K  Y  P  H  C  V  I  U  T  O
A  X  T  Ộ  N  C  O  I  G  Ờ  P  V  B  P  U  L
Q  M  H  O  C  A  U  C  Á  I  G  M  Ả  C  T  Q
T  Ả  I  V  T  H  I  P  O  T  Ộ  Đ  G  N  U  X
D  C  T  B  T  H  Ẹ  Q  T  H  O  A  V  V  C  C
C  Á  T  Í  N  H  Ự  N  R  Ơ  M  C  Ấ  I  G  Á
L  Â  M  S  À  N  G  C  D  Ấ  Y  Q  R  K  T  I
K  H  A  Q  A  C  N  D  T  U  Ễ  I  L  Ị  R  T
Y  I  T  Q  M  Ứ  K  D  I  Ế  Q  L  O  N  I  Ô
B  D  K  P  R  H  N  Ỉ  T  T  Ấ  B  I  A  R  I
D  G  Q  D  Y  T  À  T  I  Ề  M  T  H  Ứ  C  I
M  Ẽ  I  H  G  N  H  N  I  K  Y  P  C  A  C  K
M  O  B  Y  P  Ậ  G  O  H  S  U  Y  N  G  H  Ĩ
K  Q  A  G  P  H  N  O  R  V  D  K  Q  U  M  R
R  T  N  Ề  Đ  N  Ấ  V  T  Á  I  G  H  N  Á  Đ
```

LÂM SÀNG	SUY NGHĨ
HÀNH VI	NHẬN THỨC
XUNG ĐỘT	CÁ TÍNH
CÁI TÔI	VẤN ĐỀ
THỜI THƠ ẤU	CUỘC HẸN
KINH NGHIỆM	THỰC TẾ
CẢM XÚC	GIẤC MƠ
ĐÁNH GIÁ	CẢM GIÁC
Ý TƯỞNG	TIỀM THỨC
BẤT TỈNH	TRỊ LIỆU

97 - Nature

```
T  H  S  N  K  U  O  L  L  I  Y  P  N  N  G  A
Q  I  P  Ư  H  I  G  B  H  N  Ì  B  A  Ò  H  K
P  I  V  N  Ơ  Ú  Ã  V  U  Ă  Đ  C  U  M  Q  I
V  Ẻ  Đ  Ẹ  P  N  D  R  O  N  Ộ  Q  Y  I  U  H
Đ  Á  M  M  Â  Y  G  U  R  G  N  Ừ  R  Ó  A  Q
P  T  S  Y  O  H  N  M  D  Đ  G  U  Q  X  N  O
L  Q  L  A  B  I  A  G  Ù  Ộ  V  N  I  G  T  U
V  C  Y  K  M  M  O  T  H  N  Ậ  U  A  N  R  M
T  H  Á  N  H  Ạ  H  D  R  G  T  H  P  T  Ọ  B
T  A  I  P  B  O  C  G  K  N  Y  C  P  B  N  Ắ
Q  A  D  K  D  Q  A  L  Q  Ô  V  V  Y  Q  G  C
N  B  D  D  P  V  L  A  C  S  T  R  Q  R  P  C
U  O  R  U  H  C  C  O  U  L  Á  H  I  A  H  Ự
S  E  R  E  N  E  R  G  N  Ă  B  G  N  Ô  S  C
N  H  I  Ệ  T  Đ  Ớ  I  N  G  N  N  U  N  K  P
K  M  I  D  O  B  N  Y  B  B  R  K  M  O  C  V
```

ONG	RỪNG
ĐỘNG VẬT	SÔNG BĂNG
BẮC CỰC	NÚI
VẺ ĐẸP	ĐÁM MÂY
SƯƠNG MÙ	HÒA BÌNH
SA MẠC	THÁNH
NĂNG ĐỘNG	HOANG DÃ
XÓI MÒN	SERENE
LÁ	NHIỆT ĐỚI
SÔNG	QUAN TRỌNG

98 - Chimie

```
D B T R H L R A N T B T C V A C
M U Ố I P Q L G I V B I H V Y H
Ề C L Í H K M D Q A U G R V V Ấ
I R N T Â K V A G N Ặ N N Â C T
K Y D P N Ô U U G B P Ỏ A G M X
C D N G T I X A K I M L O Ạ I Ú
M L U H Ử I B Y Q H O T R N M C
N D B H I R A U B A Ấ D A B T
N O M O Y Ễ I Q D K G H Y L M Á
G B V L D L T D P U K C H C M C
A E U B I Q L Đ V I Q I L A K K
O N Â H N T Ạ H Ộ I O N L R O V
T Z I P Y Ễ O M D B G P Y B N H
Q Y T L B I U K G Q Q O P O A B
Y M V G O H V C L O T U N N D O
L E Đ I Ệ N T Ử T N Ê Y U G N I
```

AXIT	HYDRO
KIỀM	ION
NGUYÊN TỬ	CHẤT LỎNG
CARBON	KIM LOẠI
CHẤT XÚC TÁC	PHÂN TỬ
NHIỆT	HẠT NHÂN
CLO	ÔXY
ENZYME	CÂN NẶNG
ĐIỆN TỬ	MUỐI
KHÍ	NHIỆT ĐỘ

99 - Bateaux

```
Y O P H H T R H H A I Y H V H T
N P M M C G L P P O A H P L L H
Ề P H À V L H S U P E Y K N G Ủ
Y K Y C B Ơ Y Ô X U Ồ N G Q O Y
U Q C M V C R N Ể I B K T Q Q T
H A U P D G Y G N Ừ H T Y Â D H
T H U Y Ề N B U Ồ M O N G M I Ủ
U K M K N Ộ P Q B H A T T V V R
D C T L U Đ U O C H K O U H U O
C Ộ T B U Ồ M M V Ả I A C R B H
R K K D K O I U Ề I R T Y Ủ H T
Đ Ạ I D Ư Ơ N G V L B B H A P R
N N V V C K L G N Ý O M Y C K Y
O K P H I H À N H Đ O À N M C U
B R U G P D R Ó N K O I V R K N
N Y N H A H P S O P C T B È U I
```

NEO
PHAO
XUỒNG
DÂY THỪNG
PHI HÀNH ĐOÀN
PHÀ
SÔNG
KAYAK
HỒ
THỦY TRIỀU

THỦY THỦ
CỘT BUỒM
BIỂN
ĐỘNG CƠ
HẢI LÝ
ĐẠI DƯƠNG
BÈ
SÓNG
THUYỀN BUỒM
DU THUYỀN

100 - Mesures

```
V V K G O C I C M L T M U D K C
Q B I C K H U U Â Đ Ộ S Â U I E
C L L H H I G Y K N T Q K D L N
H V Ô I Ố Ề Q H V B N U Q Q Ô T
I V G Ề I U Q O L P M Ặ Q O M I
Ề M À U L D G C N K H P N Y É M
U M M C Ư À I Y G T M Ú E G T E
R D A A Ợ I N O U N C E T Í L T
Ộ C R O N I C D A T P L Y É T I
N B G Y G U H R U T G Q B V M Y
G N L T H Ậ P P H Â N T U G P A
Q P L L T R V G G B Ợ T G C U K
M Q Y U M V T M A M Ư C M Y L V
T R Ì N H Đ Ộ T B G L P H N H Q
K M M M C T A Ấ H D M C R B M N
L B U N A K P N C A Â O L U V Q
```

CENTIMET
TRÌNH ĐỘ
THẬP PHÂN
GRAM
CHIỀU CAO
KILÔGAM
KILÔMÉT
CHIỀU RỘNG
LÍT
CHIỀU DÀI

KHỐI LƯỢNG
MÉT
PHÚT
BYTE
OUNCE
CÂN NẶNG
INCH
ĐỘ SÂU
TẤN
ÂM LƯỢNG

1 - Adjectifs #2

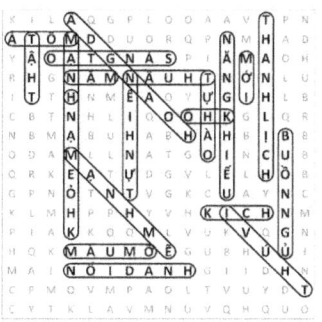

2 - Formes

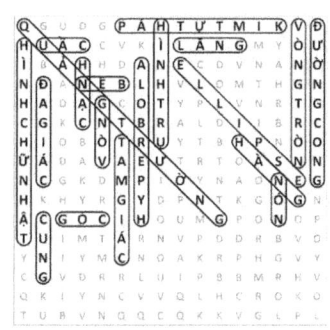

3 - Force et Gravité

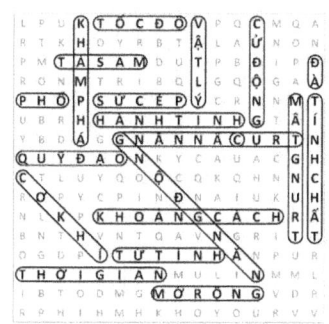

4 - Adjectifs #1

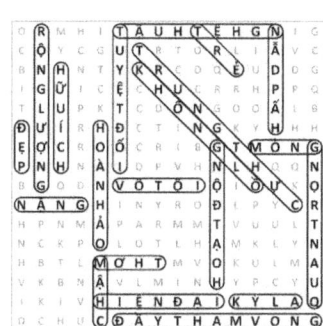

5 - Instruments de Musique

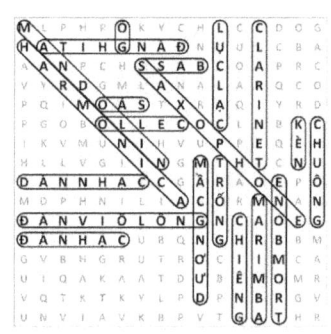

6 - Échecs

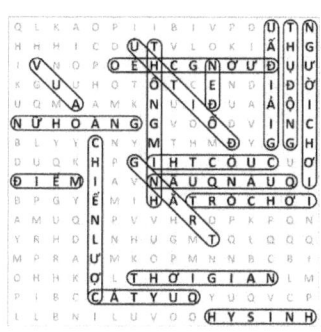

7 - Herboristerie

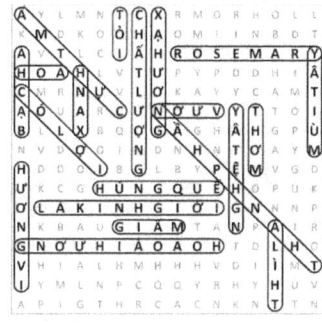

8 - Véhicules

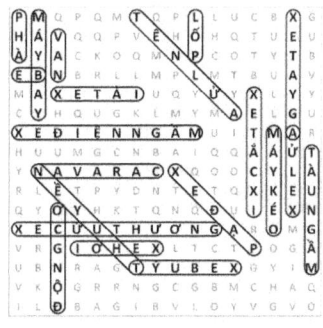

9 - Camping

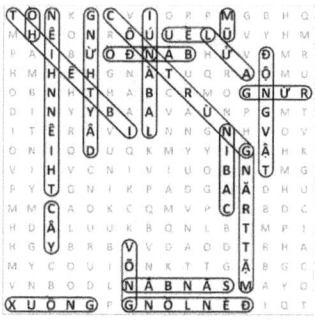

10 - Écologie

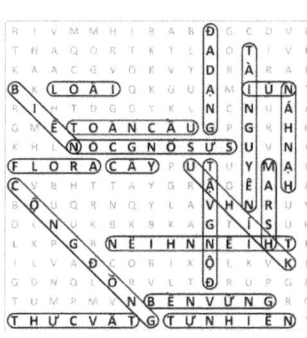

11 - Géométrie

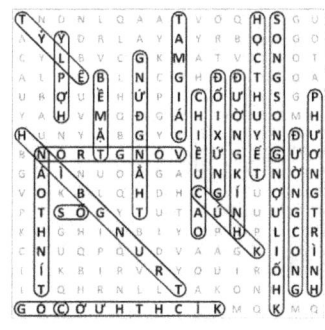

12 - Les Médias

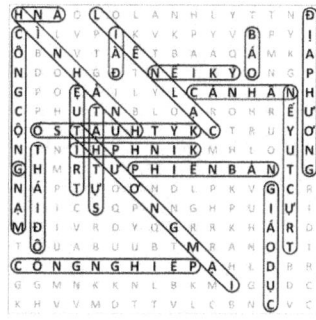

13 - Philanthropie

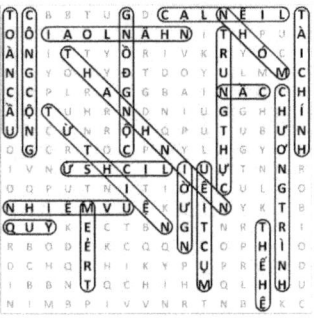

14 - Diplomatie

15 - Électricité

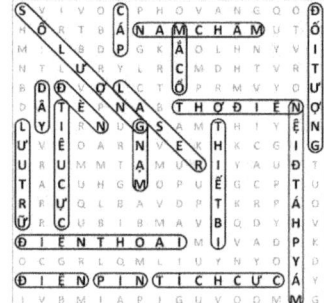

16 - Astronomie

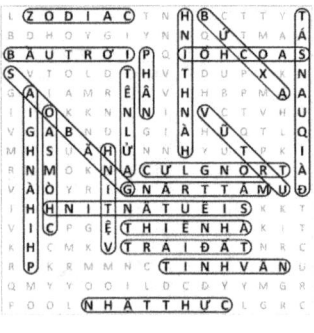

17 - Physique

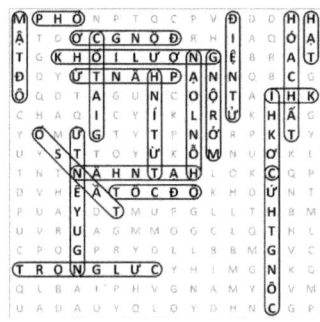

18 - Types de Cheveux

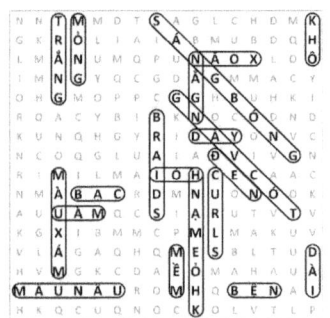

19 - Archéologie

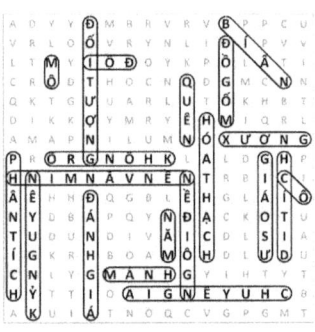

20 - Mammifères

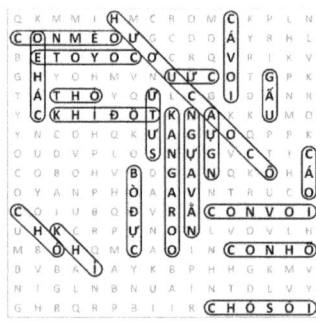

21 - Chocolat

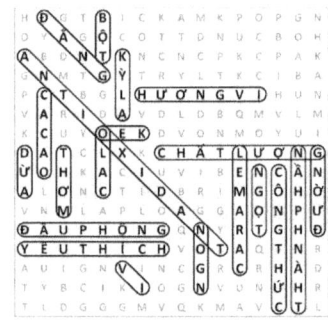

22 - Mathématiques

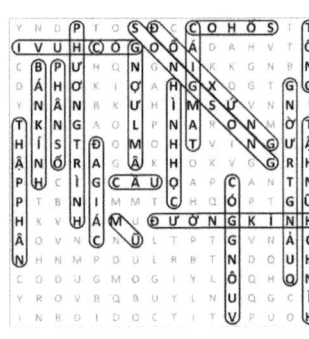

23 - Mythologie

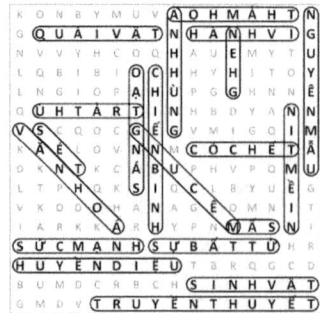

24 - Restaurant #2

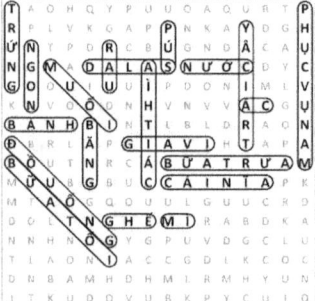

25 - Beauté

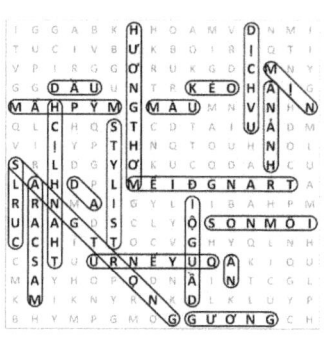

26 - Avions

27 - Ingénierie

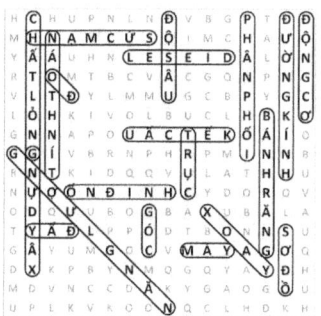

28 - Énergie

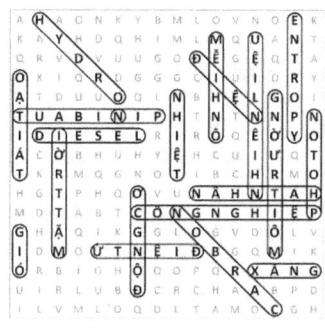

29 - Corps Humain

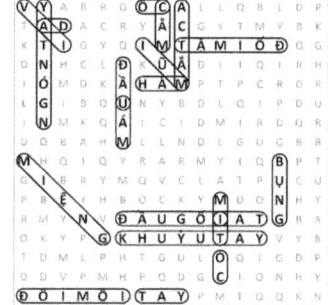

30 - Biologie

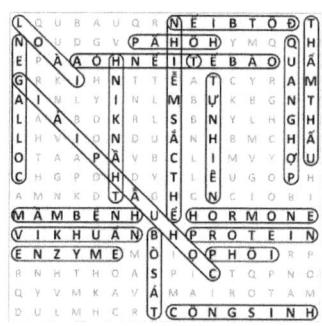

31 - Épices

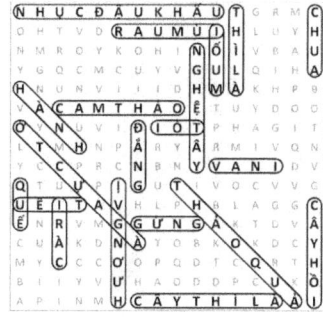

32 - Agronomie

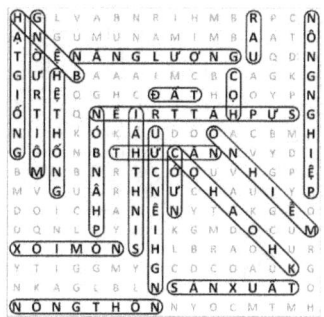

33 - Science

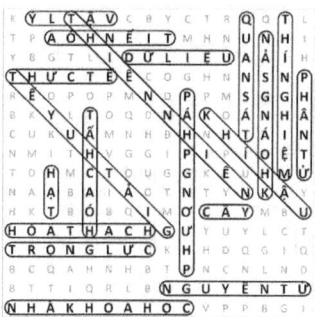

34 - Vêtements

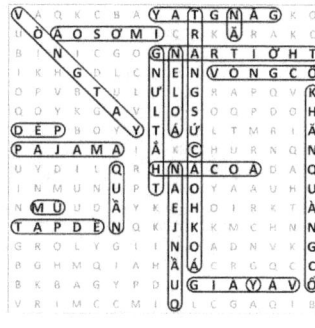

35 - Arts Visuels

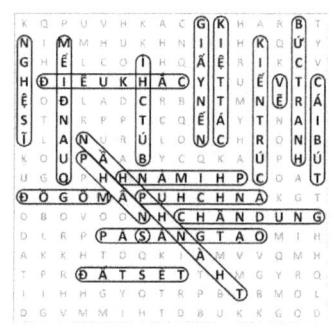

36 - Méditation

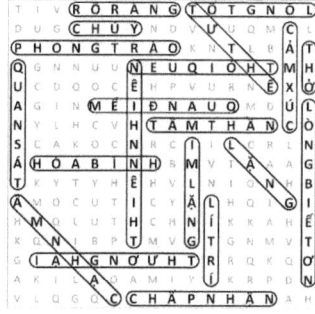

37 - Littérature

38 - Nourriture #1

39 - Jours et Mois

40 - Entreprise

41 - Activités

42 - Mode

43 - Fleurs

44 - Nourriture #2

45 - Algèbre

46 - Océan

47 - Antiquités

48 - Boxe

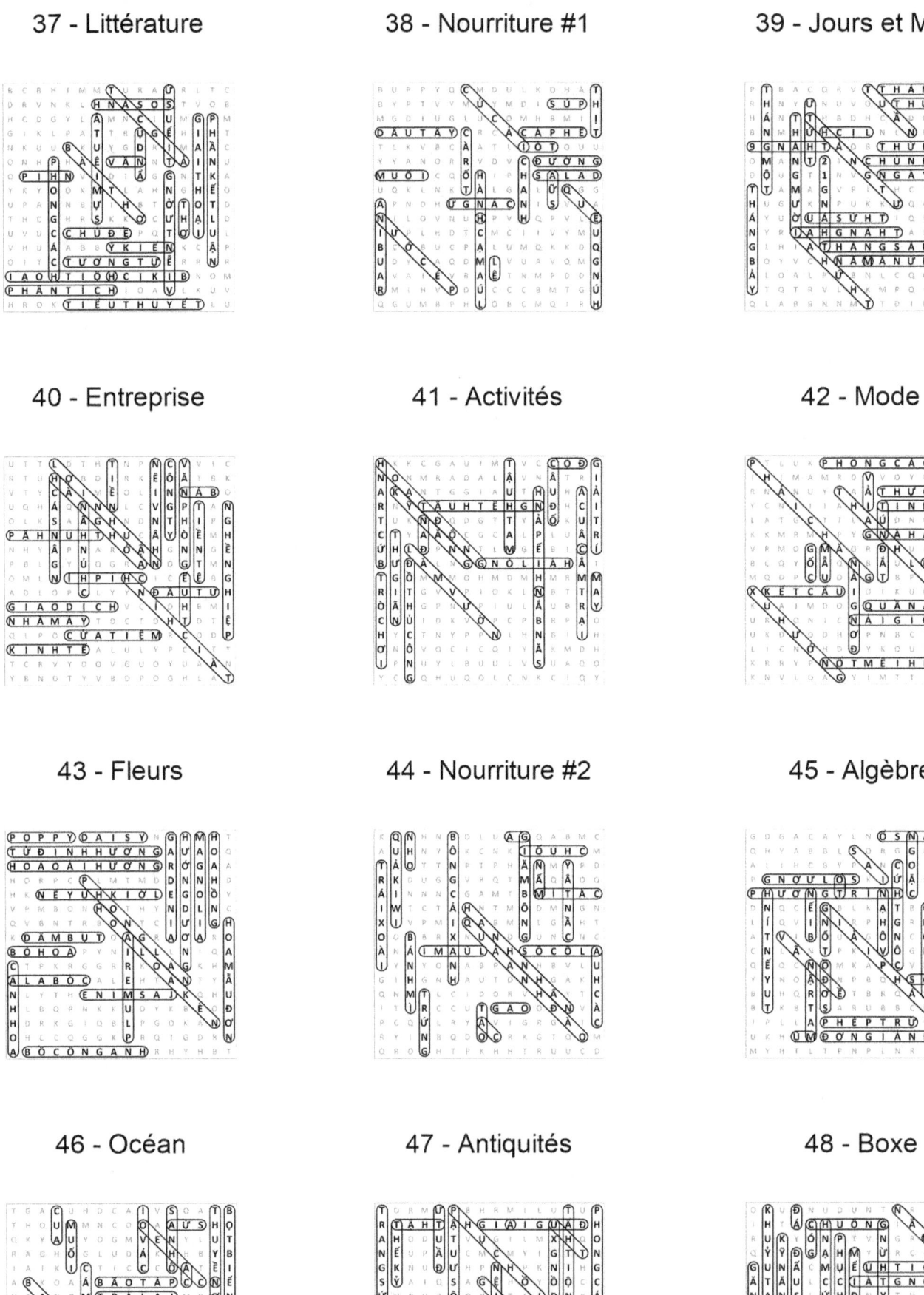

49 - Réchauffement Cli

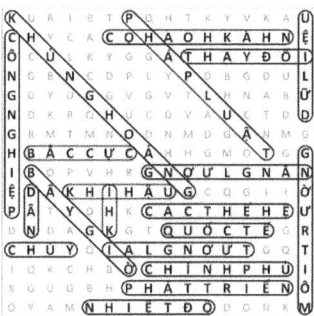

50 - Fruit

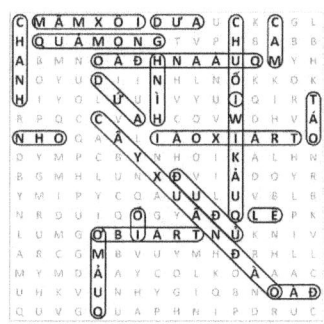

51 - Technologie

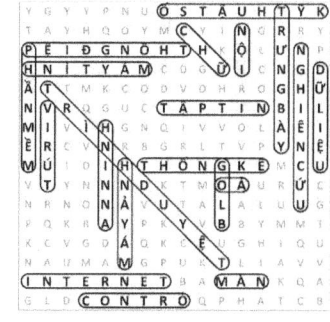

52 - Musique

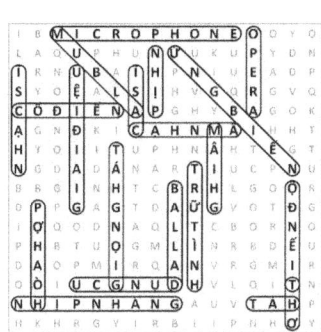

53 - Météo

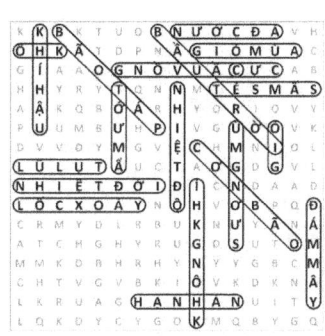

54 - L'Entreprise

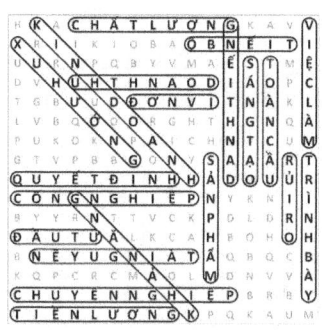

55 - Gouvernement

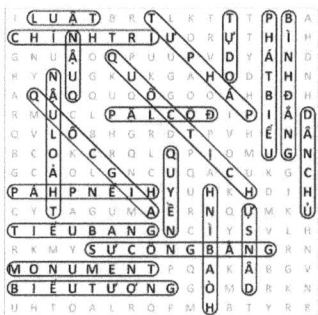

56 - Randonnée

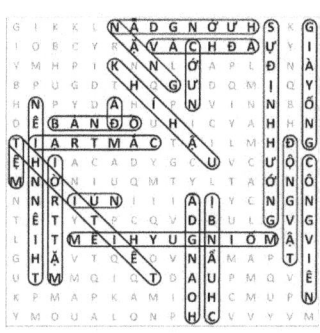

57 - Nutrition

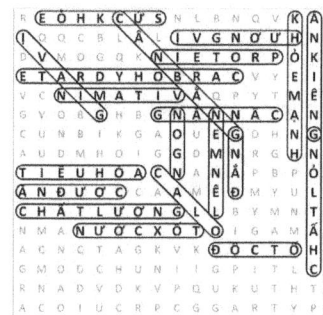

58 - Créativité

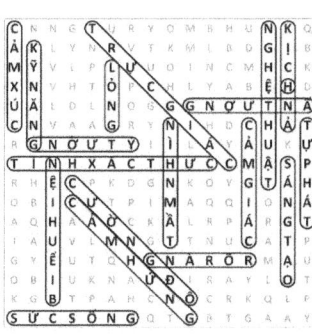

59 - Science Fiction

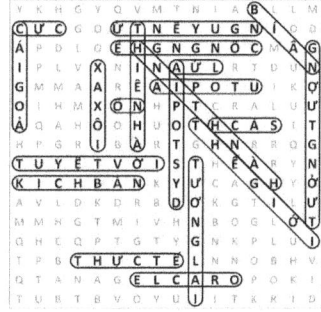

60 - Vertus #1

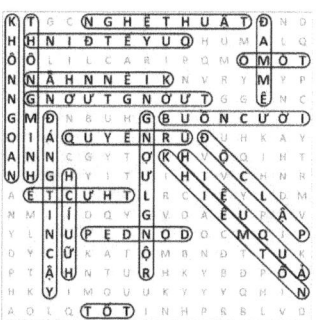

61 - Professions #1

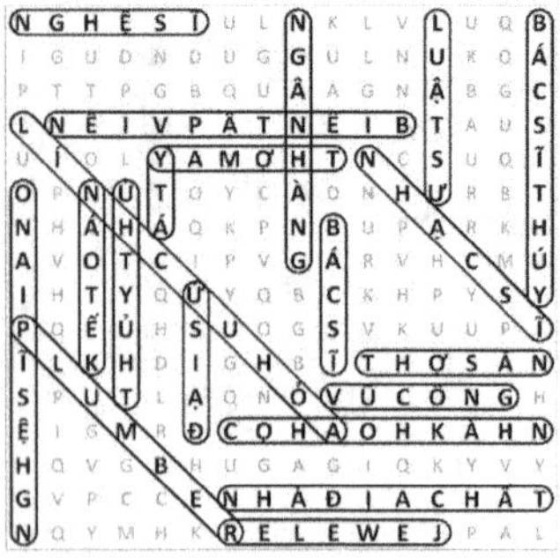

62 - Géologie

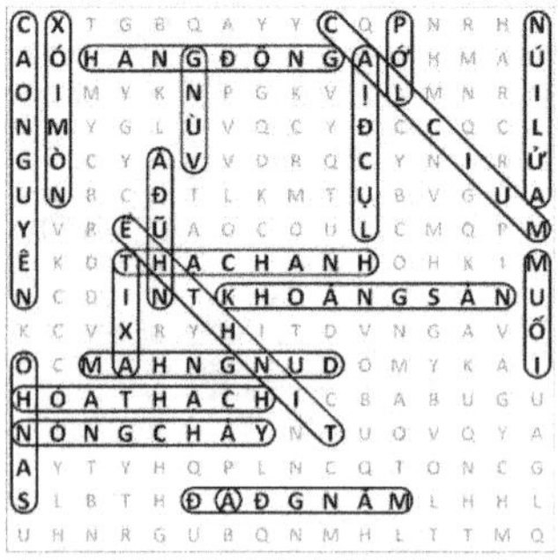

63 - Jardin

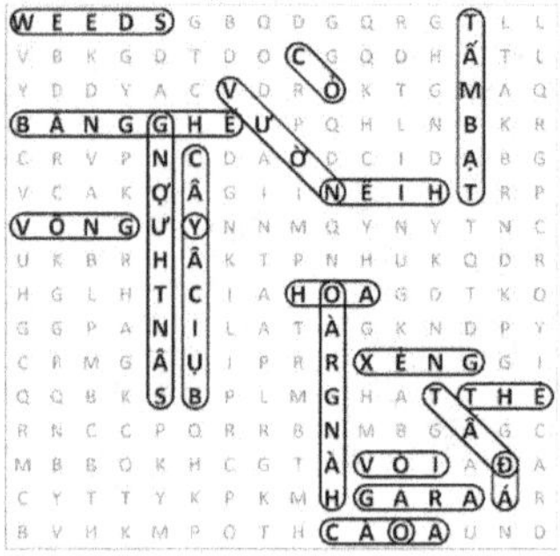

64 - Santé et Bien Être #1

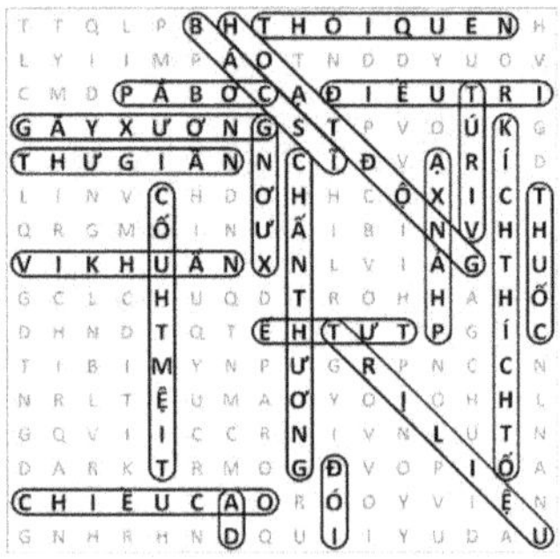

65 - Barbecues

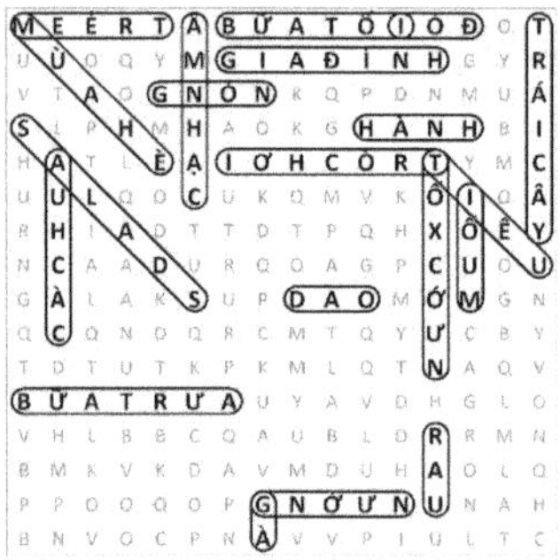

66 - Ferme #1

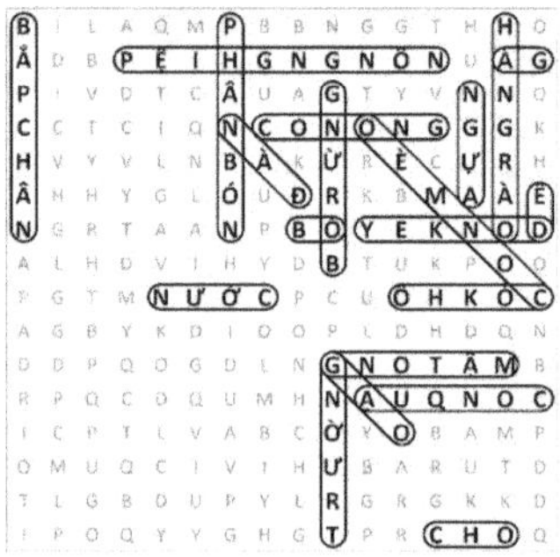

67 - Café

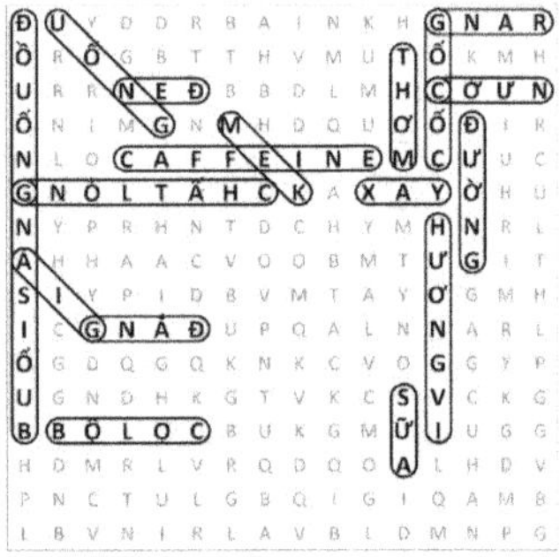

68 - Antarctique

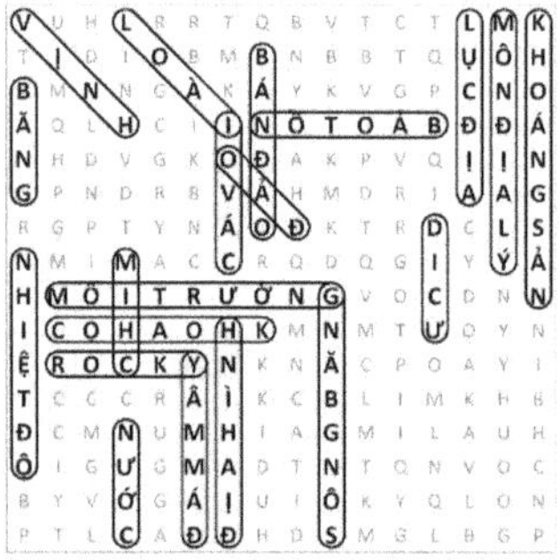

69 - Professions #2

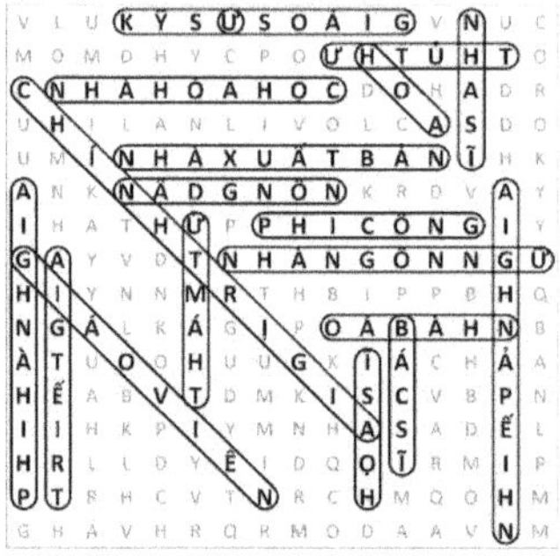

70 - Les Abeilles

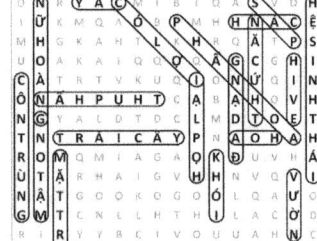

71 - Santé et Bien Être #2

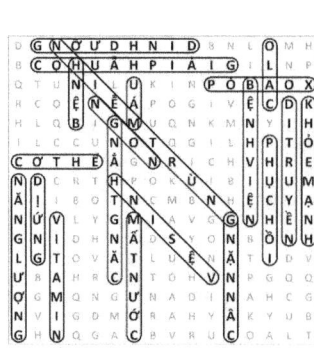

72 - Conduite

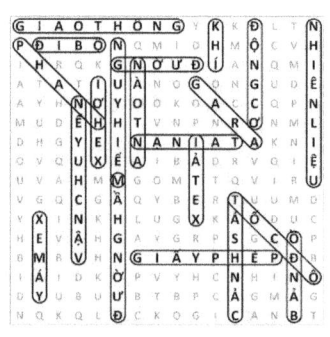

73 - Plantes

74 - Ferme #2

75 - Vacances #2

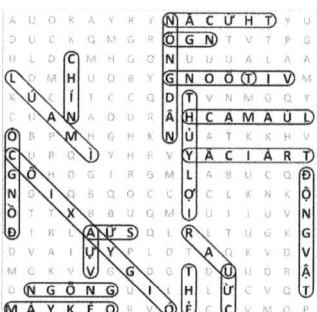
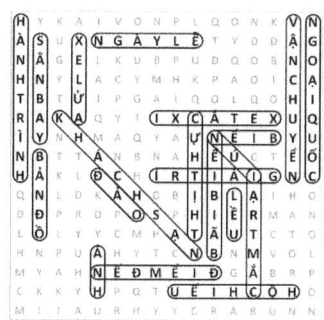

76 - Temps

77 - Maison

78 - Légumes

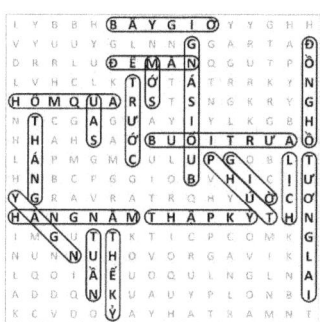
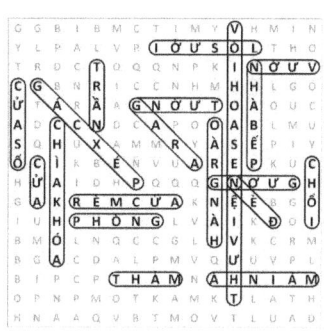
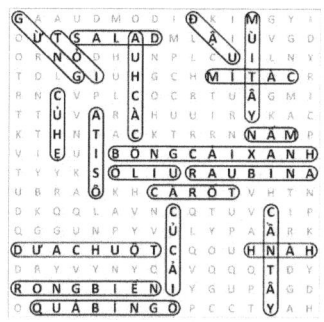

79 - Plage

80 - Famille

81 - Oiseaux

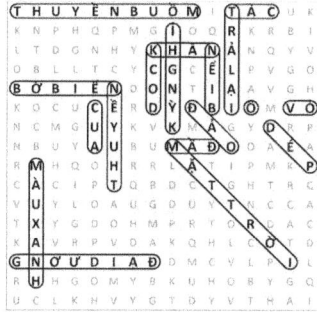
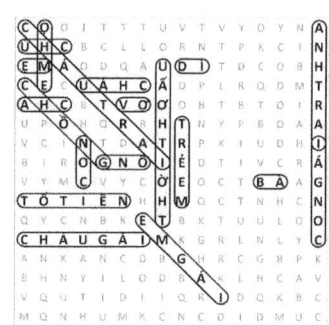
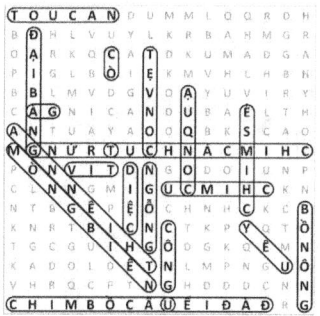

82 - Disciplines Scientifiques

83 - Maladie

84 - Géographie

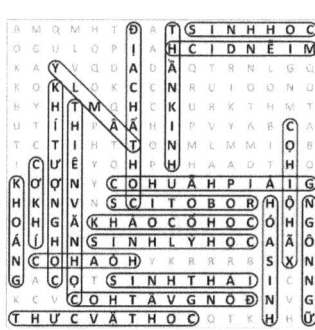
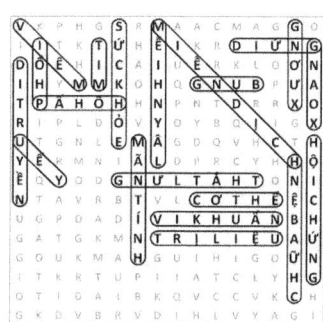
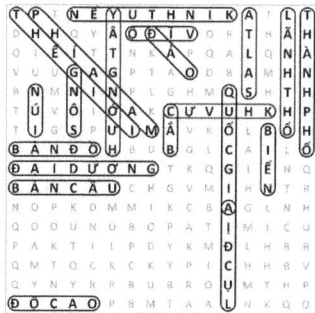

85 - Danse

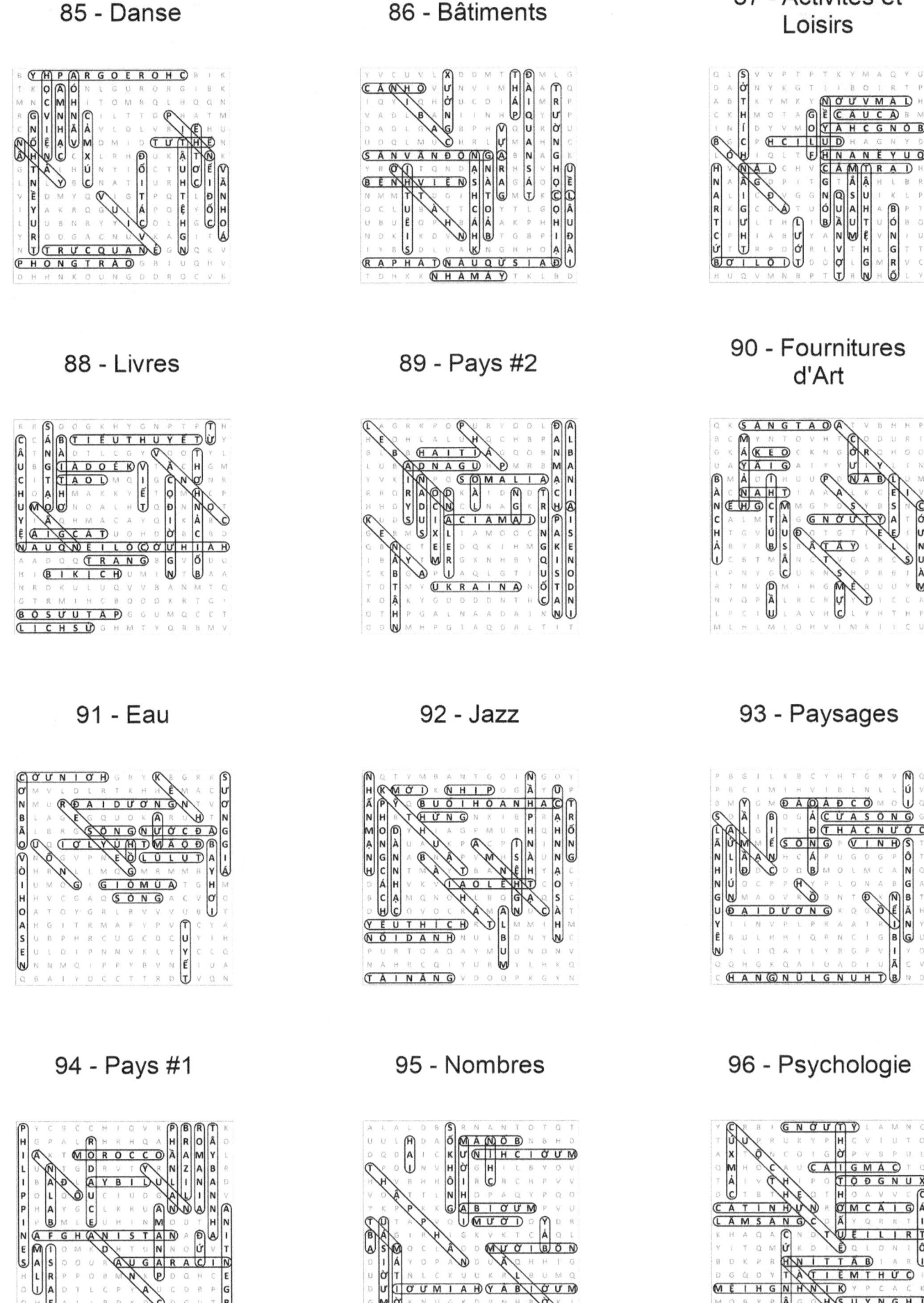

86 - Bâtiments

87 - Activités et Loisirs

88 - Livres

89 - Pays #2

90 - Fournitures d'Art

91 - Eau

92 - Jazz

93 - Paysages

94 - Pays #1

95 - Nombres

96 - Psychologie

97 - Nature

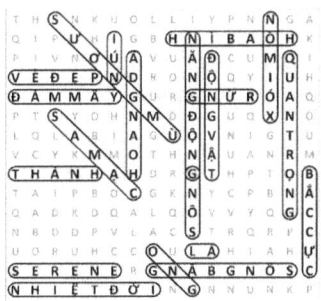

98 - Chimie

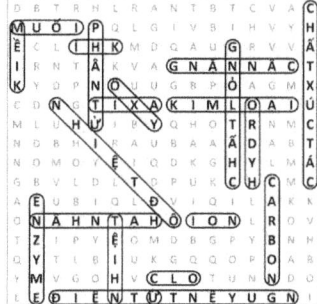

99 - Bateaux

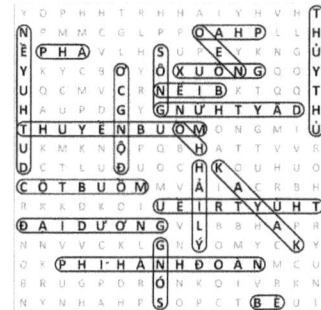

100 - Mesures

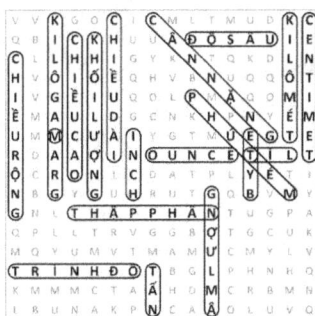

Dictionnaire

Activités
Các Hoạt Động

Activité	Hoạt Động
Art	Nghệ Thuật
Artisanat	Đồ thủ Công
Camping	Cắm Trại
Chasse	Săn Bắn
Compétence	Kỹ Năng
Couture	May
Jardinage	Làm Vườn
Jeux	Trò Chơi
Lecture	Đọc
Loisir	Giải Trí
Magie	Ma Thuật
Peinture	Bức Tranh
Pêche	Câu Cá
Photographie	Nhiếp Ảnh
Plaisir	Hài Lòng
Puzzles	Câu Đố
Relaxation	Thư Giãn
Tricot	Đan

Activités et Loisirs
Và các Hoạt Động Giải Trí

Achats	Mua Sắm
Art	Nghệ Thuật
Base-Ball	Bóng Chày
Basket-Ball	Bóng Rổ
Boxe	Quyền Anh
Camping	Cắm Trại
Football	Bóng Đá
Golf	Golf
Jardinage	Làm Vườn
Nager	Bơi Lội
Passe-Temps	Sở Thích
Peinture	Bức Tranh
Pêche	Câu Cá
Plongée	Lặn
Relaxant	Thư Giãn
Surf	Lướt
Tennis	Quần Vợt
Volley-Ball	Bóng Chuyền
Voyage	Du Lịch

Adjectifs #1
Tính từ số 1

Absolu	Tuyệt Đối
Actif	Hoạt Động
Ambitieux	Đầy Tham Vọng
Aromatique	Thơm
Artistique	Nghệ Thuật
Attractif	Hấp Dẫn
Beau	Đẹp
Exotique	Kỳ Lạ
Énorme	Khổng Lồ
Généreux	Rộng Lượng
Honnête	Trung Thực
Important	Quan Trọng
Innocent	Vô Tội
Jeune	Trẻ
Lent	Chậm
Lourd	Nặng
Mince	Mỏng
Moderne	Hiện Đại
Parfait	Hoàn Hảo
Utile	Hữu Ích

Adjectifs #2
Tính từ số 2

Authentique	Thật
Célèbre	Nổi Danh
Créatif	Sáng Tạo
Descriptif	Mô Tả
Doué	Năng Khiếu
Dramatique	Kịch
Élégant	Thanh Lịch
Fier	Tự Hào
Fort	Mạnh
Intéressant	Thú Vị
Naturel	Tự Nhiên
Nouveau	Mới
Productif	Màu Mỡ
Puissant	Mạnh Mẽ
Pur	Thuần
Sain	Khỏe Mạnh
Salé	Mặn
Sauvage	Hoang Dã
Sec	Khô
Somnolent	Buồn Ngủ

Agronomie
Nông Học

Agriculture	Nông Nghiệp
Croissance	Sự Phát Triển
Eau	Nước
Engrais	Phân Bón
Environnement	Môi Trường
Écologie	Sinh Thái
Énergie	Năng Lượng
Érosion	Xói Mòn
Étude	Học
Graines	Hạt Giống
Légumes	Rau
Maladies	Bệnh
Nourriture	Thức Ăn
Pollution	Ô Nhiễm
Production	Sản Xuất
Recherche	Nghiên Cứu
Rural	Nông Thôn
Science	Khoa Học
Sol	Đất
Systèmes	Hệ Thống

Algèbre
Đại số Học

Diagramme	Sơ Đồ
Exposant	Mũ
Équation	Phương Trình
Facteur	Tố
Faux	Sai
Formule	Công Thức
Fraction	Phân Số
Infini	Vô Hạn
Linéaire	Tuyến Tính
Matrice	Ma Trận
Nombre	Số
Parenthèse	Ngoặc
Problème	Vấn Đề
Quantité	Số Lượng
Simplifier	Đơn Giản Hóa
Solution	Giải Pháp
Somme	Tổng
Soustraction	Phép Trừ
Variable	Biến
Zéro	Số Không

Antarctique
Nam Cực

Baie	Vịnh
Baleines	Cá Voi
Conservation	Bảo Tồn
Continent	Lục Địa
Eau	Nước
Environnement	Môi Trường
Espèce	Loài
Géographie	Môn địa Lý
Glace	Băng
Glaciers	Sông Băng
Îles	Đảo
Migration	Di Cư
Minéraux	Khoáng Sản
Nuage	Đám Mây
Oiseaux	Chim
Péninsule	Bán Đảo
Rocheux	Rocky
Scientifique	Khoa Học
Température	Nhiệt Độ
Topographie	Địa Hình

Antiquités
Đồ Cổ

Art	Nghệ Thuật
Authentique	Thật
Bijoux	Trang Sức
Collectionneur	Thu
Condition	Điều Kiện
Décoratif	Trang Trí
Enchères	Đấu Giá
Élégant	Thanh Lịch
Galerie	Bộ sưu Tập
Investissement	Đầu Tư
Meubles	Đồ nội Thất
Pièces	Đồng Xu
Prix	Giá
Qualité	Chất Lượng
Restauration	Phục Hồi
Sculpture	Điêu Khắc
Siècle	Thế Kỷ
Style	Phong Cách
Valeur	Giá Trị
Vieux	Cũ

Archéologie
Khảo cổ Học

Analyse	Phân Tích
Ancien	Cổ
Années	Năm
Civilisation	Nền văn Minh
Expert	Chuyên Gia
Ère	Kỷ Nguyên
Équipe	Đội
Évaluation	Đánh Giá
Fossile	Hóa Thạch
Fragments	Mảnh
Inconnu	Không Rõ
Mystère	Bí Ẩn
Objets	Đối Tượng
Os	Xương
Oublié	Quên
Poterie	Đồ Gốm
Professeur	Giáo Sư
Relique	Di Tích
Temple	Ngôi Đền
Tombe	Mộ

Arts Visuels
Nghệ Thuật thị Giác

Architecture	Kiến Trúc
Argile	Đất Sét
Artiste	Nghệ Sĩ
Chef-D'Œuvre	Kiệt Tác
Chevalet	Vẽ
Cire	Sáp
Composition	Thành Phần
Craie	Phấn
Crayon	Bút Chì
Créativité	Sáng Tạo
Film	Phim Ảnh
Peinture	Bức Tranh
Perspective	Quan Điểm
Photographie	Ảnh Chụp
Pochoir	Giấy Nến
Portrait	Chân Dung
Poterie	Đồ Gốm
Sculpture	Điêu Khắc
Stylo	Cái Bút

Astronomie
Thiên văn Học

Astronaute	Phi Hành Gia
Ciel	Bầu Trời
Comète	Sao Chổi
Constellation	Chòm Sao
Cosmos	Vũ Trụ
Éclipse	Nhật Thực
Équinoxe	Phân
Fusée	Tên Lửa
Galaxie	Thiên Hà
Gravité	Trọng Lực
Lune	Mặt Trăng
Météore	Sao Băng
Nébuleuse	Tinh Vân
Observatoire	Đài Quan Sát
Planète	Hành Tinh
Radiation	Bức Xạ
Satellite	Vệ Tinh
Supernova	Siêu tân Tinh
Terre	Trái Đất
Zodiaque	Zodiac

Avions
Máy Bay

Altitude	Độ Cao
Atmosphère	Không Khí
Atterrissage	Đổ Bộ
Ballon	Bóng
Carburant	Nhiên Liệu
Ciel	Bầu Trời
Construction	Xây Dựng
Descente	Hạ Xuống
Design	Thiết Kế
Direction	Hướng
Équipage	Phi Hành Đoàn
Hauteur	Chiều Cao
Hélices	Cánh Quạt
Histoire	Lịch Sử
Hydrogène	Hydro
Météo	Thời Tiết
Moteur	Động Cơ
Passager	Hành Khách
Pilote	Phi Công
Turbulence	Nhiễu Loạn

Barbecues
Ăn Thịt Nướng

Chaud	Nóng
Couteaux	Dao
Déjeuner	Bữa Trưa
Dîner	Bữa Tối
Enfants	Trẻ Em
Été	Mùa Hè
Faim	Đói
Famille	Gia Đình
Fruit	Trái Cây
Gril	Nướng
Jeux	Trò Chơi
Légumes	Rau
Musique	Âm Nhạc
Oignons	Hành
Poivre	Tiêu
Poulet	Gà
Salades	Salads
Sauce	Nước Xốt
Sel	Muối
Tomates	Cà Chua

Bateaux
Thuyền

Ancre	Neo
Bouée	Phao
Canoë	Xuồng
Corde	Dây Thừng
Équipage	Phi Hành Đoàn
Ferry	Phà
Fleuve	Sông
Kayak	Kayak
Lac	Hồ
Marée	Thủy Triều
Marin	Thủy Thủ
Mât	Cột Buồm
Mer	Biển
Moteur	Động Cơ
Nautique	Hải Lý
Océan	Đại Dương
Radeau	Bè
Vagues	Sóng
Voilier	Thuyền Buồm
Yacht	Du Thuyền

Bâtiments
Các tòa Nhà

Ambassade	Đại sứ Quán
Appartement	Căn Hộ
Atelier	Xưởng
Cabine	Cabin
Cathédrale	Nhà Thờ
Château	Lâu Đài
École	Trường Học
Garage	Ga-Ra
Grange	Vựa
Hôpital	Bệnh Viện
Hôtel	Khách Sạn
Musée	Bảo Tàng
Observatoire	Đài Quan Sát
Stade	Sân vận Động
Supermarché	Siêu Thị
Tente	Lều
Théâtre	Rạp Hát
Tour	Tháp
Université	Đại Học
Usine	Nhà Máy

Beauté
Sắc Đẹp

Boucles	Curls
Charme	Quyến Rũ
Ciseaux	Kéo
Cosmétique	Mỹ Phẩm
Couleur	Màu
Élégance	Sang Trọng
Élégant	Thanh Lịch
Grâce	Ân
Huiles	Dầu
Lisse	Mịn
Maquillage	Trang Điểm
Mascara	Mascara
Miroir	Gương
Parfum	Hương Thơm
Peau	Da
Photogénique	Ăn Ảnh
Rouge à Lèvres	Son Môi
Services	Dịch Vụ
Shampooing	Dầu Gội
Styliste	Stylist

Biologie
Sinh Học

Anatomie	Giải Phẫu Học
Bactéries	Vi Khuẩn
Cellule	Tế Bào
Chromosome	Nhiễm sắc Thể
Collagène	Collagen
Embryon	Phôi
Enzyme	Enzyme
Espèce	Loài
Évolution	Tiến Hóa
Hormone	Hormone
Mutation	Đột Biến
Naturel	Tự Nhiên
Nerf	Thần Kinh
Osmose	Thẩm Thấu
Pathogène	Mầm Bệnh
Photosynthèse	Quang Hợp
Protéine	Protein
Reptile	Bò Sát
Respiration	Hô Hấp
Symbiose	Cộng Sinh

Boxe
Quyền Anh

Adversaire	Đối Thủ
Arbitre	Trọng Tài
Blessures	Chấn Thương
Cloche	Chuông
Coin	Góc
Combattant	Đấu Sĩ
Compétence	Kỹ Năng
Concentrer	Tiêu Điểm
Cordes	Dây Thừng
Corps	Cơ Thể
Coude	Khuỷu Tay
Coup	Đá
Épuisé	Kiệt Sức
Force	Sức Mạnh
Gants	Găng Tay
Menton	Cằm
Poing	Nắm Tay
Points	Điểm
Rapide	Nhanh
Récupération	Phục Hồi

Café
Cà Phê

Amer	Đắng
Arôme	Thơm
Boire	Uống
Boisson	Đồ Uống
Caféine	Caffeine
Crème	Kem
Eau	Nước
Filtre	Bộ Lọc
Lait	Sữa
Liquide	Chất Lỏng
Matin	Buổi Sáng
Moudre	Xay
Noir	Đen
Origine	Gốc
Prix	Giá
Rôti	Rang
Saveur	Hương Vị
Sucre	Đường
Tasse	Cốc

Camping
Cắm Trại

Animaux	Động Vật
Arbres	Cây
Boussole	La Bàn
Cabine	Cabin
Canoë	Xuồng
Carte	Bản Đồ
Chapeau	Mũ
Chasse	Săn Bắn
Corde	Dây Thừng
Équipement	Thiết Bị
Feu	Lửa
Forêt	Rừng
Hamac	Võng
Insecte	Côn Trùng
Lac	Hồ
Lanterne	Đèn Lồng
Lune	Mặt Trăng
Montagne	Núi
Nature	Thiên Nhiên
Tente	Lều

Chimie
Hóa Học

Acide	Axit
Alcalin	Kiềm
Atomique	Nguyên Tử
Carbone	Carbon
Catalyseur	Chất xúc Tác
Chaleur	Nhiệt
Chlore	Clo
Enzyme	Enzyme
Électron	Điện Tử
Gaz	Khí
Hydrogène	Hydro
Ion	Ion
Liquide	Chất Lỏng
Métaux	Kim Loại
Molécule	Phân Tử
Nucléaire	Hạt Nhân
Oxygène	Ôxy
Poids	Cân Nặng
Sel	Muối
Température	Nhiệt Độ

Chocolat
Sô-Cô-La

Amer	Đắng
Antioxydant	Antioxidant
Arôme	Thơm
Bonbon	Kẹo
Cacahuètes	Đậu Phộng
Cacao	Cacao
Calories	Calo
Caramel	Caramel
Délicieux	Ngon
Doux	Ngọt
Exotique	Kỳ Lạ
Favori	Yêu Thích
Goût	Vị
Ingrédient	Thành Phần
Noix de Coco	Dừa
Poudre	Bột
Qualité	Chất Lượng
Recette	Công Thức
Saveur	Hương Vị
Sucre	Đường

Conduite
Điều Khiển

Accident	Tai Nạn
Camion	Xe Tải
Carburant	Nhiên Liệu
Carte	Bản Đồ
Danger	Nguy Hiểm
Freins	Phanh
Garage	Ga-Ra
Gaz	Khí
Licence	Giấy Phép
Moteur	Động Cơ
Moto	Xe Máy
Piéton	Đi Bộ
Police	Cảnh Sát
Route	Đường
Sécurité	An Toàn
Trafic	Giao Thông
Transport	Vận Chuyển
Tunnel	Đường Hầm
Vitesse	Tốc Độ
Voiture	Xe Hơi

Corps Humain
Cơ thể con Người

Bouche	Miệng
Cerveau	Óc
Cheville	Mắt Cá
Cou	Cổ
Coude	Khuỷu Tay
Cœur	Tim
Doigt	Ngón Tay
Estomac	Bụng
Épaule	Vai
Genou	Đầu Gối
Lèvres	Đôi Môi
Main	Tay
Mâchoire	Hàm
Menton	Cằm
Nez	Mũi
Oreille	Tai
Peau	Da
Sang	Máu
Tête	Đầu
Visage	Đối Mặt

Créativité
Sự Sáng Tạo

Artistique	Nghệ Thuật
Authenticité	Tính xác Thực
Clarté	Rõ Ràng
Compétence	Kỹ Năng
Dramatique	Kịch
Expression	Biểu Hiện
Émotions	Cảm Xúc
Fluidité	Lỏng
Idées	Ý Tưởng
Image	Ảnh
Impression	Ấn Tượng
Inspiration	Cảm Hứng
Intensité	Cường Độ
Intuition	Trực Giác
Inventif	Sáng Tạo
Sensation	Cảm Giác
Spontané	Tự Phát
Visions	Tầm Nhìn
Vitalité	Sức Sống

Danse
Nhảy

Académie	Học Viện
Art	Nghệ Thuật
Chorégraphie	Choreography
Classique	Cổ Điển
Corps	Cơ Thể
Culture	Văn Hoá
Culturel	Văn Hóa
Émotion	Cảm Xúc
Grâce	Ân
Joyeux	Vui Vẻ
Mouvement	Phong Trào
Musique	Âm Nhạc
Partenaire	Đối Tác
Posture	Tư Thế
Rythme	Nhịp
Saut	Nhảy
Traditionnel	Truyền Thống
Visuel	Trực Quan

Diplomatie
Ngoại Giao

Ambassade	Đại sứ Quán
Ambassadeur	Đại Sứ
Citoyens	Công Dân
Communauté	Cộng Đồng
Conflit	Xung Đột
Conseiller	Cố Vấn
Coopération	Hợp Tác
Diplomatique	Ngoại Giao
Discussion	Thảo Luận
Éthique	Đạo Đức
Étranger	Ngoại Quốc
Gouvernement	Chính Phủ
Humanitaire	Nhân Đạo
Intégrité	Toàn Vẹn
Justice	Sự Công Bằng
Politique	Chính Trị
Résolution	Nghị Quyết
Sécurité	An Ninh
Solution	Giải Pháp
Traité	Hiệp Ước

Disciplines Scientifiques
Các Ngành Khoa Học

Anatomie	Giải Phẫu Học
Archéologie	Khảo cổ Học
Astronomie	Thiên văn Học
Biochimie	Hóa Sinh
Biologie	Sinh Học
Botanique	Thực vật Học
Chimie	Hóa Học
Écologie	Sinh Thái
Géologie	Địa Chất Học
Immunologie	Miễn Dịch
Linguistique	Ngôn Ngữ
Mécanique	Cơ Khí
Météorologie	Khí Tượng Học
Minéralogie	Khoáng
Neurologie	Thần Kinh
Physiologie	Sinh lý Học
Psychologie	Tâm Lý
Robotique	Robotics
Sociologie	Xã hội Học
Zoologie	Động vật Học

Eau
Nước

Canal	Kênh
Douche	Vòi hoa Sen
Évaporation	Bay Hơi
Fleuve	Sông
Gel	Sương Giá
Geyser	Geyser
Glace	Nước Đá
Humidité	Độ Ẩm
Inondation	Lũ Lụt
Irrigation	Thủy Lợi
Lac	Hồ
Mousson	Gió Mùa
Neige	Tuyết
Océan	Đại Dương
Ouragan	Cơn Bão
Pluie	Mưa
Potable	Uống
Vagues	Sóng
Vapeur	Hơi Nước

Entreprise
Doanh Nghiệp

Argent	Tiền
Boutique	Cửa Tiệm
Budget	Ngân Sách
Bureau	Văn Phòng
Carrière	Nghề Nghiệp
Coût	Chi Phí
Devise	Tiền Tệ
Employeur	Chủ Nhân
Employé	Nhân Viên
Entreprise	Công Ty
Économie	Kinh Tế
Finance	Tài Chính
Impôts	Thuế
Investissement	Đầu Tư
Marchandise	Hàng Hóa
Profit	Lợi Nhuận
Revenu	Thu Nhập
Transaction	Giao Dịch
Usine	Nhà Máy
Vente	Bán

Échecs
Cờ Vua

Adversaire	Đối Thủ
Blanc	Trắng
Champion	Quán Quân
Concours	Cuộc Thi
Diagonal	Đường Chéo
Intelligent	Thông Minh
Jeu	Trò Chơi
Joueur	Người Chơi
Noir	Đen
Passif	Thụ Động
Points	Điểm
Reine	Nữ Hoàng
Règles	Quy Tắc
Roi	Vua
Sacrifice	Hy Sinh
Stratégie	Chiến Lược
Temps	Thời Gian
Tournoi	Giải Đấu

Écologie
Sinh Thái Học

Climat	Khí Hậu
Communautés	Cộng Đồng
Diversité	Đa Dạng
Durable	Bền Vững
Espèce	Loài
Faune	Động Vật
Flore	Flora
Global	Toàn Cầu
Marais	Marsh
Marin	Biển
Montagnes	Núi
Nature	Thiên Nhiên
Naturel	Tự Nhiên
Plantes	Cây
Ressources	Tài Nguyên
Sécheresse	Hạn Hán
Survie	Sự Sống Còn
Végétation	Thực Vật

Électricité
Điện

Aimant	Nam Châm
Batterie	Pin
Câble	Cáp
Électricien	Thợ Điện
Électrique	Điện
Équipement	Thiết Bị
Fils	Dây
Générateur	Máy Phát Điện
Lampe	Đèn
Laser	Laser
Négatif	Tiêu Cực
Objets	Đối Tượng
Positif	Tích Cực
Prise	Ổ Cắm
Quantité	Số Lượng
Réseau	Mạng
Stockage	Lưu Trữ
Téléphone	Điện Thoại

Énergie
Năng Lượng

Batterie	Pin
Carbone	Carbon
Carburant	Nhiên Liệu
Chaleur	Nhiệt
Diesel	Diesel
Entropie	Entropy
Environnement	Môi Trường
Essence	Xăng
Électrique	Điện
Électron	Điện Tử
Hydrogène	Hydro
Industrie	Công Nghiệp
Moteur	Động Cơ
Nucléaire	Hạt Nhân
Photon	Photon
Pollution	Ô Nhiễm
Renouvelable	Tái Tạo
Soleil	Mặt Trời
Turbine	Tua-Bin
Vent	Gió

Épices
Gia Vị

Aigre	Chua
Ail	Tỏi
Amer	Đắng
Anis	Cây Hồi
Cannelle	Quế
Cardamome	Thảo Quả
Coriandre	Rau Mùi
Cumin	Cây thì Là
Curry	Cà Ri
Fenouil	Thì Là
Gingembre	Gừng
Muscade	Nhục đậu Khấu
Oignon	Hành
Paprika	Ớt cựa Gà
Poivre	Tiêu
Réglisse	Cam Thảo
Safran	Nghệ Tây
Saveur	Hương Vị
Sel	Muối
Vanille	Vani

Famille
Gia Đình

Ancêtre	Tổ Tiên
Cousin	Em Họ
Enfance	Thời thơ Ấu
Enfant	Con
Enfants	Trẻ Em
Femme	Vợ
Fille	Con Gái
Frère	Anh Trai
Grand-Mère	Bà
Grand-Père	Ông
Mari	Chồng
Mère	Mẹ
Neveu	Cháu
Nièce	Cháu Gái
Oncle	Chú
Petit-Fils	Cháu Trai
Père	Cha
Soeur	Em Gái
Tante	Dì

Ferme #1
Trang Trại số 1

Abeille	Con Ong
Agriculture	Nông Nghiệp
Âne	Donkey
Bison	Bò Rừng
Champ	Trường
Chat	Con Mèo
Cheval	Ngựa
Chèvre	Dê
Chien	Chó
Clôture	Hàng Rào
Corbeau	Con Quạ
Eau	Nước
Engrais	Phân Bón
Foin	Cỏ Khô
Miel	Mật Ong
Poulet	Gà
Riz	Gạo
Troupeau	Đàn
Vache	Bò
Veau	Bắp Chân

Ferme #2
Trang Trại số 2

Agriculteur	Nông Dân
Animaux	Động Vật
Blé	Lúa Mì
Canard	Vịt
Fruit	Trái Cây
Grange	Vựa
Irrigation	Thủy Lợi
Lait	Sữa
Légume	Rau
Maïs	Ngô
Moulin à Vent	Cối xay Gió
Mouton	Cừu
Mûr	Chín
Nourriture	Thức Ăn
Oies	Ngỗng
Orge	Lúa Mạch
Pré	Đồng Cỏ
Ruche	Tổ Ong
Tracteur	Máy Kéo
Verger	Thẻ

Fleurs
Những Bông Hoa

Bouquet	Bó Hoa
Gardénia	Gardenia
Hibiscus	Dâm Bụt
Jasmin	Jasmine
Lavande	Hoa oải Hương
Lilas	Tử Đinh Hương
Lys	Hoa loa Kèn
Magnolia	Magnolia
Marguerite	Daisy
Orchidée	Phong Lan
Pavot	Poppy
Pétale	Cánh Hoa
Pissenlit	Bồ Công Anh
Pivoine	Hoa mẫu Đơn
Plumeria	Plumeria
Rose	Hoa Hồng
Tournesol	Hướng Dương
Trèfle	Cỏ ba Lá
Tulipe	Lời Khuyên

Force et Gravité
Lực Lượng và Trọng Lực

Axe	Trục
Centre	Trung Tâm
Découverte	Khám Phá
Distance	Khoảng Cách
Dynamique	Năng Động
Expansion	Mở Rộng
Élan	Đà
Friction	Ma Sát
Magnétisme	Từ Tính
Mécanique	Cơ Khí
Mouvement	Cử Động
Orbite	Quỹ Đạo
Physique	Vật Lý
Planètes	Hành Tinh
Poids	Cân Nặng
Pression	Sức Ép
Propriétés	Tính Chất
Temps	Thời Gian
Universel	Phổ
Vitesse	Tốc Độ

Formes
Hình Dạng

Arc	Cung
Bords	Cạnh
Carré	Quảng Trường
Cercle	Vòng Tròn
Coin	Góc
Courbe	Đường Cong
Cône	Nón
Côté	Bên
Cylindre	Hình Trụ
Ellipse	Ellipse
Hyperbole	Hyperbola
Ligne	Hàng
Polygone	Đa Giác
Prisme	Lăng
Pyramide	Kim tự Tháp
Rectangle	Hình chữ Nhật
Rond	Vòng
Sphère	Cầu
Triangle	Tam Giác

Fournitures d'Art
Đồ Dùng Nghệ Thuật

Acrylique	Acrylic
Aquarelles	Màu Nước
Argile	Đất Sét
Brosses	Bàn Chải
Caméra	Máy Ảnh
Chaise	Ghế
Charbon	Than
Chevalet	Easel
Colle	Keo
Couleurs	Màu Sắc
Crayons	Bút Chì
Créativité	Sáng Tạo
Eau	Nước
Encre	Mực
Gomme	Tẩy
Huile	Dầu
Idées	Ý Tưởng
Papier	Giấy
Pastels	Pastels
Table	Bàn

Fruit
Trái Cây

Abricot	Quả Mơ
Ananas	Dứa
Avocat	Trái Bơ
Baie	Quả Mọng
Banane	Chuối
Cerise	Quả anh Đào
Citron	Chanh
Figue	Hình
Framboise	Mâm Xôi
Goyave	Ổi
Kiwi	Quả Kiwi
Mangue	Trái Xoài
Melon	Dưa
Nectarine	Cây Xuân Đào
Orange	Cam
Papaye	Đu Đủ
Pêche	Đào
Poire	Lê
Pomme	Táo
Raisin	Nho

Géographie
Môn địa Lý

Altitude	Độ Cao
Atlas	Atlas
Carte	Bản Đồ
Continent	Lục Địa
Fleuve	Sông
Hémisphère	Bán Cầu
Île	Đảo
Latitude	Vĩ Độ
Mer	Biển
Méridien	Kinh Tuyến
Monde	Thế Giới
Montagne	Núi
Nord	Bắc
Océan	Đại Dương
Ouest	Hướng Tây
Pays	Quốc Gia
Région	Khu Vực
Sud	Phía Nam
Territoire	Lãnh Thổ
Ville	Thành Phố

Géologie
Địa Chất Học

Acide	Axit
Calcium	Calcium
Caverne	Hang Động
Continent	Lục Địa
Corail	San Hô
Couche	Lớp
Cristaux	Tinh Thể
Érosion	Xói Mòn
Fondu	Nóng Chảy
Fossile	Hóa Thạch
Lave	Dung Nham
Minéraux	Khoáng Sản
Pierre	Đá
Plateau	Cao Nguyên
Quartz	Thạch Anh
Sel	Muối
Stalactite	Nhũ Đá
Stalagmites	Măng Đá
Volcan	Núi Lửa
Zone	Vùng

Géométrie
Hình Học

Angle	Góc
Calcul	Tính Toán
Cercle	Vòng Tròn
Courbe	Đường Cong
Diamètre	Đường Kính
Dimension	Kích Thước
Équation	Phương Trình
Hauteur	Chiều Cao
Logique	Hợp Lý
Masse	Khối Lượng
Médian	Trung Bình
Nombre	Số
Parallèle	Song Song
Proportion	Tỷ Lệ
Segment	Khúc
Surface	Bề Mặt
Symétrie	Đối Xứng
Théorie	Học Thuyết
Triangle	Tam Giác
Vertical	Thẳng Đứng

Gouvernement
Chính Quyền

Citoyenneté	Quốc Tịch
Civil	Dân Sự
Constitution	Hiến Pháp
Démocratie	Dân Chủ
Discours	Phát Biểu
Discussion	Thảo Luận
District	Quận
Droits	Quyền
Égalité	Bình Đẳng
État	Tiểu Bang
Indépendance	Độc Lập
Judiciaire	Tư Pháp
Justice	Sự Công Bằng
Liberté	Tự Do
Loi	Luật
Monument	Monument
Nation	Quốc Gia
Paisible	Hòa Bình
Politique	Chính Trị
Symbole	Biểu Tượng

Herboristerie
Chủ Nghĩa Thảo Dược

Ail	Tỏi
Aromatique	Thơm
Basilic	Húng Quế
Bénéfique	Có Lợi
Culinaire	Ẩm Thực
Estragon	Giấm
Fenouil	Thì Là
Fleur	Hoa
Ingrédient	Thành Phần
Jardin	Vườn
Lavande	Hoa oải Hương
Marjolaine	Lá Kinh Giới
Menthe	Bạc Hà
Persil	Mùi Tây
Qualité	Chất Lượng
Romarin	Rosemary
Safran	Nghệ Tây
Saveur	Hương Vị
Thym	Xạ Hương
Vert	Xanh

Ingénierie
Kỹ Thuật

Angle	Góc
Axe	Trục
Calcul	Tính Toán
Construction	Xây Dựng
Diagramme	Sơ Đồ
Diamètre	Đường Kính
Diesel	Diesel
Distribution	Phân Phối
Engrenages	Bánh Răng
Énergie	Năng Lượng
Force	Sức Mạnh
Liquide	Chất Lỏng
Machine	Máy
Mesure	Đo
Moteur	Động Cơ
Profondeur	Độ Sâu
Propulsion	Đẩy
Rotation	Xoay
Stabilité	Ổn Định
Structure	Kết Cấu

Instruments de Musique
Nhạc Cụ

Banjo	Bass
Basson	Dàn Nhạc
Carillons	Chuông
Clarinette	Clarinet
Flûte	Sáo
Gong	Chiêng
Guitare	Đàn ghi Ta
Harmonica	Harmonica
Harpe	Đàn Hạc
Mandoline	Mandolin
Marimba	Marimba
Percussion	Gõ
Piano	Dương Cầm
Saxophone	Saxophone
Tambour	Trống
Tambourin	Lục Lạc
Trombone	Trombone
Trompette	Kèn
Violon	Đàn vi ô Lông
Violoncelle	Cello

Jardin
Khu Vườn

Arbre	Cây
Banc	Băng Ghế
Buisson	Bụi Cây
Clôture	Hàng Rào
Étang	Ao
Fleur	Hoa
Garage	Ga-Ra
Hamac	Võng
Herbe	Cỏ
Jardin	Vườn
Mauvaises Herbes	Weeds
Pelle	Xẻng
Porche	Hiên
Râteau	Cào
Roches	Đá
Sol	Đất
Terrasse	Sân Thượng
Trampoline	Tấm Bạt
Tuyau	Vòi
Verger	Thẻ

Jazz
Nhạc Jazz

Accent	Nhấn Mạnh
Album	Album
Artiste	Nghệ Sĩ
Célèbre	Nổi Danh
Chanson	Bài Hát
Compositeur	Nhà Soạn Nhạc
Composition	Thành Phần
Concert	Buổi hòa Nhạc
Favoris	Yêu Thích
Genre	Thể Loại
Improvisation	Hứng
Musique	Âm Nhạc
Nouveau	Mới
Orchestre	Dàn Nhạc
Rythme	Nhịp
Style	Phong Cách
Talent	Tài Năng
Tambours	Trống
Technique	Kỹ Thuật
Vieux	Cũ

Jours et Mois
Ngày và Tháng

Année	Năm
Août	Ngày
Avril	Tháng Tư
Calendrier	Lịch
Décembre	Tháng 12
Dimanche	Chủ Nhật
Février	Tháng Hai
Janvier	Tháng Một
Jeudi	Thứ Năm
Juillet	Tháng Bảy
Juin	Tháng Sáu
Lundi	Thứ Hai
Mardi	Thứ Ba
Mercredi	Thứ Tư
Mois	Tháng
Octobre	Tháng Mười
Samedi	Thứ Bảy
Semaine	Tuần
Septembre	Tháng 9
Vendredi	Thứ Sáu

L'Entreprise
Các Công Ty

Affaires	Kinh Doanh
Créatif	Sáng Tạo
Décision	Quyết Định
Emploi	Việc Làm
Global	Toàn Cầu
Industrie	Công Nghiệp
Investissement	Đầu Tư
Possibilité	Khả Năng
Présentation	Trình Bày
Produit	Sản Phẩm
Professionnel	Chuyên Nghiệp
Progrès	Tiến Bộ
Qualité	Chất Lượng
Ressources	Tài Nguyên
Revenu	Doanh Thu
Réputation	Danh Tiếng
Risques	Rủi Ro
Salaire	Tiền Lương
Tendances	Xu Hướng
Unités	Đơn Vị

Les Abeilles
Những con Ong

Ailes	Cánh
Bénéfique	Có Lợi
Cire	Sáp
Diversité	Đa Dạng
Essaim	Họp Lại
Écosystème	Hệ Sinh Thái
Fleurs	Hoa
Fruit	Trái Cây
Fumée	Khói
Insecte	Côn Trùng
Jardin	Vườn
Miel	Mật Ong
Nourriture	Thức Ăn
Plantes	Cây
Pollen	Phấn Hoa
Pollinisateur	Thụ Phấn
Reine	Nữ Hoàng
Ruche	Hive
Soleil	Mặt Trời

Les Médias
Các Phương Tiện Truyền T

Attitudes	Thái Độ
Commercial	Thương Mại
Communication	Liên Lạc
En Ligne	Trực Tuyến
Édition	Phiên Bản
Éducation	Giáo Dục
Faits	Sự Thật
Financement	Kinh Phí
Images	Hình Ảnh
Individuel	Cá Nhân
Industrie	Công Nghiệp
Intellectuel	Trí Tuệ
Journaux	Báo
Local	Địa Phương
Numérique	Kỹ Thuật Số
Opinion	Ý Kiến
Photos	Ảnh
Public	Công Cộng
Radio	Đài
Réseau	Mạng

Légumes
Rau Củ

Ail	Tỏi
Algue	Rong Biển
Artichaut	Atisô
Aubergine	Cà Tím
Brocoli	Bông cải Xanh
Carotte	Cà Rốt
Céleri	Cần Tây
Champignon	Nấm
Citrouille	Quả bí Ngô
Concombre	Dưa Chuột
Échalote	Củ Hẹ
Épinard	Rau Bina
Gingembre	Gừng
Navet	Củ Cải
Oignon	Hành
Olive	Ô Liu
Persil	Mùi Tây
Pois	Đậu
Salade	Salad
Tomate	Cà Chua

Littérature
Văn Học

Analogie	Tương Tự
Analyse	Phân Tích
Anecdote	Giai Thoại
Auteur	Tác Giả
Biographie	Tiểu Sử
Comparaison	So Sánh
Conclusion	Phần kết Luận
Description	Sự Miêu Tả
Dialogue	Hội Thoại
Fiction	Viễn Tưởng
Métaphore	Ẩn Dụ
Opinion	Ý Kiến
Poème	Bài Thơ
Poétique	Thơ
Rime	Vần
Roman	Tiểu Thuyết
Rythme	Nhịp
Style	Phong Cách
Thème	Chủ Đề
Tragédie	Bi Kịch

Livres
Sách

Auteur	Tác Giả
Collection	Bộ sưu Tập
Contexte	Bối Cảnh
Dualité	Kéo Dài
Écrit	Viết
Histoire	Câu Chuyện
Historique	Lịch Sử
Humoristique	Hài Hước
Immersion	Ngâm
Inventif	Sáng Tạo
Lecteur	Người Đọc
Littéraire	Văn Học
Mots	Từ
Page	Trang
Pertinent	Có Liên Quan
Poème	Bài Thơ
Poésie	Thơ
Roman	Tiểu Thuyết
Série	Loạt
Tragique	Bi Kịch

Maison
Nhà Ở

Balai	Chổi
Bibliothèque	Thư Viện
Chambre	Phòng
Cheminée	Lò Sưởi
Clés	Chìa Khóa
Clôture	Hàng Rào
Cuisine	Nhà Bếp
Douche	Vòi hoa Sen
Fenêtre	Cửa Sổ
Garage	Ga-Ra
Grenier	Gác Xép
Jardin	Vườn
Lampe	Đèn
Miroir	Gương
Mur	Tường
Plafond	Trần
Porte	Cửa
Rideaux	Rèm Cửa
Tapis	Thảm
Toit	Mái Nhà

Maladie
Bệnh

Abdominal	Bụng
Allergies	Dị Ứng
Bactérien	Vi Khuẩn
Chronique	Mãn Tính
Contagieux	Lây Nhiễm
Corps	Cơ Thể
Cœur	Tim
Faible	Yếu
Guérison	Chữa Bệnh
Héréditaire	Di Truyền
Immunité	Miễn Dịch
Inflammation	Viêm
Lombaire	Thắt Lưng
Os	Xương
Pulmonaire	Phổi
Respiratoire	Hô Hấp
Santé	Sức Khỏe
Sinus	Xoang
Syndrome	Hội Chứng
Thérapie	Trị Liệu

Mammifères
Động vật có Vú

Baleine	Cá Voi
Chat	Con Mèo
Cheval	Ngựa
Chien	Chó
Coyote	Coyote
Dauphin	Cá Heo
Éléphant	Con Voi
Girafe	Hươu cao Cổ
Gorille	Khỉ Đột
Kangourou	Kangaroo
Lapin	Thỏ
Lion	Sư Tử
Loup	Chó Sói
Mouton	Cừu
Ours	Gấu
Renard	Cáo
Singe	Khỉ
Taureau	Bò Đực
Tigre	Con Hổ
Zèbre	Ngựa Vằn

Mathématiques
Toán Học

Angles	Góc
Arithmétique	Số Học
Carré	Quảng Trường
Décimal	Thập Phân
Diamètre	Đường Kính
Exposant	Mũ
Équation	Phương Trình
Fraction	Phân Số
Géométrie	Hình Học
Parallèle	Song Song
Perpendiculaire	Vuông Góc
Périmètre	Chu Vi
Polygone	Đa Giác
Rayon	Bán Kính
Rectangle	Hình chữ Nhật
Somme	Tổng
Sphère	Cầu
Symétrie	Đối Xứng
Triangle	Tam Giác
Volume	Âm Lượng

Mesures
Các Phép Đo

Centimètre	Centimet
Degré	Trình Độ
Décimal	Thập Phân
Gramme	Gram
Hauteur	Chiều Cao
Kilogramme	Kilôgam
Kilomètre	Kilômét
Largeur	Chiều Rộng
Litre	Lít
Longueur	Chiều Dài
Masse	Khối Lượng
Mètre	Mét
Minute	Phút
Octet	Byte
Once	Ounce
Poids	Cân Nặng
Pouce	Inch
Profondeur	Độ Sâu
Tonne	Tấn
Volume	Âm Lượng

Méditation
Thiền

Acceptation	Chấp Nhận
Attention	Chú Ý
Calme	Lặng
Clarté	Rõ Ràng
Compassion	Thương Hại
Esprit	Lí Trí
Émotions	Cảm Xúc
Gentillesse	Lòng Tốt
Gratitude	Lòng Biết Ơn
Habitudes	Thói Quen
Mental	Tâm Thần
Mouvement	Phong Trào
Musique	Âm Nhạc
Nature	Thiên Nhiên
Observation	Quan Sát
Paix	Hòa Bình
Perspective	Quan Điểm
Posture	Tư Thế
Respiration	Thở
Silence	Im Lặng

Météo
Thời Tiết

Arc-En-Ciel	Cầu Vồng
Atmosphère	Không Khí
Brouillard	Sương Mù
Ciel	Bầu Trời
Climat	Khí Hậu
Glace	Nước Đá
Humide	Ẩm Ướt
Inondation	Lũ Lụt
Mousson	Gió Mùa
Nuage	Đám Mây
Ouragan	Cơn Bão
Polaire	Cực
Sec	Khô
Sécheresse	Hạn Hán
Température	Nhiệt Độ
Tempête	Bão Táp
Tonnerre	Sấm Sét
Tornade	Lốc Xoáy
Tropical	Nhiệt Đới
Vent	Gió

Mode
Thời Trang

Abordable	Phải Chăng
Boutique	Cửa Hàng
Boutons	Nút
Broderie	Nghề Thêu
Cher	Đắt
Dentelle	Ren
Élégant	Thanh Lịch
Minimaliste	Tối Giản
Moderne	Hiện Đại
Modeste	Khiêm Tốn
Modèle	Mẫu
Original	Gốc
Pratique	Thực Tế
Simple	Đơn Giản
Sophistiqué	Tinh Vi
Style	Phong Cách
Tendance	Xu Hướng
Texture	Kết Cấu
Tissu	Vải
Vêtements	Quần Áo

Musique
Âm Nhạc

Album	Album
Ballade	Ballad
Chanter	Hát
Chanteur	Ca Sĩ
Classique	Cổ Điển
Enregistrement	Ghi Âm
Harmonie	Hòa Hợp
Improviser	Ứng Biến
Instrument	Dụng Cụ
Lyrique	Trữ Tình
Mélodie	Giai Điệu
Microphone	Microphone
Musical	Âm Nhạc
Musicien	Nhạc Sĩ
Opéra	Opera
Poétique	Thơ
Rythme	Nhịp
Rythmique	Nhịp Nhàng
Tempo	Tiến Độ
Vocal	Giọng Hát

Mythologie
Thần Thoại

Archétype	Nguyên Mẫu
Catastrophe	Thảm Họa
Comportement	Hành Vi
Création	Sáng Tạo
Créature	Sinh Vật
Croyances	Niềm Tin
Culture	Văn Hoá
Éclair	Sét
Force	Sức Mạnh
Guerrier	Chiến Binh
Héros	Anh Hùng
Immortalité	Sự bất Tử
Jalousie	Ghen
Labyrinthe	Mê Cung
Légende	Truyền Thuyết
Magique	Huyền Diệu
Monstre	Quái Vật
Mortel	Có Chết
Tonnerre	Sấm
Vengeance	Trả Thù

Nature
Thiên Nhiên

Abeilles	Ong
Animaux	Động Vật
Arctique	Bắc Cực
Beauté	Vẻ Đẹp
Brouillard	Sương Mù
Désert	Sa Mạc
Dynamique	Năng Động
Érosion	Xói Mòn
Feuillage	Lá
Fleuve	Sông
Forêt	Rừng
Glacier	Sông Băng
Montagnes	Núi
Nuage	Đám Mây
Paisible	Hòa Bình
Sanctuaire	Thánh
Sauvage	Hoang Dã
Serein	Serene
Tropical	Nhiệt Đới
Vital	Quan Trọng

Nombres
Con Số

Cinq	Năm
Deux	Hai
Décimal	Thập Phân
Dix	Mười
Dix-Huit	Mười Tám
Dix-Neuf	Mười Chín
Dix-Sept	Mười Bảy
Douze	Mười Hai
Huit	Tám
Neuf	Chín
Quatorze	Mười Bốn
Quatre	Bốn
Quinze	Mười Lăm
Seize	Mười Sáu
Sept	Bảy
Six	Sáu
Treize	Mười Ba
Trois	Ba
Vingt	Hai Mươi
Zéro	Số Không

Nourriture #1
Thực Phẩm #1

Ail	Tỏi
Basilic	Húng Quế
Café	Cà Phê
Cannelle	Quế
Carotte	Cà Rốt
Citron	Chanh
Épinard	Rau Bina
Fraise	Dâu Tây
Jus	Nước Ép
Lait	Sữa
Navet	Củ Cải
Oignon	Hành
Orge	Lúa Mạch
Poire	Lê
Salade	Salad
Sel	Muối
Soupe	Súp
Sucre	Đường
Thon	Cá Ngừ
Viande	Thịt

Nourriture #2
Thực Phẩm #2

Amande	Hạnh Nhân
Aubergine	Cà Tím
Banane	Chuối
Blé	Lúa Mì
Brocoli	Bông cải Xanh
Cerise	Quả anh Đào
Céleri	Cần Tây
Champignon	Nấm
Chocolat	Sô cô La
Jambon	Giăm Bông
Kiwi	Quả Kiwi
Mangue	Trái Xoài
Oeuf	Trứng
Pain	Bánh Mì
Poisson	Cá
Pomme	Táo
Poulet	Gà
Raisin	Nho
Riz	Gạo
Tomate	Cà Chua

Nutrition
Dinh Dưỡng

Amer	Đắng
Appétit	Ngon
Calories	Calo
Comestible	Ăn Được
Diète	Ăn Kiêng
Digestion	Tiêu Hóa
Épices	Gia Vị
Équilibré	Cân Bằng
Fermentation	Lên Men
Glucides	Carbohydrate
Liquides	Chất Lỏng
Poids	Cân Nặng
Protéines	Protein
Qualité	Chất Lượng
Sain	Khỏe Mạnh
Santé	Sức Khỏe
Sauce	Nước Xốt
Saveur	Hương Vị
Toxine	Độc Tố
Vitamine	Vitamin

Océan
Đại Dương

Anguille	Lươn
Baleine	Cá Voi
Bateau	Thuyền
Corail	San Hô
Crabe	Cua
Crevette	Tôm
Dauphin	Cá Heo
Éponge	Bọt Biển
Huître	Hàu
Marées	Thủy Triều
Méduse	Sứa
Poisson	Cá
Poulpe	Bạch Tuộc
Requin	Cá Mập
Récif	Trả Lại
Sel	Muối
Tempête	Bão Táp
Thon	Cá Ngừ
Tortue	Rùa
Vagues	Sóng

Oiseaux
Chim

Aigle	Đại Bàng
Autruche	Đà Điểu
Canard	Vịt
Cigogne	Cò
Colombe	Yêu
Corbeau	Con Quạ
Coucou	Chim Cu
Cygne	Thiên Nga
Héron	Diệc
Manchot	Chim Cánh Cụt
Moineau	Chim Sẻ
Mouette	Mòng Biển
Oeuf	Trứng
Oie	Ngỗng
Paon	Công
Perroquet	Con Vẹt
Pélican	Bồ Nông
Pigeon	Chim bồ Câu
Poulet	Gà
Toucan	Toucan

Pays #1
Quốc gia số 1

Afghanistan	Afghanistan
Allemagne	Đức
Argentine	Argentina
Brésil	Brazil
Canada	Canada
Espagne	Tây ban Nha
Équateur	Ecuador
Finlande	Phần Lan
Inde	Ấn Độ
Israël	Israel
Libye	Libya
Mali	Mali
Maroc	Morocco
Nicaragua	Nicaragua
Norvège	Na Uy
Panama	Panama
Philippines	Philippines
Pologne	Ba Lan
Roumanie	Romania
Venezuela	Venezuela

Pays #2
Quốc gia # 2

Albanie	Albania
Chine	Trung Quốc
Danemark	Đan Mạch
France	Pháp
Haïti	Haiti
Indonésie	Indonesia
Irlande	Ireland
Jamaïque	Jamaica
Japon	Nhật Bản
Kenya	Kenya
Laos	Lào
Liban	Lebanon
Mexique	Mexico
Ouganda	Uganda
Pakistan	Pakistan
Russie	Nga
Somalie	Somalia
Soudan	Sudan
Syrie	Syria
Ukraine	Ukraina

Paysages
Phong Cảnh

Cascade	Thác Nước
Colline	Đồi
Désert	Sa Mạc
Estuaire	Cửa Sông
Fleuve	Sông
Glacier	Sông Băng
Golfe	Vịnh
Grotte	Hang
Île	Đảo
Lac	Hồ
Marais	Đầm Lầy
Mer	Biển
Montagne	Núi
Oasis	Ốc Đảo
Océan	Đại Dương
Péninsule	Bán Đảo
Plage	Bãi Biển
Toundra	Lãnh Nguyên
Vallée	Thung Lũng
Volcan	Núi Lửa

Philanthropie
Hoạt Động từ Thiện

Besoin	Cần
Buts	Mục Tiêu
Charité	Từ Thiện
Communauté	Cộng Đồng
Contacts	Liên Lạc
Enfants	Trẻ Em
Finance	Tài Chính
Fonds	Quỹ
Gens	Người
Générosité	Thế Hệ
Global	Toàn Cầu
Groupes	Nhóm
Histoire	Lịch Sử
Honnêteté	Trung Thực
Humanité	Nhân Loại
Jeunesse	Thanh Niên
Mission	Nhiệm Vụ
Programmes	Chương Trình
Public	Công Cộng

Physique
Vật Lý

Accélération	Gia Tốc
Atome	Nguyên Tử
Chaos	Hỗn Loạn
Chimique	Hóa Chất
Densité	Mật Độ
Expansion	Mở Rộng
Électron	Điện Tử
Formule	Công Thức
Fréquence	Tần Số
Gaz	Khí
Gravité	Trọng Lực
Magnétisme	Từ Tính
Masse	Khối Lượng
Mécanique	Cơ Khí
Molécule	Phân Tử
Moteur	Động Cơ
Nucléaire	Hạt Nhân
Particule	Hạt
Universel	Phổ
Vitesse	Tốc Độ

Plage
Trên bãi Biển,

Bateau	Thuyền
Bleu	Màu Xanh
Coquilles	Vỏ
Côte	Bờ Biển
Crabe	Cua
Dock	Dock
Île	Đảo
Lagune	Đầm
Mer	Biển
Océan	Đại Dương
Parapluie	Ô
Récif	Trả Lại
Sable	Cát
Sandales	Dép
Serviette	Khăn
Soleil	Mặt Trời
Vacances	Kỳ Nghỉ
Voilier	Thuyền Buồm

Plantes
Cây

Arbre	Cây
Baie	Quả Mọng
Bambou	Tre
Botanique	Thực vật Học
Buisson	Bụi Cây
Cactus	Xương Rồng
Engrais	Phân Bón
Feuillage	Lá
Fleur	Hoa
Flore	Flora
Forêt	Rừng
Grandir	Lớn Lên
Haricot	Hạt Đậu
Herbe	Cỏ
Jardin	Vườn
Lierre	Ivy
Mousse	Rêu
Pétale	Cánh Hoa
Racine	Nguồn Gốc
Végétation	Thực Vật

Professions #1
Nghề Nghiệp số 1

Ambassadeur	Đại Sứ
Artiste	Nghệ Sĩ
Avocat	Luật Sư
Banquier	Ngân Hàng
Bijoutier	Jeweler
Chasseur	Thợ Săn
Comptable	Kế Toán
Danseur	Vũ Công
Éditeur	Biên tập Viên
Géologue	Nhà địa Chất
Infirmière	Y Tá
Marin	Thủy Thủ
Médecin	Bác Sĩ
Musicien	Nhạc Sĩ
Pianiste	Nghệ sĩ Piano
Plombier	Plumber
Pompier	Lính cứu Hỏa
Scientifique	Nhà Khoa Học
Tailleur	Thợ May
Vétérinaire	Bác sĩ thú Y

Professions #2
Nghề Nghiệp số 2

Agriculteur	Nông Dân
Astronaute	Phi Hành Gia
Bibliothécaire	Thủ Thư
Chimiste	Nhà hóa Học
Dentiste	Nha Sĩ
Détective	Thám Tử
Enseignant	Giáo Viên
Éditeur	Nhà Xuất Bản
Illustrateur	Họa
Ingénieur	Kỹ Sư
Journaliste	Nhà Báo
Linguiste	Nhà Ngôn Ngữ
Médecin	Bác Sĩ
Peintre	Họa Sĩ
Philosophe	Triết Gia
Photographe	Nhiếp ảnh Gia
Pilote	Phi Công
Politicien	Chính trị Gia
Professeur	Giáo Sư

Psychologie
Tâm lý Học

Clinique	Lâm Sàng
Comportement	Hành Vi
Conflit	Xung Đột
Ego	Cái Tôi
Enfance	Thời thơ Ấu
Expériences	Kinh Nghiệm
Émotions	Cảm Xúc
Évaluation	Đánh Giá
Idées	Ý Tưởng
Inconscient	Bất Tỉnh
Pensées	Suy Nghĩ
Perception	Nhận Thức
Personnalité	Cá Tính
Problème	Vấn Đề
Rendez-Vous	Cuộc Hẹn
Réalité	Thực Tế
Rêves	Giấc Mơ
Sensation	Cảm Giác
Subconscient	Tiềm Thức
Thérapie	Trị Liệu

Randonnée
Đi bộ Đường Dài

Animaux	Động Vật
Bottes	Giày Ống
Camping	Cắm Trại
Carte	Bản Đồ
Climat	Khí Hậu
Dangers	Mối Nguy Hiểm
Eau	Nước
Falaise	Vách Đá
Fatigué	Mệt
Guides	Hướng Dẫn
Lourd	Nặng
Météo	Thời Tiết
Montagne	Núi
Nature	Thiên Nhiên
Orientation	Sự Định Hướng
Parcs	Công Viên
Pierres	Đá
Préparation	Chuẩn Bị
Sauvage	Hoang Dã
Soleil	Mặt Trời

Restaurant #2
Nhà Hàng số 2

Boisson	Đồ Uống
Chaise	Ghế
Cuillère	Cái Thìa
Déjeuner	Bữa Trưa
Délicieux	Ngon
Dîner	Bữa Tối
Eau	Nước
Épices	Gia Vị
Fourchette	Cái Nĩa
Fruit	Trái Cây
Gâteau	Bánh
Glace	Băng
Légumes	Rau
Nouilles	Mì
Oeuf	Trứng
Poisson	Cá
Salade	Salad
Sel	Muối
Serveur	Phục vụ Nam
Soupe	Súp

Réchauffement Climatique
Sự Nóng lên Toàn Cầu

Arctique	Bắc Cực
Attention	Chú Ý
Changements	Thay Đổi
Climat	Khí Hậu
Crise	Khủng Hoảng
Développement	Phát Triển
Données	Dữ Liệu
Environnemental	Môi Trường
Énergie	Năng Lượng
Futur	Tương Lai
Gaz	Khí
Générations	Các thế Hệ
Gouvernement	Chính Phủ
Industrie	Công Nghiệp
International	Quốc Tế
Législation	Pháp Luật
Maintenant	Bây Giờ
Populations	Dân
Scientifique	Nhà Khoa Học
Températures	Nhiệt Độ

Santé et Bien-Être #1
Sức Khỏe và sức Khỏe # 1

Actif	Hoạt Động
Bactéries	Vi Khuẩn
Blessure	Chấn Thương
Faim	Đói
Fracture	Gãy Xương
Habitude	Thói Quen
Hauteur	Chiều Cao
Hormone	Kích Thích Tố
Médecin	Bác Sĩ
Médicament	Thuốc
Muscles	Cơ Bắp
Os	Xương
Peau	Da
Pharmacie	Tiệm Thuốc
Posture	Tư Thế
Relaxation	Thư Giãn
Réflexe	Phản Xạ
Thérapie	Trị Liệu
Traitement	Điều Trị
Virus	Vi Rút

Santé et Bien-Être #2
Sức Khỏe và sức Khỏe # 2

Allergie	Dị Ứng
Anatomie	Giải Phẫu Học
Appétit	Ngon
Calorie	Calo
Corps	Cơ Thể
Déshydratation	Mất Nước
Énergie	Năng Lượng
Génétique	Di Truyền
Hôpital	Bệnh Viện
Hygiène	Vệ Sinh
Infection	Nhiễm Trùng
Maladie	Bệnh
Massage	Xoa Bóp
Nutrition	Dinh Dưỡng
Poids	Cân Nặng
Récupération	Phục Hồi
Sain	Khỏe Mạnh
Sang	Máu
Stress	Căng Thẳng
Vitamine	Vitamin

Science
Khoa Học

Atome	Nguyên Tử
Chimique	Hóa Chất
Climat	Khí Hậu
Données	Dữ Liệu
Expérience	Thí Nghiệm
Évolution	Tiến Hóa
Fait	Thực Tế
Fossile	Hóa Thạch
Gravité	Trọng Lực
Hypothèse	Giả Thuyết
Méthode	Phương Pháp
Minéraux	Khoáng Sản
Molécules	Phân Tử
Nature	Thiên Nhiên
Observation	Quan Sát
Particules	Hạt
Physique	Vật Lý
Plantes	Cây
Scientifique	Nhà Khoa Học

Science-Fiction
Khoa học Viễn Tưởng

Atomique	Nguyên Tử
Dystopie	Dystopia
Explosion	Nổ
Extrême	Cực
Fantastique	Tuyệt Vời
Feu	Lửa
Futuriste	Tương Lai
Galaxie	Thiên Hà
Illusion	Ảo Giác
Imaginaire	Tưởng Tượng
Livres	Sách
Lointain	Xa Xôi
Monde	Thế Giới
Mystérieux	Bí Ẩn
Oracle	Oracle
Planète	Hành Tinh
Réaliste	Thực Tế
Scénario	Kịch Bản
Technologie	Công Nghệ
Utopie	Utopia

Technologie
Công Nghệ

Affichage	Trưng Bày
Blog	Blog
Caméra	Máy Ảnh
Curseur	Con Trỏ
Données	Dữ Liệu
Écran	Màn
Fichier	Tập Tin
Internet	Internet
Logiciel	Phần Mềm
Message	Thông Điệp
Navigateur	Trình Duyệt
Numérique	Kỹ Thuật Số
Octets	Nội
Ordinateur	Máy Tính
Police	Chữ
Recherche	Nghiên Cứu
Sécurité	An Ninh
Statistiques	Thống Kê
Virtuel	Ảo
Virus	Vi Rút

Temps
Thời Gian

Année	Năm
Annuel	Hàng Năm
Après	Sau
Avant	Trước
Bientôt	Sớm
Calendrier	Lịch
Décennie	Thập Kỷ
Futur	Tương Lai
Heure	Giờ
Hier	Hôm Qua
Horloge	Đồng Hồ
Jour	Ngày
Maintenant	Bây Giờ
Matin	Buổi Sáng
Midi	Buổi Trưa
Minute	Phút
Mois	Tháng
Nuit	Đêm
Semaine	Tuần
Siècle	Thế Kỷ

Types de Cheveux
Các Loại Tóc

Argent	Bạc
Blanc	Trắng
Blond	Tóc Vàng
Boucles	Curls
Brillant	Sáng Bóng
Chauve	Hói
Coloré	Màu
Court	Ngắn
Doux	Mềm
Épais	Dày
Frisé	Xoăn
Gris	Màu Xám
Long	Dài
Marron	Màu Nâu
Mince	Mỏng
Noir	Đen
Sain	Khỏe Mạnh
Sec	Khô
Tresses	Braids
Tressé	Bện

Vacances #2
Kỳ Nghỉ số 2

Aéroport	Sân Bay
Camping	Cắm Trại
Carte	Bản Đồ
Destination	Điểm Đến
Étranger	Ngoại Quốc
Hôtel	Khách Sạn
Île	Đảo
Loisir	Giải Trí
Mer	Biển
Montagnes	Núi
Passeport	Hộ Chiếu
Photos	Ảnh
Plage	Bãi Biển
Taxi	Xe tắc Xi
Tente	Lều
Train	Xe Lửa
Transport	Vận Chuyển
Vacances	Ngày Lễ
Visa	Thị Thực
Voyage	Hành Trình

Vertus #1
Đức Hạnh số 1

Artistique	Nghệ Thuật
Bon	Tốt
Charmant	Quyến Rũ
Curieux	Tò Mò
Décisif	Quyết Định
Drôle	Buồn Cười
Efficace	Hiệu Quả
Fiable	Đáng tin Cậy
Généreux	Rộng Lượng
Imaginatif	Tưởng Tượng
Indépendant	Độc Lập
Intelligent	Thông Minh
Modeste	Khiêm Tốn
Passionné	Đam Mê
Patient	Kiên Nhẫn
Pratique	Thực Tế
Propre	Dọn Dẹp
Sage	Khôn Ngoan
Utile	Hữu Ích

Véhicules
Xe Cộ

Ambulance	Xe cứu Thương
Avion	Máy Bay
Bateau	Thuyền
Bus	Xe Buýt
Camion	Xe Tải
Caravane	Caravan
Ferry	Phà
Fusée	Tên Lửa
Métro	Xe Điện Ngầm
Moteur	Động Cơ
Pneus	Lốp
Radeau	Bè
Scooter	Xe tay Ga
Sous-Marin	Tàu Ngầm
Taxi	Xe tắc Xi
Tracteur	Máy Kéo
Train	Xe Lửa
Van	Van
Vélo	Xe Đạp
Voiture	Xe Hơi

Vêtements
Quần Áo

Bijoux	Trang Sức
Bracelet	Vòng Tay
Ceinture	Thắt Lưng
Chapeau	Mũ
Chaussure	Giày
Chemise	Áo sơ Mi
Chemisier	Áo Cánh
Collier	Vòng Cổ
Foulard	Khăn Quàng Cổ
Gants	Găng Tay
Jeans	Quần Jean
Jupe	Váy
Mode	Thời Trang
Pantalon	Quần
Pull	Áo Len
Pyjama	Pajama
Robe	Ăn
Sandales	Dép
Tablier	Tạp Dề
Veste	Áo Khoác

Félicitations

Vous avez réussi !

Nous espérons que vous avez apprécié ce livre autant que nous avons pris plaisir à le concevoir. Nous faisons de notre mieux pour créer des livres de la meilleure qualité possible.
Cette édition est conçue pour permettre un apprentissage intelligent et de qualité en se divertissant !

Vous avez aimé ce livre ?

Une Simple Demande

Nos livres existent grâce aux avis que vous publiez. Pourriez-vous nous aider en laissant un avis maintenant ?

Voici un lien rapide qui vous mènera à votre
page d'évaluation de vos commandes :

BestBooksActivity.com/Avis50

CHALLENGE FINAL !

Défi n°1

Êtes-vous prêt pour votre jeu bonus ? Nous les utilisons tout le temps mais ils ne sont pas si faciles à trouver. Voici les **Synonymes** !

Notez 5 mots que vous avez trouvés dans les puzzles notés ci-dessous (n°21, n°36, n°76) et essayez de trouver 2 synonymes pour chaque mot.

Notez 5 Mots du *Puzzle 21*

Mots	Synonyme 1	Synonyme 2

Notez 5 Mots du *Puzzle 36*

Mots	Synonyme 1	Synonyme 2

Notez 5 Mots du *Puzzle 76*

Mots	Synonyme 1	Synonyme 2

Défi n°2

Maintenant que vous vous êtes échauffé, notez 5 mots que vous avez découverts dans les Puzzles n° 9, n° 17, n° 25 et essayez de trouver 2 antonymes pour chaque mot. Combien pouvez-vous en trouver en 20 minutes ?

Notez 5 Mots du **Puzzle 9**

Mots	Antonyme 1	Antonyme 2

Notez 5 Mots du **Puzzle 17**

Mots	Antonyme 1	Antonyme 2

Notez 5 Mots du **Puzzle 25**

Mots	Antonyme 1	Antonyme 2

Défi n°3

Formidable ! Ce défi final n'est rien pour vous.

Prêt pour le dernier défi ? Choisissez 10 mots que vous avez découverts parmi les différents puzzles et notez-les ci-dessous.

1.	6.
2.	7.
3.	8.
4.	9.
5.	10.

Maintenant, composez un texte en pensant à une personne, un animal ou un lieu que vous aimez !

Astuce: Vous pouvez utiliser la dernière page de ce livre comme brouillon !

Votre Composition :

CARNET DE NOTES :